Friedhelm Schwarz
Das gekaufte Parlament

Friedhelm Schwarz

Das gekaufte Parlament

Die Lobby und ihr Bundestag

Piper
München Zürich

ISBN 3-492-04171-X
© Piper Verlag GmbH München 1999
Satz: Dr. Ulrich Mihr GmbH, Tübingen
Druck und Bindung: Friedrich Pustet, Regensburg
Printed in Germany

Inhalt

Wem gehört der Bundestag?

Verschwiegenheit war eine der herausragenden Eigenschaften, die Friedrich Bohl in seiner Zeit als Bundesminister für besondere Aufgaben und Chef des Bundeskanzleramtes auszeichneten. Er hat während seiner siebenjährigen Dienstzeit für Helmut Kohl weniger Schlagzeilen gemacht als sein Nachfolger Bodo Hombach in den ersten hundert Tagen seiner Tätigkeit für Kanzler Schröder. Nicht nur für Integrität, auch sonst erhielt der gelernte Jurist Bohl, Jahrgang 1945, Bestnoten für seine effiziente Arbeit. Es sollte ihm also nicht schwerfallen, künftig als Rechtsanwalt und Notar ein zusätzliches Auskommen zu finden.

Nach dem Regierungswechsel in Bonn meldete die *Wirtschaftswoche* Ende Oktober 1998, daß Friedrich Bohl von der neuen Regierung die Zusage für einen lukrativen Posten erhalten habe, »von dem er jeden Tag nach Hause fahren kann«.[1] Zu Hause ist Bohl in Marburg, und über die hessische Landesliste der CDU ist er auch wieder als Abgeordneter in den Bundestag gewählt worden, in dem er bereits seit 1980 Mitglied ist. Nun sind ja weder Bonn noch Berlin direkte Nachbarstädte von Marburg. Da kam es ihm sicher gelegen, daß ihm ergänzend zur Parlamentariertätigkeit, die ihn als Mitglied des Sportausschusses und als stellvertretendes Mitglied des Auswärtigen Ausschusses sicherlich nicht auslastet, eine Position in Frankfurt angeboten wurde. Allerdings mag man nicht glauben, daß die rot-grüne Regierung dabei die Strippen gezogen haben soll. Denn Friedrich Bohl wurde mit Wirkung vom 1. Dezember 1998

Generalbevollmächtigter der Deutschen Vermögensberatung AG (DVAG).

Die DVAG bezeichnet sich selbst als den größten und erfolgreichsten Finanzvertrieb Europas mit rund 18 000 Vermögensberatern. Die DVAG gehört somit zu den sogenannten Allfinanz-Strukturvertrieben, und die gelten noch immer als »Schmuddelkinder« der Branche.[2] Die mehr psychologisch als fachlich geschulten Drückerkolonnen sind bei dem Verkauf von Finanzprodukten, wie Lebensversicherungen, Investmentfonds, Baufinanzierungen und Immobilienbeteiligungen, außerordentlich erfolgreich und werden deshalb auch gern von renommierten Banken und Versicherungen eingesetzt, die selbst das Risiko, möglicherweise falsche Versprechen abzugeben, vermeiden wollen.

Der Anfang 1995 in das Wertpapierhandelsgesetz aufgenommene Paragraph 31 verpflichtet die Angestellten von Banken und Sparkassen, ihre Kunden eingehend zu den Anlagezielen und den finanziellen Verhältnissen zu befragen. Seither wurde der Kundenschutz von den Gerichten immer stärker in den Vordergrund gerückt mit der Konsequenz, daß Banken bei unzureichender Information haften und Verluste aus Geldanlagegeschäften übernehmen mußten. Weil dadurch die Hürden innerhalb der Geldinstitute deutlich erhöht worden sind, wich man auf die Strukturvertriebe aus, für die solche Anforderungen nicht gelten. Bereits 1995 verkaufte der Marktführer zwei von drei Policen der Aachener und Münchener Versicherung.

An dieser Stelle lohnt es sich, etwas genauer nachzufassen. Friedrich Bohl hat sich vielleicht in eine Branche mit nicht ganz einwandfreiem Leumund begeben, aber die Namen, die hinter der DVAG stehen, gelten, was ihren Erfolg betrifft, als erstklassig. Das Unternehmen gehört zu knapp 50 Prozent der AMB Aachener und Münchener Beteiligungs-AG, Aachen, 50 Prozent plus sechs Aktien hält die Gründerfamilie Pohl über ihre Kompaß AG, Frankfurt. AMB hat

8

daneben ein Vorkaufsrecht für weitere Anteile an der DVAG. AMB ist die Konzern-Muttergesellschaft der AMB-Gruppe, die nach den Zahlen von 1997 die drittgrößte deutsche Versicherung ist und europaweit die Nummer 19.[3]

Die DVAG vertreibt Produkte der verschiedenen AMB-Gesellschaften und, da die AMB auch an der BfG Bank beteiligt ist, auch die der BfG Bank. Eine Vertriebspartnerschaft mit der Dresdner Bank und damit auch dem Deutschen Investment Trust (DIT) besteht schon längere Zeit. 1998 haben der damalige Hauptaktionär der AMB, die französische Assurances Générales de France (AGF), sowie weitere Groß- und Kleinaktionäre ihre AMB-Beteiligungen an die Assicuranzioni Generali S. p. A., Trient, verkauft, die nunmehr 65,7 Prozent an AMB hält.

Generali, die größte Versicherungsgruppe Italiens, hat sich inzwischen mit 5 Prozent an der Commerzbank AG beteiligt und die Commerzbank mit 2,5 Prozent an Generali; seitdem gehört auch die Commerzbank zu den Partnern der DVAG. Mit den starken Vertriebspartnern Dresdner Bank mit DIT sowie BfG Bank werde es keine Änderungen geben, hatte DVAG-Gründer und Alleinvorstand Dr. Reinfried Pohl auf der Bilanzpressekonferenz im Mai 1999 gesagt. Die Commerzbank werde lediglich Baufinanzierungen einbringen und keine Fonds. Und mit Generali habe sich eine sehr gute Kooperation ergeben.

Die DVAG zählt laut Pohl rund 2,7 Millionen Kunden und arbeitet mit etwa 18 000 selbständigen Vermögensberatern zusammen. 1998 hat das Unternehmen mehr als eine Milliarde D-Mark umgesetzt. Die DVAG-Kunden hätten nahezu zehn Milliarden D-Mark an Barmitteln an die Partnergesellschaften gezahlt. Das Volumen der vermittelten Baudarlehen sei auf 2,9 Milliarden D-Mark gestiegen, und es seien Lebensversicherungen für insgesamt 12,3 Milliarden D-Mark vermittelt worden. Der Bestand an Lebensversicherungen, Baudarlehen und Fonds habe sich unter Berücksichtigung der sonstigen Versicherungen 1998 auf 116,5 Milliarden D-Mark erhöht. Anfang Mai 1999 sind es laut Pohl schon mehr als 120 Milliarden D-Mark gewesen.

Ende 1998 hat Dr. Reinfried Pohl der DVAG eine neue Struktur gegeben und die beiden Abgeordneten des Deutschen Bundestages Friedrich Bohl sowie Friedhelm Ost als Generalbevollmächtigte ins Unternehmen geholt sowie seinen beiden Söhnen Reinfried und Andreas Pohl größere Verantwortung übertragen. Die Kompaß Gesellschaft für Vermögensanlagen mbH, über die die Familie Pohl ihre Beteiligung an der DVAG hält, wurde in die Kompaß AG umgewandelt.

Bohl soll Unternehmensangaben zufolge »neben anderen Funktionen die ständig fortgeführten Ausbildungs- und Qualifikationsmaßnahmen des Konzerns verantwortlich mitgestalten und deren Koordination übernehmen«. Gerade die Qualität der Ausbildung lasse nach Ansicht von Fachleuten oft zu wünschen übrig, meldete *Der Spiegel*.[4] Friedhelm Ost wird in der künftigen Führung der Deutschen Vermögensberatung vorrangig für den Aufgabenbereich Öffentlichkeitsarbeit und die Koordination aller damit verbundenen Aktivitäten des Konzerns verantwortlich sein. Damit werde unter anderem der Tatsache Rechnung getragen, »daß die Notwendigkeit der privaten Vorsorge wächst und damit auch die soziale und gesellschaftspolitische Bedeutung der Beratungstätigkeit der Vermögensberater an Bedeutung zunimmt«, heißt es in einer Unternehmensmitteilung.

Niemand kann es einem Unternehmen verübeln, wenn es für die anstehenden Aufgaben die besten Fachleute einkauft, und Bohl wie Ost gehören sicher zu den Besten. In der Finanzbranche wird immer noch gut, ja sogar sehr gut verdient. Einen anderen Grund dürfte es wohl auch für Heinz Gerlach, den früheren Chefredakteur des *gerlach-report*, der 1995 als Berater in die Dienste der DVAG trat, kaum gegeben haben. Insider sprachen damals von 500 000 D-Mark Honorar pro Jahr.[5]

Bohl und Ost sind gewiß mehr als einfache Berater. Der Posten eines Generalbevollmächtigten in der Versicherungsbranche entspricht im Prinzip dem eines Vorstandsmitglieds in anderen Unternehmen. Wer wollte es ihnen verübeln, daß sie ein solches Stellenangebot nicht ausgeschlagen haben? Die Frage ist allerdings, was sich die Wähler erwartet haben, die ihr Kreuz auf der Landesliste der CDU in Hessen für Friedrich Bohl und für Friedhelm Ost in Paderborn gemacht haben. Der Bundestag ist schließlich kein Feierabend- und erst recht kein Hobby-Parlament.

Eine Umfrage von Studenten der Universität Marburg unter Bundestagsabgeordneten »ergab – unter dem Vorbehalt gewisser Übertreibungen – ein Gesamtbild, nach dem der Bundestagsabgeordnete in Sitzungswochen 77,9 Stunden (davon 28,1 in Sitzungen, 19,1 bei Informations- und Kontakttätigkeiten, 15,7 bei administrativen und Routinetätigkeiten, 6,6 bei innovativen und 8,4 bei sonstigen Tätigkeiten) und in sitzungsfreien Wochen 78,1 Stunden (Sitzungen: 4,9 Stunden; Information/Kontakt: 33,2 Stunden; Administration/Routine: 11,4 Stunden; Innovation: 11,9 Stunden und Sonstiges: 16,7 Stunden) in seinem politischen Beruf beschäftigt ist«[6].

Danach arbeitet jeder Abgeordnete durchschnittlich elf Stunden täglich, und das an sieben Tagen in der Woche. Andere Untersuchungen gehen zum Teil von einer geringeren Belastung aus, die jedoch nie unterhalb eines normalen Fulltime-Jobs liegt. Laut einer Kienbaum-Studie[7] arbeiten 71 Prozent der Führungskräfte zwischen 50 und 70 Stunden pro Woche, 24 Prozent sogar zwischen 70 und mehr als 90 Stunden. Jetzt stellt sich die Frage, verzichtet die DVAG auf Gegenleistungen für die Gehaltszahlungen, oder hat das Volk sich einen Vertreter gewählt, der zeitlich nicht ganz bei der Sache ist?

Friedrich Bohl ist zudem in den Aufsichtsrat der Kompaß AG aufgenommen worden, deren Vorsitzende Anneliese Pohl, die Ehefrau von Dr. Reinfried Pohl, ist. Neue Generalbevollmächtigte der DVAG sind neben Friedrich Bohl und Friedhelm Ost die beiden Söhne des Firmengründers, Andreas und Reinfried Pohl. Dr. Walter Wallmann, der frühere Ministerpräsident von Hessen, Hans-Theo Franken und Kurt Schuschu, die schon vorher dem Kreis der Direktoren angehörten, sind ebenfalls zu Generalbevollmächtigten ernannt worden.

Nun hat die DVAG nicht nur Freunde und Bewunderer, sondern auch zahlreiche Kritiker. *Der Spiegel* schreibt über die DVAG, »ihre sogenannten Vermögensberater sind vor allem an hohen Provisionen, weniger an den Interessen ihrer Kunden interessiert. Nach einem Urteil des Oberlandesgerichts Frankfurt dürfen sie als ›fachliche Nieten‹ und ›professionelle Kapitalvernichter‹ bezeichnet werden«[8].

Der Spiegel hätte noch weitaus mehr zur DVAG sagen können, denn in einem »Ein Heer von Nieten« überschriebenen Artikel aus dem Jahr 1996 beschreibt er unter Berufung auf den ehemaligen DVAG-Mitarbeiter Wolfgang Dahm ausführlich »die miesen Methoden der Drücker und die Finessen einer der umstrittensten deutschen Firmen«[9]. Nach elfjähriger Tätigkeit als Vermögensberater hatte Wolfgang Dahm die DVAG verlassen und seine Erfahrungen in dem Buch *Beraten und verkauft*[10] die Methoden der Strukturvertriebe dargelegt.

Per Gerichtsbeschluß wollte die Deutsche Vermögensberatung AG, vertreten durch ihren Vorstand Dr. Reinfried Pohl, die Verbreitung des Buches oder zumindest 98 Zitate daraus verbieten lassen. Das scheiterte sowohl vor dem Landgericht Frankfurt als auch vor dem Oberlandesgericht Frankfurt. Der Bundesgerichtshof nahm das Revisionsbegehren der DVAG nicht an. Im Beschluß vom 15. Oktober

1998 heißt es, »Die Rechtssache hat keine grundsätzliche Bedeutung. Die Revision hätte im Ergebnis auch keine Aussicht auf Erfolg.« Wer sich ausführlich darüber informieren möchte, welche Aussagen die Deutsche Vermögensberatung AG vor Gericht nicht widerlegen konnte oder mochte, kann dies im Internet[11] tun.

Neben dem Verlag und dem Autor waren auch die Deutsche Finanzdienstleistungs-Informationszentrum GmbH (DFI) und der Chefredakteur des *gerlach report* beklagt worden, weil der Informationsdienst in seiner Ausgabe vom 9. 2. 1996 Nr. 06/96 den Lesern den Erwerb und die Lektüre des Buches dringend empfohlen hatte.

Auf den weiteren Internetseiten des *Verbraucherschutz-Magazins* werden die Finanzstrukturvertriebe unter die Lupe genommen und möglicherweise falsche Vorstellungen korrigiert. So heißt es dort sinngemäß: Strukturvertriebe sind keine unabhängigen Unternehmen, sie gaukeln Unabhängigkeit nur vor. Sie sind auch keine Beratungs-, sondern Vermittlungsgesellschaften. Das Ziel ist nicht, die Kunden optimal zu beraten, sondern ein Produkt zu verkaufen. Strukturvertriebe vertreten die Interessen der Produktanbieter und stehen nicht auf der Seite der Kunden. Die Mitarbeiter von Strukturvertrieben sind keine Berater, sondern Verkäufer. Für die Beratung bekommen sie nichts, nur bei einem Vertragsabschluß erhalten sie eine Provision.

Als besonders wichtig hebt das *Verbraucherschutz-Magazin* hervor, daß der Verkäufer eines Strukturvertriebes dann am meisten verdient, wenn er möglichst viele neue Mitarbeiter gewinnt, an deren Abschlüssen er mitverdient. Das *Verbraucherschutz-Magazin* ist bemüht, viele der von der DVAG über sich selbst aufgestellten Behauptungen im Rahmen einer Beschreibung der gesamten Situation der Branche zu widerlegen.

Aber im Internet sind noch weitaus mehr interessante

13

Informationen zu finden, von denen sicherlich viele hofften, sie seien längst in Vergessenheit geraten. Herausragend ist, was der Augsburger Börsenstammtisch – Wertpapier- und Verbraucherberatungsverein e. V. zu bieten hat. Dieser Börsenstammtisch ist nicht nur seit 1996 in der Öffentlichen Liste über die Registrierung von Verbänden und deren Vertretern enthalten, der 1988 vom Bankkaufmann Otto Stauner gegründete Verein ist auch als gemeinnützig anerkannt. Der Augsburger Börsenstammtisch widmet sich der Aufklärung zu Börse, Marktgeschehen und Wertpapieren, insbesondere durch kostenlose Vorträge.

Unter der Überschrift »DVAG, OVB, AWD, HMI, Bonnfinanz – trickreiche Plünderer des deutschen Spargroschens« wird im Internet[12] ausführlich geschildert, wie mit der Investment-Vertriebsgesellschaft IOS alles anfing. »Erstmals arbeitete im deutschen Finanzmarkt die 1956 gegründete und 1970 untergegangene amerikanische Investment-Vertriebsgesellschaft IOS Investors Overseas Services Ltd. mit dieser Vertriebsform.« Sie sorgte in den sechziger Jahren im deutschen Finanzmarkt für viel Unruhe und Aufsehen, besonders als der FDP-Vorsitzende Dr. Erich Mende, Vizekanzler und Minister für Gesamtdeutsche Fragen in den Jahren 1963 bis 1966, den Vorsitz im Verwaltungsrat der IOS Deutschland GmbH übernahm.

Damit hatte der Allfinanz-Strukturvertrieb IOS einen bekannten und geachteten Politiker als Aushängeschild, so daß sich sogar die konservative Deutscher Herold Lebensversicherungs AG auf ein Kooperationsabkommen mit IOS einließ. Der stellvertretende Vorsitzende des Verwaltungsrates bei der IOS war Dr. Reinfried Pohl, heute DVAG. Es heißt, daß er, selbst FDP-Politiker, es gewesen sei, der die Verbindung zwischen der IOS und Dr. Mende zustande brachte. Er soll sogar versucht haben, Ludwig Erhardt für die IOS zu gewinnen, was nur daran scheiterte, daß das IOS-Imperium 1970 wegen Mißmanagement, Börsenzusammenbrüchen und Veruntreuung unterging. Zuvor jedoch hatte man auch so prominente Politiker wie den SPD-Wirtschaftsminister Professor Karl Schiller als Vortragsredner eingeladen. Mit dem Ende der IOS kam auch das politische Ende von Dr. Erich Mende, der sich ebenso wie Dr. Reinfried Pohl später der CDU anschloß.

Der Augsburger Börsenstammtisch weiß weiter zu berichten, daß Dr. Pohl und der Deutsche Herold sich zusammenschlossen und die seit 1926 bestehende, aber praktisch inaktive Bonnfinanz AG in Bonnfinanz Aktiengesellschaft für Vermögensbildung und Vermögensschutz umbenannten, um mit ehemaligen IOS-Mitarbeitern den ersten reindeutschen Allfinanz-Strukturvertrieb zu gründen. Dabei wurden zum Teil wohl recht abenteuerliche Angebote wie Ferien-Eigentumswohnungen in Portugal oder auch Minidiamanten verkauft. 1974 kam es dann zum großen Knall. Dr. Pohl wurde entlassen, und die Bonnfinanz spaltete sich in zwei Teile. Einige Mitarbeiter schlossen sich Dr. Pohl und seiner neu gegründeten Kompaß GmbH an, die später die Grundlage für die Allgemeine Deutsche Vermögensberatung AG, seit 1983 Deutsche Vermögensberatung AG, war. Die anderen blieben bei der Bonnfinanz.

Die IOS-Pleite gehört wohl zu den größten Finanzskandalen in der Geschichte der Bundesrepublik Deutschland, und doch ist sie heute weitgehend vergessen. Selbst die Autoren Bernd W. Klöckner und Carsten Möller erwähnen die IOS in ihrem 1997 erschienenen Buch *Der alltägliche Betrug*[13] nicht mehr. Dagegen weisen sie auf die Verstrickungen zwischen Allfinanz und Politik recht ausführlich hin, wobei im Zentrum ihrer Betrachtungen der Auftritt von Bundeskanzler Helmut Kohl bei der DVAG anläßlich des zwanzigjährigen Firmenjubiläums im Jahre 1995 steht.

Klöckner und Möller bezeichnen Kohls Auftritt bei der DVAG als deren beste Marketingaktion seit langer Zeit. Sie verweisen auch darauf, daß die Zeitschrift *Cash* 5/95 Dr.

Pohl und Dr. Kohl gemeinsam auf dem Titelbild zeigt. Diesen Zeitschriftentitel hätten DVAG-Mitarbeiter benutzt nach dem Motto »Wissen Sie Herr Kunde/Frau Kundin, wenn schon Helmut Kohl mit uns feiert, dann können auch Sie uns doch getrost vertrauen, richtig!«[14]

Nun bleibt es dem CDU-Mitglied Dr. Reinfried Pohl unbenommen, seine Partei nach eigenem Gutdünken mit Spenden zu bedenken und deren Höhe für sich zu behalten. Eine Partei und deren Vorsitzender wären hingegen schlecht beraten, wenn sie sich einem Mitglied gegenüber, das sich engagiert, undankbar zeigten. Einem schlichten Betrachter fällt es jedoch schwer zu differenzieren, ob zu einem bestimmten Zeitpunkt gerade der Parteivorsitzende spricht – oder der Bundeskanzler als Amtsträger. Person und Amt sind für die Öffentlichkeit zu sehr verschmolzen.

Auf zwei Seiten ihres Buches listen die Autoren Klöckner und Möller die Ehrengäste der Jubiläumsfeier der DVAG auf, und es erscheint im nachhinein fraglich, unter welchem Motto sich die bekanntesten Namen aus der deutschen Wirtschaft und Politik versammelt haben. Hieß es, »Geld stinkt nicht«, oder etwas schlichter, »Wo gehobelt wird, da fallen Späne«? Denn was Bundeskanzler Helmut Kohl als das der Idee des Allfinanz-Strukturvertriebes und der Idee der Sozialen Marktwirtschaft Gemeinsame anführte, »weil sich Vorausschau, Mut, Leistungswillen und das menschliche Miteinander in einer glücklichen Weise verbinden«, trifft wohl ausschließlich auf die Spitzenkräfte des Unternehmens, nicht aber auf die einfachen Mitarbeiter und schon gar nicht auf die Kunden zu. Diese müssen für ihre mangelnde Vorausschau und ihr Glück nur zahlen oder schuften. Aber anscheinend hat sich die Idee, daß soziale Marktwirtschaft und Allfinanz-Strukturvertriebe zusammengehören, gerade in Politikerköpfen festgesetzt.

Doch zurück in die Gegenwart. Weshalb sammelt Dr. Reinfried Pohl in seinem Aufsichtsrat, in seinem Management und erst recht in seinem Beirat prominente Kräfte der Wirtschaft und prominente Politiker wie andere Bierdeckel? Möchte er nur zeigen, was man sich für Geld alles kaufen kann? Rechnen sich die Namen und Köpfe unter dem Strich als Werbeträger und Symbole für Seriosität? Oder bilden diese Personen einen Schutzwall gegen unliebsame, das heißt geschäftsschädigende, politische Entscheidungen? Vielleicht von allem etwas.

Der wie ein Familienalbum herausgeputzte Geschäftsbericht läßt jedenfalls keinen Zweifel daran aufkommen, daß zwischen der DVAG und der Politik mehr als nur Harmonie und Einvernehmen herrschen. Auf den Seiten acht und neun des Geschäftsberichts 1998 prangen auf einem großen doppelseitigen Farbfoto der damals amtierende Bundesminister Theo Waigel zusammen mit Dr. Reinfried Pohl und Ehefrau Anneliese sowie den Söhnen Reinfried und Andreas. Das Foto entstand anläßlich des Festvortrags, den Pohl bei der Präsentation des Buches *Am Anfang unserer Zukunft* auf dem Petersberg bei Bonn hielt.

Dieses Buch war zu Ehren des 70. Geburtstages des Alleinvorstandes Dr. Reinfried Pohl herausgegeben worden und enthält Beiträge unter anderem vom Bundespräsidenten Roman Herzog, vom damaligen Bundeskanzler Helmut Kohl, vom Ministerpräsidenten des Landes Niedersachsen Gerhard Schröder, von Romano Prodi, vom Vorstandsvorsitzenden der Deutschen Bank Rolf E. Breuer, vom Nestlé-Chef Helmut Maucher und vom ZDF-Intendanten Dieter Stolte. Auf Seite 15 des Geschäftsberichts ist wieder ein – diesmal halbseitiges – Foto mit der erläuternden Textzeile »Aus der Hand von Bundeskanzler Helmut Kohl erhielt Dr. Reinfried Pohl das Große Bundesverdienstkreuz. Das damit illustrierte Kapitel trägt die Überschrift »1998 – Unser erfolgreichstes Jahr«.

Nicht minder beeindruckend als die Fotos sind in diesem Geschäftsbericht die prominenten Namen. Aufsichtsratsvorsitzender der DVAG ist Prof. Winfried Pinger, Mitglied des Bundestages von 1969 bis 1972 und erneut seit 1976. Die Wiederwahl in den Bundestag glückte dem CDU-Politiker 1998 allerdings nicht. Als sein Stellvertreter fungiert Dr. Wolfgang Kaske, ehemaliger Vorstandsvorsitzender und jetzt Aufsichtsratsmitglied der AMB Aachener und Münchener Beteiligungs-AG. Im AMB-Aufsichtsrat sitzt im Gegenzug übrigens auch Dr. Reinfried Pohl. Weitere Mitglieder des DVAG-Aufsichtsrates sind Dr. Manfred Schaudwet, Generalbevollmächtigter der Dresdner Bank, Dr. Hanns Bauermeister, Dr. Karlheinz Henge, Anneliese Pohl, Josef Schaaf, Franz Schubert und Wilfried Simons. Daß die Banken und Versicherungen, die mit der DVAG zusammenarbeiten, auch gern ein Auge auf ihren Vertriebspartner werfen, ist nicht weiter verwunderlich. Was aber treibt einen Politiker dazu, sich im Zweifelsfall zu einer Gallionsfigur machen zu lassen?

»Der ›DFI-gerlach-report‹ 29/1997 kritisiert massiv unter der Überschrift: ›Denn sie wissen nicht, was sie tun...‹ die unkritische Werbung der Promis für die DVAG, die daraus mittels ihrer 14 000 Mitarbeiter großes Geschäft zu machen versteht.«[15] Gemeint war speziell die Beiratsliste aus dem Geschäftsbericht. Auch die Liste der Mitglieder des Beirates der DVAG, Stand 15. April 1999, führt ausnahmslos hochkarätige Namen aus Wirtschaft und Politik auf. Dazu gehören Dr. Martin Kohlhaussen, Sprecher des Vorstandes der Commerzbank AG, Gerhard Eberstadt, Mitglied des Vorstandes der Dresdner Bank AG, Dr. Wolfgang Röller, Ehrenvorsitzender des Aufsichtsrates der Dresdner Bank AG, Dr. Michael Kalka, Vorstandsvorsitzender der Aachener und Münchener Lebensversicherung AG, Dr. Helmut Maucher, Präsident des Verwaltungsrates der Nestlé S.A., Schweiz, Dr. Horst Teltschik, Ministerialdirektor a. D. und Vorstandsmitglied der BMW AG, Dr. Frank Niethammer, Präsident der Industrie- und Handelskammer Frankfurt am Main, Prof. J. F.

Volrad Deneke, Ehrenpräsident des Bundesverbandes der Freien Berufe, Dr. Horstmar Stauber, Seniorpartner Tishman Speyer Properties und Prof. Dieter Stolte, Intendant des Zweiten Deutschen Fernsehens. Sowohl Dr. Helmut Maucher als auch Horst Teltschik sind Vertraute von Helmut Kohl – oder sind es zumindest gewesen.

Aus der politischen Ecke stehen der DVAG mit Rat zur Seite: Dr. Egon Klepsch, Präsident des Europäischen Parlaments a. D., Karl Starzacher, Hessischer Finanzminister a. D., Dr. Gerhard Stoltenberg, Bundesminister der Verteidigung a. D., und Dr. Bernhard Vogel, Ministerpräsident des Landes Thüringen (ehrenamtliches Mitglied). Auch der Bundesminister der Finanzen a. D. Dr. Theodor Waigel und der Bundesminister des Inneren a. D. Manfred Kanther gehören dazu, beide sind im neuen Deutschen Bundestag Abgeordnete.

Manfred Kanther ist im übrigen Mitglied im Rechtsausschuß. Der Rechtsausschuß berät federführend sämtliche Gesetzesvorlagen aus dem Privat-, Justiz- und Verfassungsrecht. Diese Rechtsgebiete umfassen das Straf- und Zivilrecht, das Gesellschaftsrecht, Teile des Wirtschaftsrechts, das Verfahrens- und Gerichtsverfassungsgesetz sowie größere Teile des Verbraucherschutzrechts! Der Ausschuß wird darüber hinaus zu allen Gesetzesentwürfen anderer Fachausschüsse hinzugezogen, die verfassungsrechtliche, rechtssystematische oder rechtspolitische Fragen berühren.

Friedhelm Ost, Mitglied der CDU Mittelstandsvereinigung, war von 1991 bis 1998 Vorsitzender des Ausschusses für Wirtschaft, in dem er auch heute noch Mitglied ist. Der Ausschuß für Wirtschaft und Technologie berät federführend sämtliche Gesetzesvorlagen aus dem Tätigkeitsbereich des Bundesministeriums für Wirtschaft und Technologie. Zu den Themen, mit denen sich der Ausschuß in Zukunft befassen will, gehören auch Anhörungen zum Beispiel zum Thema »Verbraucherschutz«.

Da ist es nicht erstaunlich, daß nach dem Wechsel in Bonn

Dr. Reinfried Pohl gleich noch die Spitze des Bundestages mit ins Boot geholt hat. In der DVAG-Beiratsliste vom 15. April 1999 taucht Anke Fuchs als Vizepräsidentin des Deutschen Bundestages auf. Pikanterweise ist in den veröffentlichungspflichtigen Angaben der Abgeordneten, Stand 25. März 1999, weder bei Waigel noch bei Frau Fuchs ein Hinweis auf diese Beiratstätigkeit zu finden. Nur Manfred Kanther wußte offensichtlich schon um sein Amt. Daß diese Ernennung so kurzfristig geschehen sei, erscheint schier wie von Zauberhand.

Anke Fuchs, geborene Nevermann, war Mitte der sechziger Jahre Referentin beim DGB Landesbezirk Nordmark. 1971 wurde sie Geschäftsführendes Vorstandsmitglied der IG Metall, um dann 1977 als beamtete Staatssekretärin ins Bundesministerium für Arbeit und Sozialordnung zu wechseln. Seit 1979 gehört sie dem SPD-Parteivorstand an, und von 1986 bis 1991 war sie Mitglied des Präsidiums der SPD. Abgeordnete des Bundestages ist sie seit 1980, vom April 1993 bis September 1998 stellvertretende Vorsitzende der SPD-Fraktion und seit dem 27. Oktober 1998 Vizepräsidentin des Deutschen Bundestages.

Was in der Biographie von Frau Fuchs nicht auftaucht, sondern nur in den veröffentlichungspflichtigen Angaben steht, ist ihr Amt als Präsidentin des Deutschen Mieterbundes e. V. (DMB). In dieser Eigenschaft hat sie die Interessen der 1,3 Millionen Mitglieder zu vertreten. Ist es nun vorstellbar, daß der Vertreter eines Strukturvertriebs, der überwiegend eine kleinbürgerliche Klientel bedient, den Geschäftsbericht seines Unternehmens auf den Tisch legt und darauf verweist, daß schließlich auch die Vizepräsidentin des Deutschen Bundestages mit einer lupenreinen SPD-Karriere und ausgewiesene Vertreterin gewerkschaftlicher Ideen, die darüber hinaus die Interessen von 1,3 Millionen Mietern vertritt, seinem Unternehmen beratend zur Seite steht? Zumindest erscheint es nicht abwegig.

Eine Aktiengesellschaft ist schließlich durch das Aktiengesetz sogar zur Veröffentlichung verpflichtet. Man kann es dann getrost den Kunden überlassen, aus einer Beiratsliste abzuleiten, daß die angebotenen Produkte im Einklang mit der Person und den von ihr repräsentierten Ideen stehen müssen. Wie sonst würde eine Person des öffentlichen Lebens dort auftauchen? Tagesschausprecher müssen vorsichtiger mit ihrem Namen umgehen, denn ihre Verträge sind strenger als die Verhaltensregeln für die Mitglieder des Bundestages.

Worauf es wirklich ankommt, ist die Antwort auf die Frage, weshalb sich diese Politiker neben ihren Verpflichtungen als Volksvertreter obendrein als Unternehmensmanager – wie Bohl und Ost – oder Ratgeber in die Pflicht nehmen lassen. Weshalb ist man nicht Manager oder Abgeordneter? Sind die Interessen eines Unternehmens wie der DVAG wirklich sauber von den Interessen eines Bundestagsabgeordneten zu trennen? Und wenn es dort zu einem Interessenkonflikt kommt, und sei es auch nur, daß mit den Namen der Politiker »Überzeugungsarbeit« geleistet wird, auf wessen Seite befindet sich dann der Bundestagsabgeordnete? Wird er Überlegungen aus dem Parlament verschweigen, wenn diese dem Unternehmen Nachteile bringen? Oder wird er gar im Gegenteil aufgrund seines gewachsenen Wissens im Bundestag Vorschläge einbringen, die seinem Arbeitgeber zum Nachteil gereichen?

Auf diese schwierigen Fragen möchten sich weder einzelne Bundestagsabgeordnete noch der Bundestag als Ganzes einlassen. Man versteckt sich einfach hinter einer Menge Phrasen und läßt das Wesentliche schlicht unbeantwortet, wie wir noch sehen werden.

Friedhelm Ost hat sich neben seinem Beruf als Generalbevollmächtigter bei der DVAG und seiner Tätigkeit als Journalist und Publizist sowie seinem Mandat als Bundestagsabgeordneter weitere Aufgaben aufgeladen. So sitzt er auch im Aufsichtsrat der Ruhrkohle AG, Essen, die heute etwas moderner RAG AG heißt.

Hauptaktionär der RAG AG ist die Veba AG mit 37,1 Prozent der Anteile. 21,95 Prozent hält die BGE Beteiligungs-Gesellschaft für Energieunternehmen, Dortmund, die eine 100prozentige Tochter der VEW AG ist. Weitere 8,25 Prozent der RAG hat mittelbar die VEW durch die Société Nouvelle Sidéchar, Paris, inne, ferner hält die Veba über ihre 21prozentige Beteiligung an der Montan-Verwaltungsgesellschaft mbH, die 10 Prozent der RAG besitzt, mittelbar weitere gut 2 Prozent Anteile. Schließlich gehört die RAG über Tochtergesellschaften und die Verwaltungsgesellschaft Ruhrkohle-Beteiligung GmbH, Essen, zu 3,5 Prozent sich selbst.

Die 1969 als Gesamtgesellschaft des Steinkohlenbergbaus im Ruhrgebiet gegründete Ruhrkohle ist längst kein reines Bergbauunternehmen mehr, sondern ein diversifizierter Konzern mit weltweit über 400 Konzernunternehmen und Beteiligungsgesellschaften, die von der Holding RAG AG gesteuert werden. Von den mehr als 96 000 Mitarbeitern im Jahr 1997 arbeiteten noch etwas mehr als 34 000 unter Tage. Der Konzern gliedert sich in sieben Teilkonzerne. RAG Bergbau mit Bergwerken und Kokereien umfaßt das ursprüngliche Ruhrkohle-Betätigungsfeld, RAG Vertrieb und Handel handelt nicht nur mit Steinkohle, sondern auch mit Brennstoffen und Bauelementen und bietet Sortimentshandel sowie Bau- und Fahrzeugservice.

Zum Teilkonzern RAG EBV gehören der internationale Bergbau, Bergbautechnik, Bergbauconsulting, Baustoffe, Industrieanlagenverwertung sowie technisches Projektmanagement. Der Teilkonzern Steag ist neben der Kraftwirtschaft in den Bereichen IPP-International, Electronic Systems (Anlagen für die Produktion von Halbleitern und Compact Discs), Prozeßtechnik und Gebäudetechnik tätig. Arbeitsgebiete des Teilkonzerns Rütgers sind Spezialchemikalien, Basischemikalien, Duroplastische Kunststoffe sowie Kunststoffe für die Elektronik, den Baubereich und für Fahrzeuge – und der Straßenbau. Der Teilkonzern RAG Umwelt beschäftigt sich mit dem Industrie- und Kommunalservice, mit Rohstoffen und Recycling sowie mit dem Flächenrecycling und der Bodensanierung. Die im Teilkonzern Servicegesellschaften zusammengefaßten Unternehmen sind in den Bereichen Immobilien, Berufsbildung, Informatik und Versicherungen tätig.

Trotz dieser inzwischen erfolgten breiten Diversifizierung bleibt die Förderung und Aufbereitung von Steinkohle nach wie vor Kerntätigkeit und Basis der RAG AG. Und hier fließen nach wie vor kräftig die staatlichen Subventionen. 1998/99 wurden unter dem Dach der RAG die deutschen Bergwerksgesellschaften Saarbergwerke AG und Preussag Anthrazit GmbH mit der Ruhrkohle Bergbau AG zur Deutschen Steinkohle AG zusammengeschlossen.

1997 waren – begleitet von heftigen Diskussionen, Protesten und Streiks – die Rahmenbedingungen für den deutschen Steinkohlenbergbau bis zum Jahr 2005 neu geregelt worden. Festgelegt wurde ein Gesamtplafond, aus dem ab 1998 der Einsatz deutscher Steinkohle in der Verstromung, der Absatz an die Stahlindustrie und die Aufwendungen für geplante Stillegungen finanziert werden. Die Kohlebeihilfen, die 1997 noch knapp neun Milliarden D-Mark betragen haben, sollen dabei bis zum Jahr 2005 auf 5,5 Milliarden pro Jahr zurückgeführt werden. Das Land Nordrhein-Westfalen zahlt demnach ab 2001 jährlich 1,15 Milliarden D-Mark, die RAG aus ihrem Beteiligungsbereich 200 Millionen D-Mark pro Jahr. Damit muß der Bund in den fünf Jahren 2001 bis 2005 für die deutsche Kohle insgesamt 58,5 Milliarden D-Mark, Nordrhein-Westfalen 9,6 Milliarden und die RAG eine Milliarde D-Mark aufbringen.[16]

Wenn Friedhelm Ost mit den übrigen Mitgliedern des RAG-Aufsichtsrates zusammensitzt, trifft er auch Anke

Fuchs wieder, die dort die Interessen der Arbeitnehmer vertritt. Aufsichtsratsvorsitzender ist Veba-Chef Ulrich Hartmann. Dr. Gerhard Cromme und Dr. Ekkehard Schulz, die gemeinsamen Vorstandsvorsitzenden der Thyssen-Krupp AG, sind dort ebenso präsent wie Dr. Jochen Holzer, Vorsitzender des Aufsichtsrates der Viag AG, sowie einige prominente Köpfe aus dem Ruhrgebiet. Der frühere Vorstandsvorsitzende der VEW AG, Fritz Ziegler, war und ist auch heute noch bei der Ruhrkohle präsent, denn schließlich gehört die VEW zum Eigentümerkreis.

Aber nicht nur bei der RAG AG trifft Friedhelm Ost auf Kolleginnen oder Kollegen aus dem Bundestag, sondern auch als Mitglied des Aufsichtsrates der sehr viel kleineren Rockwool Beteiligungs-GmbH, Gladbeck. Dort sitzt und entscheidet der SPD-Fraktionsvorsitzende Dr. Peter Struck mit ihm an einem Tisch. Man sollte übrigens nicht dem Irrglauben erliegen, mit den Tantiemen aus einer Aufsichtsratstätigkeit könnte einer reich werden. Die RAG zahlte ihren Aufsichtsräten im Jahre 1997 pro Kopf 24 217 D-Mark. Üblicherweise führen Politiker solche Einnahmen, nachdem sie sie versteuert haben, an die politischen Stiftungen ihrer Parteien oder Gewerkschaften ab. Die Tätigkeit in einem Aufsichtsrat hat also weniger etwas mit Geld als mit Macht zu tun. Das ist bei Vorstandsposten natürlich etwas anderes.

Man muß nicht unbedingt wie Bohl oder Ost zu den bundesweit prominenten Politikmachern gehören, um für Unternehmen in einer Doppelfunktion als Abgeordneter und Führungskraft attraktiv zu sein. Michael von Schmude etwa, Mitglied des Bundestages seit 1983 und in den 14. Bundestag über die Landesliste Schleswig-Holstein gewählt, ist selbständiger Landwirt in Jennewitz und Geschäftsführer der Wintershall Erdgas Beteiligungs-GmbH in Kassel.

Die Wintershall Erdgas Beteiligungs-GmbH, Kassel, ist eine 100prozentige Tochter der Wintershall AG, Celle/Kas-

sel, die wiederum zu 100 Prozent der BASF AG, Ludwigshafen, gehört. Erst Anfang der neunziger Jahre hat die Wintershall AG zusätzlich zu den bestehenden Arbeitsgebieten
Suche und Förderung von Öl und Gas sowie Verarbeitung
von Rohöl und Vermarktung von Mineralölprodukten als
neues Standbein den Erdgashandel aufgenommen.

Die BASF, Deutschlands größter Verbraucher von Erdgas,
trennte sich 1994 von seinem bisherigen Lieferanten Ruhrgas AG und bezieht dieses seitdem von Wingas. Wingas ist
ein Gemeinschaftsunternehmen, das Wintershall mit der
russischen Gazprom, dem größten Erdgasproduzenten und
-exporteur der Welt, gegründet hat. In direkter Konkurrenz
zur Ruhrgas AG konnte Wingas dann innerhalb weniger
Jahre bereits 1997 – eigenen Angaben zufolge – 12 Prozent
des deutschen Gasmarktes erobern.

Für die Beschaffung und Vermarktung des Erdgases sind
die Wintershall Erdgas Handelshaus GmbH (WIEH), Berlin,
und die Wintershall Erdgas Handelshaus Zug AG (WIEE),
Zug/Schweiz, zuständig. An der WIEH halten die Wintershall Erdgas Beteiligungs-GmbH und eine Handelstochter
der Gazprom jeweils 50 Prozent. Der Wintershall Erdgas
Beteiligungs-GmbH gehören auch 15,79 Prozent der Ver-
bundnetz Gas AG in Leipzig, deren größter Aktionär wiederum der stärkste Wintershall-Konkurrent Ruhrgas AG mit
35 Prozent Anteil ist. Ruhrgas hält auch 4 Prozent an der
Gazprom.

Die Wintershall-Gruppe ist selbstverständlich stark an der
Gestaltung des Energierechts interessiert. Und für einen
Newcomer in dem Markt, der bisher fest in Händen eines
einzigen Anbieters, der Ruhrgas AG, lag, ist eine Liberalisierung des Marktes besonders wichtig. »In der deutschen Energierechtsreform und der zu erwartenden europäischen Gasrichtlinie sehen wir ermutigende Schritte in
Richtung Liberalisierung des Gasmarktes«, hieß es im
Geschäftsbericht 1997 der Wintershall AG. »Insbesondere

die zu erwartende europäische Gasrichtlinie wird nach der gegenwärtig bekannten Fassung die Durchleitung – natürlich gegen ein angemessenes Entgelt – ermöglichen. Somit ist die Chance für mehr Wettbewerb zum Nutzen der Verbraucher gegeben.«

Als dann im Sommer 1998 die Europäische Gasrichtlinie in Kraft trat, begrüßte Burkhard Genge, Sprecher der Wingas-Geschäftsführung, diese als »Gewinn für die Erdgasverbraucher in ganz Europa. Trotz der anfänglichen Marktöffnung von nur 20 Prozent setzen wir hohe Erwartungen in diese Richtlinie. Nach einer jahrzehntelangen Monopolwirtschaft ist diese Öffnung der Märke als ein echter Quantensprung für den Wettbewerb in der Gaswirtschaft zu verstehen.«[17]

Besonders wichtig war für den Wingas-Chef die Regelung der Durchleitung, und er bemängelte, daß diese nur in der Europäischen Gasrichtlinie und nicht in der Novelle des Deutschen Energierechts berücksichtigt worden war. Er begründete dies einerseits mit dem Nutzen für den Kunden. Erst wenn ein effektives Durchleitungssystem eingeführt ist, werde der Wettbewerb nicht mehr den Bau eigener Leitungen erfordern, sagte Genge. Auf diese Weise erhielten weitere Gaskunden erstmals die Chance, sich ihren Erdgasproduzenten oder Lieferanten selbst auszuwählen.

Zudem sei es aus ökologischen wie aus ökonomischen Gründen sinnvoll, mittels Durchleitung zunächst die Kapazitäten der bestehenden Leitungen zu nutzen. Dabei dürfe jedoch nicht übersehen werden, daß neben einem effektiven Netzzugangssystem der freie Leitungsbau als Instrument des Wettbewerbs erhalten bleiben müsse. »Echter Wettbewerb kann langfristig nur mit beiden Instrumenten gewährleistet werden«, so Genge. Seine erfreuliche Zukunftsperspektive war: »In den kommenden Jahren wird es mit Sicherheit mehr Wettbewerb in der deutschen und europäischen Gaswirtschaft geben« – was inzwischen eingetreten ist.

Dietmar Schlee war von 1980 bis 1984 Minister für Arbeit, Gesundheit und Sozialordnung und anschließend bis 1992 Innenminister im Land Baden-Württemberg. Ab 1972 gehörte er dort dem Landtag an, und seit 1994 sitzt er für die CDU im Bundestag. Der Rechtsanwalt aus Sigmaringen fühlt sich von einem reinen Politikerleben offensichtlich nicht ausgelastet. Denn von 1992 bis 1996 fungierte er als Partner bei Roland Berger & Partner International Management Consultants und ist seit 1996 Mitglied des Vorstandes der Versicherungsholding der Deutschen Bank AG, Bonn.

Die Versicherungsholding der Deutschen Bank AG, Bonn, ist zu 65,3 Prozent im Besitz der Deutschen Bank AG, Frankfurt am Main. Der Rest liegt in den Händen der Deutschen Herold Allgemeine Versicherungs-AG der Deutschen Bank, Bonn, und in Familienbesitz. Die Deutscher Herold Allgemeine Versicherungs-AG der Deutschen Bank ist eine 100prozentige Tochter der Versicherungsholding der Deutschen Bank AG, das heißt, letztere gehört sich zum Teil selbst. Sie hat auch 100 Prozent der Deutscher Herold Lebensversicherungs-AG der Deutschen Bank (DHL), Bonn, inne und 70 Prozent der Deutscher Herold Rechtsschutzversicherungs-AG der Deutschen Bank. Die restlichen 30 Prozent an der Rechtsschutzversicherung hält die Gerling-Konzern Versicherungs-Beteiligungs-AG, Köln.

Die Versicherungsholding der Deutschen Bank AG ist auch Alleineigentümer der Deutschen Gesellschaft für Vermögensberatung mbH (DGV), Bonn, und sie hält 10 Prozent an der Deutschen Bank Bauspar AG, Frankfurt, wo die restlichen 90 Prozent direkt bei der Deutschen Bank AG liegen. An der Globalen Krankenversicherungs-AG sind die Versicherungsholding der Deutschen Bank AG und die Gerling-Konzern Versicherungs-Beteiligungs-AG, Köln, mit je 45 Prozent beteiligt. Die verbleibenden 10 Prozent hält die Deutsche Bank AG direkt.

An der Bonnfinanz AG für Vermögensberatung und Vermittlung, die uns ja bereits als Allfinanz-Strukturvertrieb bekannt ist, hält die Versicherungsholding der Deutschen Bank AG direkt 26 Prozent, ihre 100prozentigen Töchter Deutscher Herold Allgemeine Versicherungs-AG und die Deutscher Herold Leben (DHL) 24,5 beziehungsweise 24,4 Prozent und die Deutsche Bank Bauspar AG (siehe oben) 25,1 Prozent. Insofern hat Dietmar Schlee einerseits durchaus gleichgerichtete Interessen mit seinen Fraktionskollegen, Bohl, Ost, Waigel und Kanther, andererseits steht er über seine Funktion, wenn auch ein wenig entrückt, mit ihnen im harten Konkurrenzkampf.

Ein Stein im internationalen Juristenmosaik

Der Jurist Matthias Wissmann gehört ohne Zweifel zu den besonders klugen Köpfen des Bundestages. Das war 1976 auch dem Bonner Flick-Büro aufgefallen, das dem »hoffnungsvollen« CDU-Nachwuchspolitiker – er war zu dem Zeitpunkt Bundesvorsitzender der Jungen Union und Mitglied des Bundesvorstandes der CDU – 7500 D-Mark für seinen Wahlkampf zukommen ließ. Aus heutiger Sicht wahrlich keine große Summe, aber immerhin ein freundliches Signal. Der Flick-Lobbyist Kanter schrieb damals über Wissmann: »Heute wollte ich nur noch mal herausstellen, daß mir der Kontakt mit Matthias Wissmann (...) auf Perspektive sehr wesentlich und auch in unserem Sinne sehr hoffnungsvoll erscheint. Man muß allerdings für solche Leute etwas tun, wobei ich keinesfalls nur an Geld denke.«[18]
Den meisten Bundesbürgern wird Matthias Wissmann nur als Bundesminister für Verkehr in Erinnerung sein. Dieses Amt hatte er von Mai 1993 bis Oktober 1998 inne, nachdem sein Gastspiel als Bundesminister für Forschung und Technologie 1993 nur kurz war, weil er für den später

als »echten Rüpel-Ossi«[19] bezeichneten Verkehrsminister Günther Krause einspringen mußte. Daß Matthias Wissmann weiterhin im Bundestag sitzt und dort Vorsitzender des Ausschusses für Wirtschaft und Technologie ist, der nicht nur aufgrund der wirtschaftlichen und technologischen Entwicklung immer mehr Bedeutung gewinnt, sondern auch eine hochinteressante Zahl brillanter Köpfe versammelt, werden wohl deutlich weniger Bundesbürger wissen.

Noch geringer dürfte die Zahl derer sein, denen bekannt ist, daß Matthias Wissmann seit dem 1. März 1999 als Partner in das Berliner Büro der Washingtoner Anwaltssozietät Wilmer, Cutler & Pickering (WCP) eingetreten ist. Sie residiert im 22. Stockwerk des Internationalen Handelszentrums an der Friedrichstraße 95. Eine zentralere Lage kann es kaum geben, wenn man die verschiedenen Ministerien ebenso schnell erreichen will wie den Reichstag. Einer der Anwälte in der Berliner Kanzlei von WCP ist Martin Seyfarth. Er war von 1993 bis 1996 erst persönlicher Referent des Bundesverkehrsministers und dann Büroleiter. Einer erneuten guten Zusammenarbeit steht also nichts im Wege.

Wie die *Frankfurter Allgemeine Zeitung* vom 20. Februar 1999 so schön schrieb, will Wissmann »seine politische Arbeit aber fortsetzen und nur in der sitzungsfreien Zeit sich mit ganzer Kraft der Kanzlei widmen. Dort soll er eine Beratungstätigkeit an der Schnittstelle von Politik und Wirtschaft in Deutschland und Europa wahrnehmen.« Daß die sitzungsfreie Zeit für Abgeordnete keine Freizeit ist, scheint sich bis zu Wissmann noch nicht herumgesprochen zu haben.

Wilmer, Cutler & Pickering ist nicht irgendeine Anwaltssozietät. Sie wurde 1962 in Washington gegründet und unterhält heute rund um den Globus Büros; die bedeutendsten sind wohl die Niederlassungen in Washington, Baltimore, New York, London, Brüssel und Berlin. Rund 300

Anwälte arbeiten für die Kanzlei, deren Schwerpunkte die Berührungsstellen zwischen Wirtschaft und Staat sind. Überall, wo staatliche Regelungen in den Wirtschaftsprozeß eingreifen, zeigt WCP seine Kompetenz. Dazu gehören der gesamte Kartellrechtsbereich und alles, was mit Luftverkehr, Energiewirtschaft und Telekommunikation zu tun hat, aber auch Medien, Handel und Börsenaufsicht werden tangiert. In Deutschland ist zum Beispiel die Lufthansa ein wichtiger Kunde.

In welches Beziehungsnetz Matthias Wissmann jetzt eingewoben wird, verstand das Magazin *Focus*[20] auf raffinierte Art und Weise mitzuteilen. Es berichtet nämlich über die Reihe der Redner, die beim Empfang zu Wissmanns Einführung als Partner der US-Kanzlei das Wort ergriffen. *Focus* behauptete, sie hätten dies nicht allein Wissmann zuliebe getan. Der Staatsminister Michael Naumann, SPD, sei mit einem der US-Juristen befreundet. Allianz-Chef Henning Schulte-Noellen gehört zu den wichtigsten Klienten, und der frühere US-Botschafter in Bonn, Robert M. Kimmit, ist selbst Partner der WCP

Daß Staatsminister Michael Naumann, Jahrgang 1941, mit High-School-Abschluß in Neumexiko, USA, im Jahr 1960, Anfang der achtziger Jahre Korrespondent in Washington, D. C., und von 1995 bis 1996 Vorsitzender Geschäftsführer des Verlages Henry Holt, New York, mit einem amerikanischen Juristen befreundet ist, sollte einen nicht weiter verwundern. Daß ein großer Versicherungskonzern mit internationalen Verflechtungen sich auch international agierende Rechtsberater hält, ebenfalls nicht. Aber es ist schon erstaunlich, wie oft man auf den Namen Wilmer, Cutler & Pickering stößt, wenn man in Deutschland die Schnittstellen zwischen Wirtschaft und Politik näher betrachtet.

Es mag bezeichnend sein, daß es auch die Anwaltskanzlei Wilmer, Cutler & Pickering ist, die von der Crédit Suisse

Group beauftragt wurde, einen Regelverstoß in Japan zu untersuchen. Die Anwälte stellten fest, daß Mitarbeiter der Bank in Tokio widerrechtlich Dokumente auf die Seite geschafft und die Untersuchungen der Financial Supervisory Agency behindert haben.[21] In diesem Zusammenhang eher ein Zufall sein dürfte, daß Ex-Kanzler Helmut Kohl im Beirat der Crédit Suisse Group sitzt. Es zeigt vielmehr, wie mächtig und einflußreich die großen amerikanischen Anwaltsfirmen geworden sind, wenn sie sogar innerhalb Japans Ermittlungen durchführen können. Im Rechtsstreit der schweizerischen Banken mit den Erben von Holocaust-Opfern um die Einlagen auf geheimen Nummernkonten wurden die Banken von Gary B. Born vertreten, der als Partner ebenfalls zu Wissmanns neuen Kollegen zählt.

Matthias Wissmann äußerte gegenüber der *Frankfurter Allgemeine Zeitung* die Hoffnung, daß er durch seine Tätigkeit für WCP ein größeres Maß an innerer Unabhängigkeit gewinnen könne. Interessenkonflikte mit der Politik wolle er aber auf jeden Fall vermeiden. Keine ganz leichte Aufgabe für jemanden, der nicht nur im Bundestag sitzt, sondern noch den Ausschuß für Wirtschaft und Technologie leitet. Wie heißt es doch so schön: Wer zahlt, befiehlt.

Entscheidend ist, wie man den Begriff Interessenpolitik definiert. Setzt ein solcher Konflikt schon ein, wenn man Informationen über Gesetzesvorhaben hat, die irgendeinen der zahlreichen internationalen Kunden von WCP tangieren, oder muß man im Interesse dieser Kunden bewußt auf Gesetzesvorhaben einwirken und sie entsprechend verändern? Welche der im Ausschuß beratenen Themen berühren nicht früher oder später einmal einen Kunden, die Wilmer, Cutler & Pickering betreut oder betreuen wird? Hier eine Grenze zu ziehen dürfte selbst einem sehr klugen und versierten Juristen einigermaßen schwerfallen.

Niemand hat etwas zu verschenken

Nichts vermag die in der Bevölkerung herrschenden Vorurteile über die Abhängigkeit der Politiker von Unternehmen und über ihre Beeinflußbarkeit durch Unternehmen mehr bestärken als Abgeordnete, die wie Bohl, Ost und Co. eine schwer durchschaubare Doppelrolle spielen. Auch wenn sie auf die gesamte Zahl der Bundestagsabgeordneten gesehen nur eine winzige Minderheit sind, so ist doch ihre Wirkung auf die öffentliche Meinungsbildung ungemein groß.

Der Verfassungsrechtler Ingo von Münch, FDP, der selbst eine Weile als Bürgermeister und Wissenschaftssenator in Hamburg amtierte, äußerte sich zu Politikern in Aufsichtsräten wie folgt: »Wer als Politiker ohne besonderen wirtschaftlichen Sachverstand in einen Aufsichtsrat berufen wird, der muß sich darüber im klaren sein, daß es dem Unternehmen in Wirklichkeit um etwas anderes geht: um politische Einflußnahme außerhalb der legitimen Formen demokratischer Meinungsbildung. Abgeordnete sind mit der Ausübung ihres Mandats, wenn sie es denn ernst nehmen, ausreichend beschäftigt. Abgeordnete sollen die Regierung kontrollieren und nicht Wirtschaftsunternehmen.«[22]

Von Münch hatte offenbar allein den Aspekt der Einflußnahme vor Augen. Daß Politiker für bestimmte Unternehmen nicht zuletzt eine Vorzeige- und Alibifunktion haben können, ist ihm hier nicht in den Sinn gekommen. Mit Politikern kauft man sich ein Stück Seriosität, selbst wenn Politiker per Saldo in der Gesellschaft kein außerordentlich hohes Ansehen genießen. Man kann auf diesem Weg den Bundestag auch benutzen, ohne ihn zu beeinflussen. Ein Aspekt, den Ingo von Münch ebenfalls nicht berücksichtigte, ist der, daß die Informationsbeschaffung im Rahmen eines Frühwarnsystems in der heutigen Zeit eine immer größere Bedeutung erhält. Es dürfte einem Ausschußvorsitzenden, wie es Matthias Wissmann ist, schwerfallen, sich selbst bei einem vielleicht erst in späterer Zukunft entstehenden Problemthema selbst auszuschließen, nur weil es einen Mandanten in London, Washington oder Tokio betreffen könnte.

Eine seltene Spezies – Megabrain mit politischem Gespür

Ebenfalls Mitglied im Ausschuß für Wirtschaft und Technologie ist der CDU-Abgeordnete Dr. Heinz Riesenhuber. Er hebt sich aus der Masse der Bundestagsabgeordneten besonders durch die große Zahl von Aufsichtsratsposten heraus. Was Graf Lambsdorff für die Banken und Versicherungen war, ist er für die High-Tech-Industrie. Der frühere Bundesminister für Forschung und Technologie (Oktober 1982 bis Januar 1993) ist heute neben seiner Abgeordnetentätigkeit Unternehmensberater und Geschäftsführer der F + T GmbH Beratung zu Forschung und Technologie, Frankfurt am Main. Außerdem hat er in zehn Unternehmen Funktionen als Mitglied des Aufsichtsrates, des technischen Beirates, als Senior Country Advisor, aber auch als Vorsitzender des Aufsichtsrates oder als Mitglied des Internationalen Beirates.

Schauen wir uns die Unternehmen einmal der Reihe nach an, und machen wir zumindest den Versuch zu erkennen, wo es hier Berührungspunkte zwischen Politik und Wirtschaft gibt. Daß der Diplomchemiker und Honorarprofessor Riesenhuber, der zahlreiche Ehrendoktortitel von den verschiedensten Universitäten auf der Welt erhalten hat, hauptsächlich wegen seiner fachlichen Qualitäten in die Aufsichtsräte berufen wurde, steht außer Zweifel. Nur wenige Bundestagsabgeordnete und Bundespolitiker dürften eine vergleichbare Kombination von Erfahrung, Fachwissen und politischem Sachverstand mitbringen wie er.

So ist Dr. Heinz Riesenhuber Mitglied des Aufsichtsrates der Alcan Deutschland GmbH in Eschborn. Der kanadische Alcan-Konzern ist auf allen Feldern der Aluminiumindustrie tätig: vom Abbau von Bauxit über die Aluminiumschmelze, die Bearbeitung bis hin zum Recycling dieses Werkstoffes und der eigenen Stromerzeugung. Die Alcan-Gruppe ist mit über 33 000 Beschäftigten einer der größten internationalen Aluminiumkonzerne der Welt; deshalb ist es nicht verwunderlich, wenn Alcan auch ein besonderes Interesse an den politischen Dimensionen dieses Produktes hat, denn die sind überaus vielfältig.

Um Primäraluminium zu gewinnen, muß man sehr viel elektrische Energie einsetzen. Das hatte in einigen Bundesländern grüne Politiker auf den Plan gerufen, die dafür sorgen wollten, daß zum Beispiel Fensterrahmen und Türbeschläge aus Aluminium nicht mehr in öffentlichen Gebäuden eingesetzt werden sollten. In Berlin galt zeitweise ein solches Verbot. Der hohe Bedarf an elektrischer Energie zur Gewinnung von Aluminium hat diesen Werkstoff zum Lieblingsfeind Nummer eins von Klima- und Umweltschützern gemacht. Auch wenn die elektrische Energie aus Wasserkraft gewonnen wird und damit auf den ersten Blick als umweltfreundlich erscheint, so sehen die Naturschützer doch ein Problem darin, zumal die Stauseen Lebensräume für Tiere, Pflanzen und Menschen vernichten. An diesem schlechten Ruf hat eine von der deutschen Aluminiumindustrie durchgeführte umfangreiche Imagekampagne nichts ändern können.

Natürlich waren und sind die Energiepreise für die Aluminiumindustrie in Deutschland immer ein wichtiges Thema, da auch für das Schmelzen von recyceltem Sekundäraluminium elektrischer Strom benötigt wird, allerdings längst nicht so viel wie für die Produktion von Primäraluminium. Wird Aluminium im Baubereich, zum Beispiel für Fensterrahmen eingesetzt, sind die entsprechenden Bauvorschriften für die Aluminiumindustrie relevant. Da Aluminium auch immer stärker im Automobilbau eingesetzt wird und dank seinem geringen Gewicht zu Einsparungen im Benzinverbrauch führen soll, ist natürlich die Entwicklung des Benzinpreises und sind alle die Verkehrssysteme betreffenden Regelungen für die Aluminiumhersteller interessant. Steigt der Benzinpreis, ist ein leichtes Auto wegen geringeren Spritverbrauchs gegenüber einem Schwergewicht aus Stahl im Vorteil. Das gleiche gilt für Busse und Bahnen.

An dieser Stelle tut sich nun gleich eine neue Verbindung auf, bei der sich ein Unternehmen dem anderen als nützlich erweisen kann. Technologischer Vorreiter beim Einsatz von Aluminium ist Audi mit seinem Spaceframe-Konzept. Audi gehört zum VW-Konzern, und dessen Vorstandsvorsitzender, Ferdinand Piëch, ist als großer Verfechter modernster Automobiltechnologie der Marke Audi besonders verbunden. Als Türöffner zu seinem früheren Aufsichtsrat und dem heutigen Bundeskanzler Gerhard Schröder wird er sicher nicht gebraucht. Die Türen stehen schon offen.

Weil der Werkstoff Aluminium in der verschiedensten Art und Weise von einigen tausend mittelständischen Unternehmen und Handwerksbetrieben weiterverarbeitet wird, werden die Aluminiumhersteller natürlich von Lohnkosten und den vielfältigsten Marktentwicklungen berührt. Insofern kann man der Aluminiumindustrie ein ebenso breites Interesse an der nationalen Wirtschaft unterstellen wie den Stahlherstellern, da beide Werkstoffe in eine immer größere Konkurrenz zueinander treten.

Die Probleme, mit denen Heinz Riesenhuber sich als Mitglied des technischen Beirates der Allianz Versicherungs AG in München zu befassen hat, werden wieder ganz anderer Natur sein. Die Allianz Versicherungs AG gehört zu 100 Prozent der Allianz AG, sie ist eine von insgesamt 55 inländischen Konzerngesellschaften, daneben gibt es 249 ausländische in Europa, Nord- und Südamerika, Afrika, Asien und Australien. Durch die Übernahme der Mehrheit an der französischen Assurances Générales de France (AGF) 1997/98 ist die Allianz zum weltweit größten Versicherungskonzern aufgestiegen. In der Europäischen Union belegt sie in neun Ländern Platz eins. Im Zuge der AGF-Übernahme wurden übrigens die von AGF und Allianz gehaltenden Anteile an der Aachener und Münchener Beteiligungs AG (AMB) an die italienische Generali verkauft, die auf diese Weise Mehrheitsaktionär bei der AMB wurde. Durch eine gegenseitige Beteiligung von jeweils 25 Prozent ist die Allianz mit der Münchener Rückversicherungs-Gesellschaft AG fest verbunden.

Bei der Altana AG, Bad Homburg, ist Riesenhuber Mitglied des Aufsichtsrates. Das Unternehmen konzentriert sich seit dem Verkauf der Diätetiksparte vor einigen Jahren auf die Bereiche Pharmazeutik (Byk Gulden, Konstanz) und Chemie (BYK-Chemie, Wesel). 1998 hat die Gruppe 2,9 Milliarden D-Mark umgesetzt, und zum Gewinn vor Ertragsteuern in Höhe von 368 Millionen D-Mark trug die Sparte Pharmazeutik 213 Millionen und die Sparte Chemie 138 Millionen D-Mark bei. Der Konzern verfolgt eine konsequente Strategie der Globalisierung und Innovation. Ziel des Vorstandes ist ein Umsatz von rund vier Milliarden D-Mark im Jahr 2000, dann soll die Pharmazeutik zwei Drittel des Gewinns erwirtschaften.

Zum Produktspektrum des Pharmabereichs gehören im wesentlichen Therapeutika zur Behandlung von Magen-Darm- und Herz-Kreislauf- sowie Atemwegserkrankungen. Das Unternehmen setzt besonders auf das innovative Magen-Darm-Therapeutikum »Pantoprazol« und den Ausbau des Selbstmedikationsgeschäftes. Die Chemiesparte ist erfolgreicher Nischenanbieter von Additiven für die Lack- und Kunststoffherstellung sowie von Speziallacken und Meßgeräten.

Forschung und Entwicklung haben für die Altana-Gruppe einen hohen Stellenwert. Ein Schwerpunkt liegt in der Gen- und Biotechnologie. Altana Technology Projects ist ein Biotech-Fonds, den Altana aufgelegt hat. Aus den Mitteln dieses Fonds – es sind 100 Millionen Dollar vorgesehen – sollen Beteiligungen an Biotech-Firmen finanziert, Forschungsprojekte gefördert und Forschungsergebnisse übernommen werden, die Altana dann zu marktfähigen Produkten weiterentwickeln und vertreiben will.

50,1 Prozent der Anteile an der Altana AG hält Susanne Klatten, die zur Familie Herbert Quandt gehört, der Rest liegt in Streubesitz bei über 18 000 Aktionären. Frau Klatte ist eine der beiden Stellvertreter des Aufsichtsratsvorsitzenden Justus Mische, der aus dem Vorstand der Hoechst AG in diese Position gewechselt ist.

Es fällt nicht schwer, von hier eine Schiene zum Verband Forschender Arzneimittelhersteller (VFA) zu legen. In diesem Wirtschaftsverband sind 37 führende forschende Arzneimittelhersteller zusammengeschlossen, die gemeinsam mit ihren über 60 Tochter- und Schwesterfirmen in Deutschland mehr als 74 500 Mitarbeiter beschäftigen, davon 14 800 allein im Bereich Forschung und Entwicklung. Im Jahr 1997 wurden von den Mitgliedern 1,6 Milliarden D-Mark investiert, wovon nahezu 28 Prozent auf Forschung und Entwicklung entfielen.

Zu den Mitgliedern des VFA gehören neben den deutschen Pharmaunternehmen unterschiedlichster Größe auch die deutschen Niederlassungen der international tätigen Konzerne. Als Beispiel seien folgende Namen genannt: Bayer AG, Hoechst AG, Abbott GmbH, C. H. Boehringer Sohn, Bristol-Myers Squibb GmbH, die Altana-Tochter Byk Gulden Lomberg Chemische Fabrik GmbH, Glaxo Wellcome GmbH & Co, Gödecke AG, Grünenthal GmbH, Knoll AG, Lilly Deutschland GmbH, Merck KgaA, Novartis Pharma GmbH, Organon GmbH, Pfizer GmbH, Procter &

Gamble Pharmaceuticals GmbH, Rhone-Poulenc Rorer GmbH, Roche Deutschland Holding GmbH, Sanofi Winthrop GmbH, Schering AG, Schwarz Pharma AG, Smithkline Beecham Pharma GmbH und die Solvay Pharmaceuticals GmbH.

»Gentechnik ist der Schlüssel zum therapeutischen Fortschritt. In wenigen Jahren wird es keinen neuen Arzneistoff mehr geben, an dessen Entdeckung, Entwicklung oder Produktion die Gentechnik nicht auf die eine oder andere Weise beteiligt gewesen sein wird«, heißt es in einer Veröffentlichung des VFA. Dies spiegele sich auch in der Unternehmenswirklichkeit der VFA-Mitglieder wider. Anfang 1998 waren 1000 Mitarbeiter aus Forschung und Entwicklung (FuE) im Bereich gentechnischer Forschung und Entwicklung beschäftigt. Die entsprechenden FuE-Aufwendungen bei den VFA-Mitgliedern stiegen 1997 um 16,2 Prozent auf 319 Millionen D-Mark, und der Umsatz mit gentechnisch hergestellten Arzneimitteln wuchs sogar um 25 Prozent auf 1,3 Milliarden D-Mark (zu Herstellerabgabepreisen). Dieser Wachstumsprozeß wird sich nach Einschätzung des VFA – womöglich beschleunigt – fortsetzen.

Eine im Auftrag des VFA vom Forschungsinstitut Emnid 1998 durchgeführte repräsentative Umfrage über die Einstellung der Bevölkerung zur Gentechnik in der Medizin – insbesondere bei innovativen Arzneimitteln – zeigt, daß die Zustimmung zu dieser Zukunftstechnologie weiter steigt, so der VFA. Danach erwarten 73 Prozent der Bevölkerung in dem Bereich gentechnologisch hergestellter Arzneimittel Fortschritte für die Zukunft. 57 Prozent würden gentechnologisch hergestellte Arzneimittel anwenden, wenn diese eindeutige Vorteile gegenüber herkömmlichen Präparaten haben. 1997 waren es erst 50,3 Prozent. 63 Prozent der Bevölkerung sind im großen und ganzen der Meinung, daß Gentechnologie ein wichtiger High-Tech-Bereich für den

Wirtschaftsstandort Deutschland ist. 62 (Vorjahr 55) Prozent würden es insgesamt begrüßen, wenn Deutschland auf dem Gebiet der Gentechnologie eine Spitzenstellung einnähme. Auch das Risikoprofil der Gentechnologie wird mehrheitlich mit positiver Tendenz eingestuft, betont der VFA. 58 Prozent sind der Meinung, daß die Risiken der Gentechnologie generell durch gesetzliche Maßnahmen verringert werden können, und 52 Prozent meinen, daß die Vorteile der Gentechnologie deren Risiken überwiegen.

Eine für den VFA durchgeführte Studie der Boston Consulting Group kommt unter anderem zu folgenden Ergebnissen: »Die forschenden Arzneimittelhersteller leisten einen positiven Beitrag zur Wirtschaftskraft Deutschlands. Die Rahmenbedingungen für Innovationen haben sich in Deutschland in den letzten Jahren deutlich verbessert. Um im dynamischen globalen Wettbewerb dauerhaft bestehen zu können, ist jedoch eine kontinuierliche Verbesserung notwendig.« Der VFA bemerkt dazu: »Aus der Sicht der Autoren heißt das für die Politik, daß der Aufbau der Gentechnologie in Deutschland weiter gezielt unterstützt wird; die Möglichkeiten für die pharmazeutische Industrie verbessert werden, sich aktiv an der Entwicklung integrierter Versorgungsformen im Gesundheitswesen zu beteiligen und Markt- und Wettbewerbselemente vor dem Hintergrund der zunehmenden Globalisierung gestärkt werden.«

Neben den Rahmenbedingungen zur Gentechnik und zur Forschung und Entwicklung insgesamt beschäftigt sich der VFA im Tagesgeschäft natürlich mit den zahlreichen gesetzlichen Regeln des Gesundheitswesens, dem Arzneimittelrecht, dem Patentrecht und zum Beispiel auch – in Zusammenhang mit Tierversuchen – mit dem Tierschutzrecht. Hauptgeschäftsführerin des Verbandes Forschender Arzneimittelhersteller ist die frühere Staatssekretärin Cornelia Yzer, die bis zum Ende der 13. Wahlperiode im

Herbst 1998 diesen Beruf neben ihrem Bundestagsmandat ausgeübt hat. Sie dürfte insofern bestens Bescheid wissen, wie sie die Interessen ihren Verbandes durchsetzen kann. Über Frau Yzer wird noch an anderer Stelle des Buches berichtet.

Ganz anders als im Pharmabereich liegen die Interessen der Bankers Trust International PLC, bei der Riesenhuber Senior Country Advisor in Frankfurt ist. Bankers Trust New York Corporation ist ein führendes Unternehmen im Bereich Investment Banking, das Kunden in allen großen Finanzzentren der Welt betreut und in mehr als 50 Ländern vertreten ist. In den Produktbereichen Aktien, Fremdfinanzierungen und strategische Beratung zählt es zu den Spitzenbanken. Bankers Trust widmet sich darüber hinaus dem Handel mit Derivaten, emittiert Anleihen und handelt mit allen Instrumenten des Geldmarktes, mit Schuldverschreibungen und Schuldtiteln von Unternehmen und Kommunen, Pfandbriefen, Aktien und anderen Wertpapieren. Bankers Trust ist eine der führenden Korrespondenzbanken für die Abwicklung von Transaktionen, Treuhand- und Depotverwaltung und einer der weltweit größten institutionellen Geldmanager und ist außerdem im Bereich Mergers & Acquisitions tätig.

Mergers & Acquisitions ist der Handel mit Unternehmen, und dies geschieht meist unter starkem Zeitdruck. Um die Unternehmen zu bewerten, müssen in mühevoller Kleinarbeit unzählige Daten aus der Vergangenheit und Prognosedaten zusammengestellt werden über Käufer, Verkäufer, Objekt, Umwelt und Branchensituation, die sich täglich ändern können. Weitere wichtige Punkte sind die Finanzierung der Transaktion, die steuerlichen Auswirkungen sowie schließlich die juristische Gestaltung der Verträge.

In der Praxis wählen Unternehmen bei Zusammenschlüssen meist den einfacheren Weg der Akquisition oder

Übernahme, weil dann das gekaufte Unternehmen seine Rechtspersönlichkeit behält. Echte Mergers oder Fusionen gibt es seltener, denn hier verliert mindestens ein Unternehmen seine Rechtspersönlichkeit, steuerliche und organisatorische Nachteile machen die juristische Verschmelzung zu einem problematischen Unterfangen[23], das entsprechend hochqualifizierte Berater erfordert.

Mitte 1999 hat die Deutsche Bank AG Bankers Trust übernommen und ist damit weltweit der größte Bankkonzern geworden. In den Geschäftsfeldern Global Markets, Global Equities, Investment Banking, Global Banking Services, Asset Management und Private Banking hat die Deutsche Bank nunmehr die Spitzenstellung eingenommen. Bankers Trust soll in die globale divisionale Organisation der Deutschen Bank integriert werden. Ob sich dadurch an der Funktion von Riesenhuber etwas ändert, ist noch nicht absehbar.

Bei der EVOTEC BioSystems GmbH, Hamburg, ist Riesenhuber Vorsitzender des Aufsichtsrates. EVOTEC ist ein Biotechnologieunternehmen, das Verfahren für die hocheffektive Wirkstoffsuche entwickelt und anwendet. Die patentierte EVOscreen-Technologie dient der schnellen und genauen Testung chemischer Verbindungen auf ihre Eignung als potentielle pharmakologische Wirkstoffe. Durch den Einsatz dieser Technologie lassen sich Zeitaufwand und Kosten der Wirkstoffsuche erheblich senken. EVOTEC ist eigenen Angaben zufolge anerkannter Marktführer auf dem Gebiet der miniaturisierten und automatisierten Technologie für die Wirkstoffsuche. Das Unternehmen arbeitet mit einer Vielzahl akademischer Forschungsgruppen zusammen und unterhält mehrere Kooperationen mit der Pharmaindustrie, so mit Novartis und SmithKline Beecham, beide Mitglieder im Verband Forschender Arzeimittelhersteller. Über Kooperationen im Bereich der Technologieentwicklung hinaus bietet EVOTEC Partnern aus der pharmazeutischen und

Biotechnologieindustrie kundenorientierte Screeningprogramme an.

Genau zu der Zeit, als Heinz Riesenhuber Forschungsminister war, beschäftigte sich der Nobelpreisträger Manfred Eigen mit Methoden zur Entwicklung von nicht nur sich selbst reproduzierenden Molekülen wie RNA und DNA, sondern auch von Proteinen, speziell Enzymen. Die Politik stand solchen Technologien 1993 noch ablehnend gegenüber. Deshalb war kein Venture-Kapital für ein deutsches Biotechnologiegeschäft zu erhalten, schreibt EVOTEC in der Firmengeschichte. Auch amerikanische Investoren seien skeptisch gewesen, Startkapital für ein deutsches Biotechnologieunternehmen bereitzustellen. Schließlich schafften es die beiden Hamburger Ärzte Freimut Leidenberger und Heinrich Schulte, die von den Evo-Tec-Technologien überzeugt waren, mehr als zwölf Millionen D-Mark für das Projekt aufzutreiben. Am 8. Dezember 1993 gründeten dann Manfred Eigen, seine Kollegen Karsten Henco, Leidenberger und Schulte, weitere Wissenschaftler sowie eine Max-Planck-Gesellschaft die EVOTEC BioSystems AG.

Inzwischen hat sich die Haltung zur Biotechnologie in Deutschland geändert, was wohl zum großen Teil der Arbeit des Verbands Forschender Arzneimittelhersteller zu verdanken ist. Das Bundesministerium für Bildung, Wissenschaft, Forschung und Technologie initiiert und finanziert teilweise Leitprojekte, die auf technologisch entscheidenden, strategischen Forschungsfeldern der Medizin dafür sorgen, daß zukunftweisende Ideen schneller in marktfähige Produkte, Verfahren und Dienstleistungen umgesetzt werden. Im Februar 1997 gab das Ministerium den Startschuß für das Leitprojekt »Diagnose und Therapie mit den Mitteln der Molekularen Medizin«. Von 83 eingereichten Projektskizzen, an denen insgesamt 600 Partner aus Forschung und Industrie beteiligt waren, qualifizierten sich 14 Skizzen zur

Weiterverfolgung, und in einer zweiten Auswahlrunde entschied sich die Jury für den von EVOTEC gemeinsam mit Partnern erarbeiteten Projektvorschlag sowie für fünf weitere Projekte.

In EVOTECs Leitprojekt, daß 1998 startete, arbeiten 13 Partner aus Forschung und Industrie in einer horizontal integrierten Verbundstruktur zur automatisierten Pharma-Wirkstoffindung zusammen. Zehn dieser Partner sind namhafte Forschergruppen aus Hochschulinstituten und Forschungszentren, die anderen drei kleine und mittlere Unternehmen. Die während der geplanten vierjährigen Laufzeit anfallenden Projektkosten will EVOTEC zu mehr als der Hälfte aus eigenen Mitteln decken.

Ende 1998 stellte EVOTEC wissenschaftliche Daten über einen neuen spezifischen molekularen Marker und ein neues Target für die Diagnose und die Entwicklung neuer Therapien der Alzheimer Krankheit vor, die das Unternehmen gemeinsam mit Professor Roger Nitsch sowie seinen Mitarbeitern am Zentrum für Molekulare Neurobiologie in Hamburg erarbeitet hat. EVOTEC Neuroscience, eine neu gegründete Tochter, erhielt die Aufgabe, diese Forschungsergebnisse in die Entwicklung von Diagnostika und Therapeutika für die Alzheimersche Krankheit umzusetzen. Man ist davon überzeugt, daß diese Entdeckungen neue molekulare und zelluläre Hilfsmittel zur Identifizierung innovativer Wirkstoffe darstellen, die an der Ursache der Erkrankung ansetzen und möglicherweise eine Verlangsamung oder den Stillstand der Krankheitsentwicklung bewirken könnten.

Spätestens an dieser Stelle läßt sich eine ganz konkrete Verbindung zwischen der Pharmaforschung und den Kosten einer wie auch immer gearteten Gesundheitsreform herstellen. Hätte sich das Forschungsministerium von Anfang an aufgeschlossen für Biotechnologien gezeigt, wären mit großer Wahrscheinlichkeit schon früher wirksame Arzneimittel entwickelt worden, die sich insgesamt kostensenkend auf das Gesundheitssystem ausgewirkt hätten. Es zeigt sich also, daß eine einseitige Diskriminierung von verbandlich organisierten Unternehmensinteressen keineswegs dem Gemeinwohl abträglich sein muß. Eine borniertе Ministerialbürokratie und eine an vorgestrigen ethischen Idealen orientierte Politik kann genauso schädlich für die Volksgesundheit sein und zur unnötigen Aufblähung von Kosten beitragen.

EVOTEC schloß im März 1998 erfolgreich eine Privatplazierung mit über 45 Millionen D-Mark Eigenkapitalaufstockung ab. Die Belegschaft, 1998 waren es noch 112 Mitarbeiter, soll bis zum Jahr 2000 auf 300 Personen ansteigen. Dabei handelt es sich um interdisziplinär zusammengesetzte Teams aus Naturwissenschaftlern, Ingenieuren und Computerspezialisten. Man kann nur hoffen, daß Riesenhuber bei seiner Ämterfülle genügend Zeit findet, dieses Unternehmen so zu begleiten, wie es das verdient.

Auch bei der Henkel KGaA in Düsseldorf sitzt Riesenhuber im Aufsichtsrat. Henkel ist mit 10,91 Milliarden Euro Umsatz im Jahr 1998 der fünftgrößte deutsche Chemiekonzern Deutschlands nach Bayer, BASF, Hoechst und der neu zusammengeschlossenen Degussa-Hüls. Über 80 Prozent der Anteile hält nach wie vor die Familie Henkel. Der Konzern hat kürzlich die Chemieaktivitäten ausgegliedert, um sich ganz auf das renditestärkere Endverbrauchergeschäft zu konzentrieren. Zu diesen Kerngeschäftsfeldern gehören Kosmetika, Klebstoffe, Waschmittel und Haarpflegemittel, sie wurden durch internes Wachstum und durch Zukäufe ausgebaut. Ein wichtiger Schritt für Henkel war 1999 der Einstieg in den amerikanischen Haarpflege- und Waschmittelmarkt. Schwerpunkte der Henkel-Geschäftsstrategie sind weitere Stärkung der Kernarbeitsgebiete, weitere Internationalisierung sowie Verkauf von Aktivitäten, die nicht zu den Kernarbeitsgebieten gehören.

Im Aufsichtsrat von Henkel trifft Riesenhuber unter anderem auf Dr. Klaus Dieter Leister, Staatssekretär a. D. und ehemaliges Vorstandsmitglied der WestLB Westdeutsche Landesbank AG, auf Dr. Ulrich Cartellieri, Aufsichtsrat der Deutschen Bank, Jürgen Sarrazin, Vorstandssprecher der Dresdner Bank, und Dieter Wendelstadt, Vorsitzender des Aufsichtsrates der Colonia Konzern AG.

Anders als ein hochspezialisiertes Unternehmen wie EVOTEC hat Henkel natürlich äußerst breit gefächerte Interessen, die von der Politik beeinflußt werden. Das beginnt bei einem modernen, international funktionsfähigen und abgestimmten Markenrecht, es umfaßt alle Bereiche des Verbraucherschutzes, wozu wieder gesundheitsrechtliche Vorschriften, aber auch das Wettbewerbsrecht und über das Thema Verpackungen der Umweltschutz gehören, zu denen wieder über die Produktion selbst vielfältige Verbindungen bestehen.

Dirigiert und reglementiert durch Hunderte von Gesetzen und Rechtsverordnungen, ist ein auf das Endverbrauchergeschäft ausgerichteter Konzern ganz zwangsläufig über die verschiedensten Verbandsmitgliedschaften auf eine Beteiligung an der politischen Willensbildung angewiesen. Die Annahme, daß dies über einen oder selbst über einige Bundestagsabgeordnete möglich wäre, muß als schlicht naiv zurückgewiesen werden.

Die Reihe der Aufsichtsratsposten Riesenhubers ist damit aber nicht erschöpft, er ist auch Mitglied im Aufsichtsrat der Mannesmann AG. Mannesmann hat es wie sonst keiner der Montankonzerne geschafft, sich von einem Stahlrohrhersteller in einen echten Technologiekonzern mit einem sehr starken Telekommunikationsbein zu verwandeln. Inzwischen ist der Mannesmann-Konzern in Deutschland neben der Deutschen Telekom der führende Anbieter auf dem Telekommunikationsmarkt und baut über Zukäufe, Beteiligungen und Kooperationen Stück für Stück daran, diese

Position auch in anderen europäischen Ländern, wie zum Beispiel Frankreich, Italien und Österreich, zu erreichen. Mannesmann bezeichnet sich selbst bereits als »den führenden wettbewerbsorientierten Anbieter im integrierten europäischen Telekommunikationsmarkt«.

1998 erwirtschafteten die beiden Telekommunikationsgesellschaften Mannesmann Mobilfunk mit D2 und die für das Festnetz zuständige Mannesmann Arcor bereits 89,4 Prozent des gesamten Konzerngewinns. Mannesmann D2 lag mit sechs Millionen Teilnehmern gemeinsam mit der Deutschen Telekom an der Spitze, während E-Plus von Otelo nur 2,3 Millionen Teilnehmer verzeichnete und E2 von Viag Interkom 100000.[24] Mit dem inzwischen erfolgten Kauf von Otelo hat Mannesmann einen weiteren großen Sprung nach vorn gemacht.

Susanne Päch beschreibt in ihrem Buch *Die D2-Story*, in welchem Maß politische Entscheidungen den unternehmerischen Erfolg der Mannesmann Mobilfunk GmbH überhaupt erst möglich gemacht haben. »Zwar hatte schon 1969 der damalige Bundespostminister Georg Leber einen Versuch unternommen, die Verselbständigung der Post einzuleiten, doch der 1971 in den Bundestag eingebrachte Gesetzesentwurf scheiterte an der Gewerkschaftsforderung nach paritätischer Mitbestimmung im Aufsichtsrat. Es sollte mehr als ein Jahrzehnt dauern, ehe der nächste Anlauf gewagt wurde. Auslöser war eine von Dr. Heinz Riesenhuber, damaliger Bundesminister für Forschung und Technologie, erarbeitete ›Konzeption der Bundesregierung zur Förderung der Entwicklung der Mikroelektronik, der Informations- und Kommunikationstechniken‹.«[25]

Riesenhuber und seine Mitarbeiter hatten erkannt: »Die Produktion, Verarbeitung und Verteilung von Information nimmt in modernen Industriegesellschaften immer mehr den Charakter eines eigenständigen Produktionsfaktors neben Arbeit und Kapital an. Gerade im Hinblick auf die starke

Exportorientierung der Bundesrepublik ist die Fähigkeit, moderne Informations- und Kommunikationstechniken und die Mikroelektronik als ihre Basistechnologie rechtzeitig zu entwickeln und marktgerecht anwenden zu können, ein ganz wesentlicher Faktor für die Wettbewerbsfähigkeit unseres Landes.«[26]

Es ging also ganz klar darum, politische Grundlagen zu schaffen, die die Wirtschaft förderten. Obgleich die Firma Siemens und die Post 1983, als das C-Netz noch nicht in Betrieb war, starke Verfechter eines analogen Funknetzes waren, setzten sich der Bundespostminister Dr. Christian Schwarz-Schilling und der Forschungsminister Dr. Heinz Riesenhuber persönlich für die Förderung eines digitalen Telefonkonzepts ein. 1984 verkündete Helmut Kohl am Rande eines Gipfeltreffens mit François Mitterrand, daß man sich auf die Einführung eines digitalen Autotelefons geeinigt habe, das in den Jahren 1988/89 in beiden Ländern, Deutschland und Frankreich, in Betrieb genommen werden sollte. Damit waren die entsprechenden politischen Weichen gestellt.

Die Phantasie der Techniker blieb damals allerdings noch hinter jener der Politiker zurück. Man rechnete allenfalls mit 150 000 Teilnehmern als Obergrenze des Machbaren für ein mobiles Telefonnetz. Als dann die D2-Lizenz endlich ausgeschrieben wurde, rechnete man immerhin schon mit zwei Millionen Kunden für das Jahr 2000. Und so gab es rund 20 Wettbewerber, die sich alle um die D2-Lizenz bewarben. Um den Erfolg zu sichern, organisierte Mannesmann auch das politische Lobbying, wie es *Der Spiegel*[27] rückschauend beschrieb.

Während die anderen Wettbewerber, von Daimler-Benz über BMW bis hin zur Bundesbahn, stets die Öffentlichkeit suchten, arbeitete Dr. Peter Mihatsch von Mannesmann lieber im stillen. Seine Devise hieß: »Bloß nichts sagen!«[28] Diese verschwiegene Arbeitsweise ist auch heute noch typisch für den Mannesmann-Konzern. Heftig auf die Pauke gehauen hat Mannesmann Mobilfunk erst, als er die Lizenz in der Tasche hatte und als es darum ging, nun die Kunden zu finden.

Wer jetzt annimmt, daß sich dieser große Erfolg im Telekommunikationsbereich auch bei der Besetzung des Aufsichtsrates der Mannesmann AG niedergeschlagen hätte, der befindet sich im Irrtum. »Es ist schon richtig, daß man in den Aufsichtsräten bestimmte Leute immer wieder trifft. Das muß nicht negativ sein. Das ist auch ein Weg, die Kommunikation in Gang zu halten.« Dieses Zitat stammt von Dr. Klaus Liesen, dem ehemaligen Vorsitzenden des Vorstandes der Ruhrgas AG, der gleichermaßen zum Aufsichtsrat der Mannesmann AG gehört.[29]

Klaus Liesen ist einer der deutschen Manager, die wie Heinz Riesenhuber zu den Multiaufsichtsräten zählen und damit über eines der bestfunktionierenden Kontrollnetzwerke in der deutschen Wirtschaft verfügen. Klaus Liesen ist seit 1996 Aufsichtsratsvorsitzender der Ruhrgas AG und der Allianz AG. Den Aufsichtsrat der Volkswagen AG führt er schon seit 1987. Weitere Aufsichtsratsmandate hat er bei der Deutschen Bank, bei der Preussag AG und bei der Veba inne. Daß er dabei zwangsläufig immer wieder Dr. Henning Schulte-Noelle, Vorsitzender des Vorstandes der Allianz AG Holding, trifft, ist nicht verwunderlich. Denn dieser sitzt nicht nur bei Mannesmann im Aufsichtsrat, sondern auch bei der Veba AG und in sieben anderen Aufsichtsräten, die nicht zum Allianz-Konzern gehören. Mit in der Runde bei Mannesmann sitzt auch Robert M. Kimmitt, Botschafter a. D. und Senior Partner bei der Anwaltskanzlei Wilmer, Cutler & Pickering, über die schon an anderer Stelle berichtet wurde.

Kommen wir zum nächsten Aufsichtsratsposten Riesenhubers bei der Messer Griesheim GmbH. Sie gehört zum Hoechst-Konzern, trägt dort die weltweite Verantwortung für Industriegase und ist führender Spezialist für bestimmte schweiß- und schneidetechnische Verfahren. Die Messer Group ist mit insgesamt rund 200 Gesellschaften in 60 Ländern in allen für sie wichtigen Märkten aktiv und gehört damit zu den weltweit führenden Unternehmen im Geschäft mit Gasen. Nach der schnellen Expansion in den vergangenen fünf Jahren steht Messer nunmehr am Beginn einer Phase, in der das Wachstum von innen heraus erfolgen soll, und zwar vor allem durch die Entwicklung innovativer Verfahren. Dazu gehört zum Beispiel der Einsatz von LNG (Liquefied Natural Gas) als Antriebs- und Kühlmittel für Nutzfahrzeuge.

Industriegase von Messer eignen sich nicht nur zum Schweißen und Schneiden, sondern werden in den verschiedensten Bereichen eingesetzt. Wegen deren Vielzahl seien hier nur einige Beispiele aufgeführt. Arbeitsgebiete in der chemischen Industrie sind unter anderem: Reaktionsgase für die Produktion, inerte Gase zum vorbeugenden Brand- und Explosionsschutz, Kryotechnische Verfahren (kontrolliertes Kühlen, Kaltmahlen, Biotechnik), Sauerstoff für Verbrennungsprozesse, Spezialgase für den Laborbedarf sowie Anlagen zur Gasegewinnung. In der Lebensmitteltechnik geht es um: Schockfrosten, Transportkühlung, Kaltmahlen ohne Klumpen, Trockeneiskühlung, Zapfgase und Behandlung von Getränken zur Haltbarkeitsverlängerung. Auch in der Biotechnik finden Messer-Gase Verwendung zum Frosten biologischer Substanzen, zum Kaltaufschluß lebender Zellen und Gefriertrocknen ohne FCKW. In der Metallurgie dienen die Gase zur Wärmebehandlung, zum Schmelzen, Verbrennen, Spülen oder Reinigen. In der Elektronik werden Spezialgase für elektronische Bauelemente eingesetzt, in der Umwelttechnik zur Trinkwasseraufbereitung, Abwasserbehandlung und beim Gewässerschutz sowie bei der Sanierung von Böden und bei Emissionskontrollen der Luft, der Abluftreinigung, der Meßtechnik und Sondermüllbehandlung. Auch im Gesundheitsbereich finden sich Gase von Messer, zum Beispiel bei der Kältetherapie, der Laserchirurgie und für Therapie und Diagnostik.

Anhand dieser Beispiele läßt sich leicht erkennen, wie vielfältig die Schnittstellen zwischen den Interessen des Unternehmens und den politischen Interessen sind. Zu den wichtigsten zählen wohl die Vorschriften für die Herstellung und Haltbarmachung von Lebensmitteln, Umweltschutzbestimmungen für Gewässer, Luft und Böden, Brandschutzverordnungen und Gesetze für die Biotechnik.

Auch in der Osram GmbH gehört Riesenhuber zum Aufsichtsrat. Die 100prozentige Siemens-Tochter produziert und vertreibt alles rund ums Licht: verschiedenste Lampen, Beleuchtungselektronik, elektronische Betriebsgeräte sowie Beleuchtungssysteme für Industrieanlagen und Büros. Osram ist einer der drei größten Lampenhersteller der Welt. Beliefert werden Kunden in über 140 Ländern, und produziert wird in 52 Fertigungsstätten in 18 Ländern. Der Sektor Allgemeinbeleuchtung erbrachte 1998 rund 60 Prozent des Gesamtumsatzes von 6,6 Milliarden D-Mark, die zweitgrößte Sparte, Automobilbeleuchtung, erwirtschaftete 16 Prozent. Bei Autolampen ist Osram eigenen Angaben zufolge sowohl Weltmarktführer als auch Innovationsführer. Osram bezeichnet die Innovationskraft als wichtigsten Erfolgsfaktor. Rund 30 Prozent des Weltumsatzes werden mit Produkten realisiert, die weniger als fünf Jahre alt sind.

Für Osram ist natürlich die Entwicklung der Energiepreise interessant, die ihrerseits stark von gesetzlichen Regelungen bestimmt werden, sei es durch eine Ökosteuer oder durch die Liberalisierung des Energiemarktes in Europa. Bei hohen Strompreisen werden vermehrt Kunden auf innovative Energiesparlampen oder -systeme umsteigen. Ganz wichtig sind für Osram auch Vorschriften über den

Einsatz von Lampen in Kraftfahrzeugen. Und schließlich dürfte das Unternehmen daran interessiert sein, daß möglichst viele Autos verkauft werden, in die Osram-Lampen eingebaut werden.

Bei der SAIC Science Applications International Europe S. A. in Paris fungiert Riesenhuber als Mitglied des Internationalen Beirates. Die SAIC mit Hauptsitz in San Diego, Kalifornien, ist ein Hochtechnologie-Forschungs- und Entwicklungsunternehmen. Sie verfügt über eine breite Palette von Fachkenntnissen in der Entwicklung und Analyse von Technologien, Entwicklung und Integration von Computersystemen, in der technischen Unterstützung und im Service sowie bei Hardware- und Softwareprodukten. Die SAIC-Wissenschaftler und Ingenieure sind auf die Lösung komplexer technischer Probleme spezialisiert, vor allem für die Bereiche Öl- und Gasindustrie, Energieversorgungsunternehmen, Umwelt, Gesundheit, Durchsetzung und Kontrolle von gesetzlichen Vorschriften, Seeschiffahrt, nationale Sicherheit, Luftfahrt, Telekommunikation und Transport.

Mit über 36 000 Beschäftigten in weltweit mehr als 150 Niederlassungen ist SAIC das größte Unternehmen seiner Art, das auch den Mitarbeitern gehört. Seit der Gründung 1969 hat sich SAIC vor allem mit Projekten von nationaler Bedeutung beschäftigt und war zum Beispiel bei den Raumfahrtprogrammen von Voyager bis zum Hubble Space Telescope beteiligt. Zu den Tätigkeiten gehört auch die Lösung des Jahr 2000-Problems für Kunden aus Staat und Wirtschaft und der Aufbau eines hochmodernen Informationstechniksystems bei British Petroleum und dem venezolanischen Ölkonzern Petróleos de Venezuela.

Seit dem Erwerb der Telcordia Technologies, einer der führenden internationalen Anbieter von Kommunikations-Software sowie Forschungs- und Beratungsleistungen, im November 1997 basiert das Geschäft von SAIC nun zur Hälfte auf Verträgen mit der US-Regierung und den Regierungen der US-Bundesstaaten, wovon wiederum die Hälfte den Bereich nationale Sicherheit betrifft, die andere Hälfte des Geschäfts macht SAIC international mit Großkunden aus der Wirtschaft.

Man kann sich jetzt fragen, ob diese vielfältigen, tiefgestaffelten Aufgaben Heinz Riesenhuber in seiner politischen Arbeit bremsen oder beflügeln. Als die CDU noch die Regierungsmehrheit stellte, schätzte der *Stern*[30] den Einfluß von Riesenhuber als verhältnismäßig gering ein. Sein öffentlicher Auftritt im Bundestag beschränkte sich auf eine Redezeit von acht Minuten in vier Jahren. Immerhin hat er aber an 34 Gesetzen mitgearbeitet. Jetzt, da die CDU in der Opposition ist, kann Riesenhuber aufgrund seines fachlichen Potentials zu einem hochinteressanten und kompetenten Herausforderer für die Regierungsfraktionen werden. Wir werden uns also an anderer Stelle noch einmal mit den Konstellationen im Bundestagsausschuß für Wirtschaft und Technologie befassen.

Sonderinteressen statt Gemeinwohl?

Zwei Politiker, denen immer sehr schnell nachgesagt wird, sie verlören das Gemeinwohl zugunsten von Sonderinteressen aus den Augen, sind Karl-Heinz Scherhag und der Newcomer Klaus Wiesehügel. Der CDU-Abgeordnete Karl-Heinz Scherhag ist seit 1994 Mitglied des Bundestages. Er trat 1960 in die CDU ein, im gleichen Jahr, in dem er, 24jährig, die Autohaus Scherhag GmbH in Koblenz gründete. Zwei Jahre arbeitete er als VW/Audi-Händler. Scherhag war 16 Jahre Mitglied im Stadtrat von Koblenz und zwölf Jahre stellvertretender Fraktionsvorsitzender der CDU/CSU-Fraktion.

Heute ist Scherhag immer noch Geschäftsführender

Gesellschafter vom Autohaus Scherhag und obendrein vom Autolackierzentrum Mittelrhein in Koblenz und von der FFS Autopark GmbH, Koblenz. Außerdem ist er ehrenamtlicher Aufsichtsratsvorsitzender bei der Handwerks GmbH, der Messe GmbH und der Ost-West Service GmbH der Handwerkskammer Koblenz. Beim Handwerks Zeitungsverlag in Düsseldorf ist Scherhag Mitglied des Aufsichtsrates und der Gesellschafterversammlung. Einen weiteren Aufsichtsratsposten hat er bei der Signal Versicherung, Dortmund, inne, und er ist Mitglied des Beirates bei der Iduna Versicherung, Hamburg. Der Handwerkskammer Koblenz steht er als Präsident vor, und bei der Landeszentralbank in Rheinland-Pfalz und im Saarland sitzt er im Beirat. Im Zentralverband des Kraftfahrzeughandwerks ZVK fungiert er als Mitglied des Sozialpolitischen Ausschusses, und beim Internationalen Autoverband für Transport und Reparatur, Den Haag, ist er Mitglied der Reparaturkommission.

Dieses starke Engagement über sein eigenes Geschäft hinaus hat Karl-Heinz Scherhag zahlreiche Ehrungen eingetragen. So trägt er die Goldene Nadel des Kfz-Bundesverbandes, die Goldene Nadel des Zentralverbandes des Deutschen Handwerks, er ist Ehrenobermeister und Träger des Bundesverdienstkreuzes am Bande und des Bundesverdienstkreuzes erster Klasse. Im Bundestag ist Scherhag Mitglied des Ausschusses für Wirtschaft und Technologie. Und sitzt damit im gleichen Ausschuß wie Klaus Wiesehügel.

Während Scherhag gern als Lobbyist der Automobilindustrie und des Handwerks bezeichnet wird, ist Klaus Wiesehügel als Vorsitzender der Industriegewerkschaft Bauen-Agrar-Umwelt auf einer fast entgegengesetzten Position. Klaus Wiesehügel trat mit 20 Jahren in die SPD ein und wurde ein Jahr später Sekretär bei der Industriegewerkschaft Bau-Steine-Erden, die ihn 1995, 21 Jahre später, zu ihrem Bundesvorsitzenden wählte. In dieser Funktion vertritt er die Interessen von mehr als 700 000 Menschen, von den Architekten über die Steinmetze und Straßenbauer bis zu den Zimmerleuten; von den Agrarfachkräften über die Förster und Floristinnen bis zu den Waldarbeitern.

Besonderes Interesse hat die IG Bauen-Agrar-Umwelt an der gesetzlichen Neuregelung des Schlechtwettergeldes für die Bauarbeiter, an Städtebauförderungsprogrammen, am Modernisierungsprogramm der Kreditanstalt für Wiederaufbau in Ostdeutschland oder an der Verschärfung der Wärmeschutzverordnung. Die Gewerkschaft tritt für eine Ökosteuer ein, da sie das Bauhandwerk, das einen hohen Personalanteil aufweist, unterm Strich entlastet. Auch hält sie den Vorschlag der EU-Kommission über einen ermäßigten Mehrwertsteuersatz für arbeitsintensive Dienstleistungen für »bedenkenswert«.

Es ist wohl eher seiner Position als Gewerkschaftsvorsitzender zu verdanken als den paar Monaten im Bundestag, daß Wiesehügel gleich mit einer langen Liste von Nebentätigkeiten angetreten ist. Er ist Vorsitzender des Beirates der Allgemeinen Deutschen Direktbank, Frankfurt, und Mitglied des Beirates der BGAG Beteiligungsgesellschaft der Gewerkschaften AG, die ein paar recht interessante Beteiligungen hält. Als ehrenamtlicher Geschäftsführer leitet er die Gesellschaft für Vermögensverwaltung der IG Bauen-Agrar-Umwelt, außerdem ist er Mitglied des Aufsichtsrates der Hochtief AG in Essen und der Union Druckerei und Verlagsanstalt GmbH in Frankfurt. Des weiteren nimmt er Funktionen in der Zusatzversorgungskasse des Baugewerbes VVaG, Wiesbaden, und der Zusatzversorgungskasse des Maler- und Lackiererhandwerks VVaG, Wiesbaden, wahr. Doch damit nicht genug, ist Wiesehügel ferner Vorsitzender des Vorstandes Berufshilfe Stiftung der IG Bauen-Agrar-Umwelt und alternierend Vorsitzender des Vorstandes der Gemeinnützigen Urlaubskasse des Maler-

und Lackiererhandwerks, Wiesbaden, sowie der Urlaubs- und Lohnausgleichskasse der Bauwirtschaft. Vorsitzender des Vorstandes ist er auch beim Gemeinnützigen Förderungswerk, Frankfurt, und Mitglied des Vorstandes beim Gemeinnützigen Erholungswerk e. V. in Bad Vilbel. Natürlich sind diese Funktionen alle ehrenamtlich. Daß er zudem noch Mitglied des Bundesvorstandes des Deutschen Gewerkschaftsbundes und Vizepräsident und Vorsitzender des Europa-Ausschusses des Internationalen Bundes der Bau- und Holzarbeiter in Genf ist, wagt man fast gar nicht mehr zu erwähnen.

Bei einer solchen Ämterhäufung fragt man sich, ob andere Bundestagsabgeordnete ihn beneiden oder eher froh sind, daß sie sich auf einige wesentliche Funktionen konzentrieren können. Auf jeden Fall verfügt Wiesehügel über ein beachtliches Netzwerk, über das er mit viel Geschick Einfluß ausüben kann, das aber auch seinerseits über ihn im Bundestag Einfluß auszuüben gedenkt. Neben diesen ganzen offiziellen Netzwerken bestehen nicht nur bei Politikern, Verbandsvertretern und Unternehmern, sondern auch bei den zahllosen Vereinen und Verbänden die informellen Netzwerke.

Ein besonders wichtiger Repräsentant dieser informellen Netzwerke ist sicher Altbundeskanzler Dr. Helmut Kohl.

Der *Stern* sprach von »einem engen, schwer durchschaubaren Beziehungsgeflecht, einem Netzwerk von vertrauten Informanten und Ratgebern … Das seltsam biedere, beinahe bäurische und vielfach verflochtene Informations- und Entscheidungssystem hat Kohl zu einer unvergleichlich langen Kanzlerschaft verholfen«[31]. Politik sei während Kohls Kanzlerschaft nicht im Kabinett gemacht worden, sondern am Telefon und im kleinen Kreis. Kohl setze bewußt auf Kontakte zur Basis, »kennt jeden, hört alles, zieht an allen Fäden«. Auf den drei Kreisen der Macht, die der *Stern* beschrieb, sind es rund 50 Personen, die in wechselnder Zusammensetzung dem früheren Kanzler beratend oder ausführend zur Seite standen.

Im »äußeren Kreis der Macht« wird die »Basis« durch Kohls berühmte Saunarunde in Ludwigshafen, seinen Hausarzt Helmut Gillmann, die beiden Brüder Fritz und Erich Ramstetter, von Beruf Oberstudienrat a. D. beziehungsweise Dekan, sowie Albin Fleck, CDU-Chef in Kohls Heimatort Oggersheim, repräsentiert. Die Saunarunde sei »eine bunte demokratische Melange«[32] aus BASF-Arbeitern, Bankern, Gastwirten, Geschäftsleuten, Beamten, Ärzten und Elektrikern. Mit den Brüdern Ramstetter habe er im Herbst 1989 den Zehnpunkteplan zur Wiedervereinigung durchgesprochen, während Außenminister Hans-Dietrich Genscher außen vor geblieben sei. Und mit seinem Hausarzt diskutiere er die Gesundheitspolitik.

Politik im System Kohl vollziehe sich im persönlichen Gespräch, in kleinen Zirkeln, beim Essen und beim Trinken. Laut *Stern* bezeichnete Eduard Ackermann, Kohls langjähriger Vertrauter, den Kanzler als »Paterfamilias«. »Zieht der Pate mit seiner Clique zum Essen, das leicht zum Gelage wird, steht der Wein neben ihm. Er schenkt ein, keiner sonst. Und wenn er dann ›Spaghetti für alle‹ bestellt, dann essen alle Spaghetti.«[33] Immer wolle er alles wissen, was in der »Familie« seiner engsten Mitarbeiter läuft.

Juliane Weber, Kohls persönliche Referentin, gehöre schon seit seiner Zeit als Vorsitzender der CDU-Fraktion im rheinland-pfälzischen Landtag zu seinen engsten Mitarbeitern. Mit dem Kanzler verbinde sie ein »einzigartiges Vertrauensverhältnis«, zitierte der *Stern* Kohl, »… sie weiß mit der Empfindlichkeit eines Seismographen, wer von Kohls Gesprächspartnern außerhalb der Politik jederzeit zu ihm durchgestellt werden muß«[34]. Diesen Vorzug genossen laut *Stern* sein Duzfreund Karl Lehmann, Bischof in Mainz, Jürgen Friedrich Strube, Vorstandsvorsitzender der BASF AG, Wilfried Sahm, Hauptgeschäftsführer des Verbandes der Chemischen Industrie (VCI) und der damalige Nestlé-Chef Helmut Maucher.

Zu den Beratern Kohls außerhalb der Politik zählte der *Stern* auch den Siemens-Vorstandsvorsitzenden Heinrich von Pierer, den damaligen Vorstandssprecher der Dresdner Bank Jürgen Sarrazin, den zu der Zeit noch amtierenden IG Bergbau-Chef und SPD-Bundestagsabgeordneten Hans Berger, Hubertus Schmoldt von der IG Chemie, die Herausgeber der *Frankfurter Allgemeinen Zeitung*, Hugo Müller-Vogg und Johann Georg Reißmüller, sowie den Medien-Unternehmer Leo Kirch.

Hinzu kamen die Schriftsteller Martin Walser, Reiner Kunze und Ulla Hahn sowie aus der Sportecke der Fußballtrainer Berti Vogts, der Fechttrainer Emil Beck und der Radsportler Rudi Altig.

Es dürfte auf die gewachsenen Strukturen aus der Zeit als rheinland-pfälzischer Landespolitiker zurückzuführen sein, daß sowohl die Leitenden auf Gewerkschaftsseite als auch die auf Arbeitgeberseite der Chemischen Industrie zu den Beratern Kohls gehörten. Vielleicht lag es aber auch ganz einfach daran, daß Helmut Kohl früher einmal, wie er es formulierte, »kaufmännischer Angestellter in einem Wirtschaftsverband« war. Der Verband der Chemischen Industrie in Ludwigshafen führte ihn von 1959 bis 1969 als Referent.[35]

Unter den Kohl-Beratern aus der Wirtschaft gibt es eine Reihe Verbindungen. BASF-Chef Strube gehört unter anderem dem Vorstand des Verbandes der Chemischen Industrie an, außerdem ist er Aufsichtsratsmitglied der Commerzbank und Mitglied im Wirtschaftsbeirat der RWE AG. Im Wirtschaftsbeirat von RWE begegnet er dem Siemens-Chef von Pierer, der noch jeweils einen Sitz im Aufsichtsrat der Bayer AG und der Volkswagen AG innehat. Im Aufsichtsrat von Bayer trifft von Pierer wiederum auf Hubertus Schmoldt von der IG Chemie sowie auf Helmut Maucher von Nestlé.

Jürgen Sarrazin von der Dresdner Bank ist unter anderem Mitglied der Aufsichtsräte der Nestlé Deutschland AG und der Henkel KGaA, während Maucher wiederum im Gesellschafterausschuß von Henkel sitzt.

Längst sei das Kabinett Kohl zum Notariat degradiert, zitiert der *Stern* Otto Graf Lambsdorff. »Dort werden fertige Entscheidungen nur noch zu Protokoll gegeben. Diskussion Fehlanzeige.« Deshalb liege das Kabinett wie die externen Berater im äußeren Kreis der Macht. Die großen strategischen Fragen erörterten Kohl und Fraktionschef Wolfgang Schäuble unter vier Augen, so der *Stern*. Aktuelle politische Fragen diskutiere Kohl bevorzugt in einer abendlichen Runde im Kanzler-Bungalow, zu der neben Schäuble der Staatsminister Anton Pfeifer, der Chef des Kanzleramts Friedrich Bohl und der Medienberater Andreas Fritzenkötter gehörten, man bitte gelegentlich den CSU-Chef Waigel oder den FDP-Fraktionsvorsitzenden Hermann Otto Solms hinzu. »Hier wird meist vorentschieden, was einmal pro Woche Thema der offiziellen Koalitionsrunde ist«, berichtete der *Stern*.

Neben Wolfgang Schäuble als Einzelperson und der »Bungalow-Runde« gehöre noch das »Küchenkabinett« zum »inneren Kreis der Macht«. Zum »Küchenkabinett« Kohls zählte der *Stern* neben Friedrich Bohl, »nach Schäuble Kohls wichtigster Mitarbeiter«[36], die Staatsminister Anton Pfeifer und Bernd Schmidbauer, der die Geheimdienste koordinierte, Andreas Fritzenkötter, den Regierungssprecher Peter Hausmann, den Parteireferenten Michael Roik, den Büroleiter Walter Neuer und, nicht zu vergessen, die persönliche Assistentin Kohls, Juliane Weber.

Anton Pfeifer, Jahrgang 1937, Mitglied des Bundestages seit 1969, gehört auch dem 14. Bundestag wieder an. Er gibt als Beruf Oberregierungsrat a. D. und Staatsminister a. D. an. Als veröffentlichungspflichtige Angaben sind ehrenamtliche Tätigkeiten bei drei Stiftungen und einem Verein registriert. Pfeifer ist Mitglied des Petitionsausschusses und – wie übrigens Helmut Kohl – stellvertretendes Mitglied im Ausschuß für Kultur und Medien.

Bernd Schmidbauer, Jahrgang 1939, Studiendirektor a. D. und Staatsminister a. D., hat seinen Sitz im Bundestag, dem er seit 1983 angehört, behaupten können. Er ist stellvertretendes Mitglied im Ausschuß für Umwelt, Naturschutz und Reaktorsicherheit, einem Themenbereich, dem er viele Jahre als Vorsitzender der entsprechenden CDU-Arbeitsgruppe in der Fraktion und der Enquete-Kommission »Vorsorge zum Schutz der Erdatmosphäre« eng verbunden war. Ansonsten ist er frei von allen offiziellen Funktionen, die interessengebunden und damit veröffentlichungspflichtig sind.

Den mittleren Kreis der Macht bildeten bei Helmut Kohl die Partner aus der Fraktion beziehungsweise Koalition, Theo Waigel, CSU, und Hermann Otto Solms, FDP, sowie die erweiterte Koalitionsrunde, zu der neben Kohl, Schäuble, Waigel und Solms noch Wolfgang Gerhardt, Michael Glos, CSU-Landesgruppe, und wieder Friedrich Bohl, Chef des Kanzleramtes, gehörten. Außerdem waren im mittleren Kreis der Macht noch Kohls Experten für Außenpolitik, Wirtschaft, Sozialpolitik und der Schreiber seiner Reden, Michael Mertes, zu finden sowie die CDU-Landesgruppenchefs in der Bundestagsfraktion als Mehrheitsbeschaffer.

Nachdem Helmut Kohl 1998 die Wahl verloren und den Parteivorsitz abgegeben hat, stehen ihm natürlich längst nicht mehr all die institutionellen Instrumente zur Machtausübung zur Verfügung wie in seiner Zeit als Kanzler. Indes ist er keinesfalls nur der einfache Abgeordnete, als den ihn die Medien recht gern porträtieren. Als einfacher Abgeordneter wäre er im Rahmen der Ausschußarbeit von seiner Fraktion viel mehr in die Pflicht genommen worden. Seine stellvertretende Mitgliedschaft im Ausschuß für Kultur und Medien darf man eher als eine Formalie betrachten.

Norbert Blüm zum Beispiel arbeitet im Ausschuß für wirtschaftliche Zusammenarbeit und Entwicklung mit, und zwar als ordentliches Mitglied, und als stellvertretendes Mitglied sitzt er im Ausschuß für Menschenrechte und humanitäre Hilfe. Horst Seehofer ist stellvertretendes Mitglied im Ausschuß für Umwelt, Naturschutz und Reaktorsicherheit. Allerdings haben sich auch viele andere ehemalige CDU/CSU-Minister in den Ausschüssen eher auf die Positionen der stellvertretenden Mitglieder zurückgezogen. Daß Horst Seehofer in dieser Funktion obendrein im Ausschuß für Ernährung, Landwirtschaft und Forsten vertreten ist, weckt beim Landwirtschaftsminister Funke nur Spott: »Wer jeden Tag ein Eisbein ißt, ist noch lange kein Polarforscher.«[37] Solchen Spötteleien wollen sich die meisten der hochrangigen CDU-Amtsinhaber nicht aussetzen und bleiben deshalb bei ihren Leisten, so wie Manfred Kanther, der seinen Platz im Rechtsausschuß gefunden hat.

Neuer Job für den Exkanzler

Im März 1999 wurde bekannt, daß Helmut Kohl in den neu geschaffenen Internationalen Beirat der Crédit Suisse Group berufen wurde. Die Mitglieder des neuen Gremiums sollen »in ihren Einflußgebieten die Anliegen des Unternehmens geltend machen und die Interessen der Kunden und der Öffentlichkeit einbringen«, und Kohl solle bei »strategischen Fragen hilfreich zur Seite stehen«, hieß es in einer Pressemitteilung der Bank. Honoriert wird dieses Engagement mit rund 100 000 D-Mark jährlich, meldete *Der Spiegel*.[38]

Mit der Schaffung dieses international zusammengesetzten zwölfköpfigen Gremiums und eines noch etwas größeren Schweizer Beirats will die Crédit Suisse die Verwaltungsräte ihrer Töchter verkleinern. Das Gremium habe man mit »Persönlichkeiten besetzt, die auf dem internationalen Parkett einen hervorragenden Ruf genießen und gute Beziehungen in den ausländischen Kernmärkten der Crédit Suisse Group unterhalten«, zitierte die *Frankfurter Allgemeine Zeitung*[39] die Bank. Die Idee stamme von Verwaltungsratspräsident Rainer E. Gut.

Der Kontakt zu Kohl dürfte über dessen Vertrauten Helmut Maucher von Nestlé zustande gekommen sein. Gut tritt die Nachfolger Mauchers als Präsident des Nestlé-Verwaltungsrats an. »Gut drängt, wie viele Schweizer Bankiers, auf eine stärkere Einbindung der Schweiz in den Prozeß der europäischen Einigung. Da kommt ihm ein Mann wie Kohl, als Europäer fest im Glauben und weltweit respektiert, gerade recht«, schrieb *Der Spiegel*.[40]

Die Crédit Suisse Group, Zürich, 1997 noch auf Platz eins der weltweit größten Finanzinstitute, dürfte inzwischen mit einer Bilanzsumme von 700 Millionen Schweizer Franken auf den dritten Rang zurückgefallen sein, nach der Deutschen Bank mit Bankers Trust und der UBS, zu der sich der Schweizer Bankverein und die Schweizerische Bankgesellschaft zusammengeschlossen haben. Crédit Suisse hat 1998 mit 62 000 Mitarbeitern immerhin einen Reingewinn von 3,1 Milliarden Schweizer Franken erwirtschaftet.

Auch die Crédit Suisse Group verfolgt eine Allfinanzstrategie, das heißt, sie bietet nicht nur die verschiedenen Bankdienstleistungen und Vermögensanlagen an, sondern seit dem Zusammenschluß mit der Winterthur-Gruppe im Jahre 1997 auch Versicherungen. Von diesem Zusammenschluß erwartet man bis zum Jahr 2000 Kosteneinsparungen und Ertragssteigerungen in Höhe von 280 Millionen Schweizer Franken jährlich und für die nächsten Jahre zusätzliche Synergieeffekte von 60 bis 70 Millionen Schweizer Franken per annum. Winterthur ist in der Schweiz Marktführer.

Die Crédit Suisse Group arbeitet intensiv daran, ihr Allfinanzkonzept europaweit einzuführen. In der Schweiz läuft der gegenseitige Verkauf von Bank- und Versicherungsprodukten über den Banken- und den Versicherungskanal bereits und soll weiter vorangetrieben werden. In diesem Zusammenhang wurden die betreffenden Aktivitäten der Geschäftseinheiten Crédit Suisse Private Banking und der Credit Suisse Asset Management in einer neuen Einheit »Personal Financial Service Europe« zusammengefaßt, die eng mit den europäischen Geschäftsstellen von Winterthur zusammenarbeiten soll.

Vorsitzender des Internationalen Beirats der Crédit Suisse Group ist Flavio Cotti, Schweizer Außenminister von 1994 bis Ende April 1999 und 1991 sowie 1998 Bundespräsident. Zu den Mitgliedern gehören unter anderem Manfred Schneider, Vorstandsvorsitzender der Bayer AG, Thierry Desmarest, Chef des französischen Mineralölkonzerns Total, Fritz Gerber, Vorstandsvorsitzender der Roche Holding Ltd. in Basel, und Mario A. Corti, Generaldirektor der Nestlé AG, Schweiz.

Die Crédit Suisse Group arbeitet, wie bereits erwähnt, auch mit der internationalen Anwaltsfirma Wilmer, Cutler & Pickering zusammen, bei der Matthias Wissmann Partner geworden ist.

Der Personal Financial Service Europe der Crédit Suisse Group wird also bald in Deutschland den anderen Allfinanzunternehmen Konkurrenz machen, was der Deutschen Vermögensberatung AG (DVAG) und ihren leitenden Mitarbeitern sicher nicht sonderlich recht sein wird. Daß Helmut Kohl sich in einer Rede bei der DVAG positiv über den Gründer und Alleinvorstand Reinfried Pohl geäußert haben soll, wurde bereits erwähnt. Der Bund der Versicherten zitiert Kohl im Internet mit den Worten »Von solchen Menschen lebt das Land« und schreibt, er habe sich für eine 100 000 D-Mark-Spende der DVAG an seine Frau bedankt.[41]

Ob solche Spenden in Zukunft weiterhin in diese Richtung fließen werden, bleibt abzuwarten.

Hannelore Kohl ist Gründerin und Präsidentin des Kuratoriums ZNS, das seit 1983 (Stand Februar 1998) 160 verschiedene neurologische Rehabilitationszentren und Krankenhäuser mit 31,6 Millionen D-Mark unterstützt hat. »Geld, das sie in mühsamer Kleinarbeit von Spendern zusammenbettelt.«[42] Das Kuratorium hilft bei der medizinischen Versorgung der Patienten, finanziert zum Beispiel Hirnstromüberwachungsanlagen und beteiligt sich am Bau von Kliniken, Reha-Zentren und an der Einrichtung von Intensivstationen. Die 1993 gegründete Hannelore Kohl-Stiftung fördert Forschungsprojekte im Bereich der Schädel-Hirn-Verletzungen; bis Anfang 1998 waren es insgesamt 69 Forschungsvorhaben.

Das soziale Engagement vieler Politikerfrauen findet nur selten große öffentliche Beachtung. Dabei kann es ein überaus wirksamer Teil eines politischen Netzwerkes sein, das bestimmte Defizite in der Arbeit des Mannes ausgleicht oder sogar kompensiert. Welche Bedeutung Hannelore Kohl darüber hinaus als Beraterin ihres Mannes hatte, wird erst im nachhinein stückweise deutlich.

Ganz anders stellte es sich von Anfang an bei Christa Müller dar, und es ist schade, daß man niemals erfahren wird, wie sich der Finanzminister und seine Beraterin in der Öffentlichkeit präsentiert hätten, wäre Oskar Lafontaine im Amt geblieben. Das gemeinsame Buch *Keine Angst vor der Globalisierung*[43] war durchaus bewußt als ein wirklich »gemeinsames Werk« präsentiert worden, und die Volkswirtin Christa Müller verhehlte in keinem Interview, daß sie ihre berufliche Karriere nicht verwirklichen konnte, weil jeder diese nur als Begünstigung interpretiert hätte. Andere Politikerehefrauen der rot-grünen Koalition haben, nachdem die Medien sie einmal zur Kenntnis genommen haben, kaum noch an öffentlichen Auftritten teilgenommen, geschweige denn sich zu Wort gemeldet oder melden dürfen. Das ist vielleicht nur ein kleines Indiz dafür, daß mehr beim alten bleibt, als sich manche Wähler gewünscht haben.

Verbände bieten mehr Macht und mehr Geld

Bei einer ersten Übersicht über die Mitglieder des Deutschen Bundestages darf natürlich auch der CDU-Abgeordnete Dr. Reinhard Göhner nicht fehlen. Er wurde von der *Frankfurter Rundschau* als einer der mächtigsten Lobbyisten bezeichnet.[44] Im Herbst 1996 wechselte der frühere Parlamentarische Staatssekretär im Bundeswirtschaftsministerium als Hauptgeschäftsführer zur Bundesvereinigung der Deutschen Arbeitgeberverbände (BDA).

Die Zeitschrift *Bizz*[45] bescheinigte Göhner eine Bilderbuchkarriere. Nach dem Jurastudium und dem Referendariat ist er seit 1981 Rechtsanwalt und Fachanwalt für Arbeitsrecht. Parallel dazu entwickelte er seine politische Laufbahn. Von 1978 bis 1986 war er Landesvorsitzender der Jungen Union Westfalen-Lippe, 1983 wurde er in den Bundestag gewählt. Außerdem war er von 1979 bis 1990 Mitglied des Kreistages von Herford. Dem Bundesvorstand der CDU gehörte er von 1992 bis 1996 an. Vorsitzender des Ausschusses für Umwelt, Naturschutz und Reaktorsicherheit war er von 1986 bis 1990. Von Anfang 1991 bis Jahresbeginn 1993 arbeitete Göhner als Parlamentarischer Staatssekretär beim Bundesminister der Justiz und anschließend bis November 1994 als Parlamentarischer Staatssekretär beim Bundesminister für Wirtschaft.

1996 entschied er sich dann für die Verbandstätigkeit. Neben seinen Diäten als Bundestagsabgeordneter von gut 150 000 D-Mark jährlich soll er jetzt ein zusätzliches Jahresgehalt von 400 000 DM beziehen. Es ist nur zu selbstverständlich, daß man ihm in seiner politischen Arbeit eine starke Interessenbindung unterstellt. Allerdings hält Göhner sich im Gegensatz zu anderen an die Gepflogenheit, nicht in Ausschüssen mitzuwirken, die seine berufliche oder verbandliche Tätigkeit betreffen. Göhner ist Mitglied im Ausschuß für die Angelegenheiten der Europäischen Union und im Gemeinsamen Ausschuß von Bundestag und Bundesrat. Als stellvertretendes Mitglied arbeitet er beim Petitionsausschuß und beim Sportausschuß mit.

Daß er nebenher drei Aufsichtsratsposten in der CENT-CONSULT AG in Paderborn, bei der CSC Ploenzke AG in Kiedrich und bei der Interseroh AG in Köln bekleidet sowie einen Beiratsposten bei der Colonia Lebensversicherung AG in Köln, dürfte neben seiner Tätigkeit als Hauptgeschäftsführer und Präsidiumsmitglied des BDA kaum ins Gewicht fallen. Natürlich wird in den Medien immer erneut die Frage gestellt, warum er in der 14. Wahlperiode wieder über die Landesliste der CDU für Nordrhein-Westfalen für den Bundestag kandidierte.

Eine mögliche Antwort ist, daß die CDU traditionell der Unternehmer- und Arbeitgeberseite ein paar sichere Plätze einräumt, wie es ja auch bei der Wirtschaftsvereinigung Stahl Tradition ist, andererseits bringt Göhner unverzichtbare Kompetenz und Fachwissen mit. Dafür ist man innerhalb der CDU bereit, wiederholt aufkeimende Zweifel an der Gemeinwohlorientierung eines so exponierten Abgeordneten in Kauf zu nehmen.

Prominente Stützen unterschiedlich bewertet

Betrachtet man das Spektrum der Unternehmen, die ein Interesse daran haben, einen möglichst prominenten Politiker im Aufsichtsrat oder, wenn nicht dort, zumindest im Beirat zu haben, so kommt man sehr schnell zu der Erkenntnis, daß es sowohl hinsichtlich der Unternehmensgröße als auch der Branche bestimmte Prioritäten gibt. In erster Linie versprechen sich Versicherungen, Banken und damit verbundene Finanzdienstleistungsunternehmen von einem Politiker Nutzen.

Pikanterweise pflegen Anbieter von Allfinanzdienstleistungen nicht nur den Kontakt zur CDU, sondern suchen auch gerade die erfolgreichen Newcomer unter den Strukturvertrieben den Kontakt zur SPD. Wer erinnert sich nicht an den Trubel, den die Anzeige »Der nächste Kanzler muß ein Niedersachse sein« auslöste, die in 16 niedersächsischen Tageszeitungen geschaltet worden war, bevor Gerhard Schröder zum Ministerpräsidenten von Niedersachsen wiedergewählt wurde und damit zugleich zum Kanzlerkandidaten aufstieg.

Nicht einmal Schröder-Vertraute streiten ab, daß diese Anzeigen wahrscheinlich wahlentscheidend waren. Hinter dem »Kuratorium zur Förderung von Gerhard Schröder« steckte, so fand der *Stern* heraus, Carsten Maschmeyer, Chef und 100prozentiger Eigentümer des Allgemeinen Wirtschaftsdienstes AWD in Hannover. Maschmeyer hat die 650 000 D-Mark für die Anzeigenkampagne aus eigener Tasche bezahlt, und viele wunderten sich, daß er, der sonst nicht gerade vor spektakulären Auftritten zurückschreckt, diese Aktion nicht für die eigene Werbung nutzte.

Allerdings glaubte der *Stern*[46] herausgefunden zu haben, daß die Länder Niedersachsen und das Saarland in den Bundesrat einen Gesetzesentwurf eingebracht haben, der ein einheitliches Berufsbild für die Ausübung von Finanzdienstleistungen regelt. Nun sei dieses Gesetz durch eine von Niedersachsen erarbeitete Kompromißlösung so ausgefallen, daß es die Strukturvertriebe noch begünstigt. Einen Zusammenhang sehe Maschmeyer nicht. Ihm ginge es allein darum, eine linksorientierte SPD für den Bundeswahlkampf zu verhindern.

Den niedersächsischen Ministerpräsidenten kennt Maschmeyer angeblich nur entfernt. »Man sieht sich mal auf Veranstaltungen in Hannover und sagt sich auch mal guten Tag.«[47] Daß Schröder auf dem Maschmeyer-Schloß bei Rinteln im Sommer 1997 einen zweistündigen Vortrag vor Finanzmaklern und Wirtschaftsvertretern gehalten hat, wird von Schröder als »nett gewesen« erinnert, und er habe auch nichts von den Maschmeyer-Anzeigen gewußt, die dieser gemeinsam mit Schröders Werbeagentur Jung/von Matt in Hamburg ausarbeitete. Die CDU mag Schröder dieses Unwissen nicht abnehmen, vielleicht weil sie über bessere Erfahrungen in den eigenen Reihen verfügt.

In Industrieunternehmen sind Politiker proportional weitaus seltener vertreten, und das meist auch nur, wenn sie sich durch speziellen Sachverstand ausgewiesen haben. Daß in Energieversorgungsunternehmen wieder häufiger Politiker Aufsichtsratsposten besetzen, hat einen einfachen Grund: Diese Unternehmen sind mindestens zu einem Teil in kommunalem Besitz, und die Eigner, Städte, Länder und Gemeinden, leiten daraus einen Anspruch auf einen Sitz im Aufsichtsrat ab.

Je größer ein Unternehmen ist, desto wichtiger ist ihm der Sachverstand, den die Mitglieder des Aufsichtsrates zum Nutzen des Unternehmens einbringen müssen. Unternehmerische Fähigkeiten und Querverbindungen zu anderen Branchen sind dabei wichtiger als allgemeine politische Fähigkeiten. Der Kontakt zur Politik ist für große Unternehmen natürlich kaum weniger bedeutsam als für mittelständische. Nur wird dieser Kontakt nicht durch eine Funktion im Unternehmen institutionalisiert, sondern auf einer eigenständigen Schiene oder eben über die Verbände gepflegt. Der gern geäußerte Verdacht, daß es sich beim Bundestag deshalb um ein fremdbestimmtes Parlament handele, läßt sich in keiner Weise bestätigen. Das heißt nicht, daß der Bundestag gegen äußere Einflüsse immun ist, ja es heißt nicht einmal, daß er immun sein soll.

Zwei Welten – Manager wollen
keine Politiker werden

Der Präsident der Wirtschaftsvereinigung Stahl, Dr. Ruprecht Vondran, steht auch heute noch zu dem, was er 1993 sagte, als er sich entschloß, nach zwei Wahlperioden nicht wieder für den Bundestag zu kandidieren. Er schrieb in seinem Brief zum Abschied aus dem Bundestag: »Die Wirtschaft unterliegt nicht denselben Gesetzmäßigkeiten wie die Politik. Mein Anliegen war es, einen bescheidenen Beitrag zu leisten, daß wirtschaftliche Vernunft dennoch auch im politischen Prozeß zur Geltung kommt. Dies ist in letzter Zeit immer schwerer geworden.«

Vondran ist nicht der Typ, der sich leicht frustrieren läßt und sich dann in die Schmollecke zurückzieht. Aber er ist jemand, der harte Wahrheiten in moderate Worte zu verpacken versteht. Die Interessenvertretung der Stahlindustrie erfordert auf allen Ebenen ein Höchstmaß an Standfestigkeit, Verhandlungsgeschick und Kompetenz, besonders im Hinblick auf die äußerst komplexen Regelungen in den internationalen Wirtschaftsbeziehungen. Die Wirtschaftsvereinigung Stahl ist alles andere als ein Durchschnittsverband, das belegt sowohl das wirtschaftliche Volumen ihrer Mitgliedsunternehmen als auch die volkswirtschaftliche Verantwortung für ganze Wirtschaftsregionen.

Wenn Vondran von unterschiedlichen Gesetzmäßigkeiten in Politik und Wirtschaft spricht, so steckt darin eine ganz erhebliche Kritik. Beide sind voneinander abhängig und aufeinander bezogen. Beide sind Teile eines größeren Ganzen, das möglichst reibungslos und zum Nutzen aller funktionieren soll. Es geht dabei nicht um abstrakte Prinzipien, sondern um ganz konkrete Dinge wie Wohlstand und Stabilität als Resultate wirtschaftlicher Produktivität. Wenn Vondran von wirtschaftlicher Vernunft spricht, die im politischen Prozeß immer schwerer zur Geltung komme, dann heißt das im Klartext nichts anderes, als daß die Politik unvernünftigen, irrationalen, bestenfalls idealistischen, aber nicht realitätsnahen Regeln folgt.

Vondran mußte feststellen, daß »die Entscheidungen nun einmal in den Elefantenrunden fallen«. Als ganz normales Mitglied eines Ausschusses hat er gegenüber der tiefgestaffelten Riege der Funktionsträger in der Fraktion und in der Bundesregierung kaum noch Möglichkeiten gesehen, eine Kontrollfunktion, wie sie ein Abgeordneter nach seiner Ansicht haben sollte, auszuüben. Die Themen werden immer komplexer, und Entscheidungen werden in immer knapperer Zeit getroffen. Statt mit wichtigen politischen Grundsatzthemen befasse sich der Bundestag immer häufiger mit Details und Nebensächlichkeiten.

Vondran hatte den Eindruck, daß er durch die Doppelbelastung als Verbandsführer und Abgeordneter über die normale Fraktionsarbeit im Bundestag nicht mehr hinauskommen konnte. Er wurde zwar um Rat gefragt, aber kam trotzdem nie über den Status eines »Amateurpolitikers« hinaus. Der Bundestag arbeitet laut Vondran in seinen Gremien eher nach den Prinzipien der öffentlichen Verwaltung als nach unternehmerischen Prinzipien. Einsatz und Nutzen stehen nach Ansicht Vondrans bei seiner Tätigkeit als Abgeordneter in keinem vernünftigen Verhältnis mehr. Statt einer sauberen ordnungspolitischen Ausrichtung versuche man, es allen recht zu machen, und vermeide es, der Bevölkerung unbequeme Wahrheiten zu sagen, erst recht, wenn es um Sozialleistungen geht.

Das Grundprinzip der Wirtschaft ist Ergebnisorientierung. Diesem Prinzip ordnen sich die wirtschaftlichen Prozesse durch effektives und innovatives Handeln zur Erzeugung von Mehrwert unter. Erfolg im Wettbewerb ist der Maßstab für wirtschaftliche Leistungen. Die Prinzipien der öffentlichen Verwaltung beziehen sich in erster Linie auf Sicherheit, Gleichheit und Vorhersehbarkeit durch Ordnung.

Ziel ist eine wie immer auch definierte Gerechtigkeit. Die öffentliche Verwaltung ist nicht darauf ausgelegt, selbst Mehrwert zu produzieren, sondern verteilt diesen nur um, um ihren Prinzipien gerecht zu werden.

Man kann Vondran nun sicher so interpretieren, daß seine Forderung lautet, daß Politik, und hier ist der Bundestag als gesetzgebende Institution gemeint, eine eigene präzise Vorstellung vom Kurs der Gesellschaft entwickeln, formulieren und realisieren sollte, die sowohl über den Belangen der öffentlichen Verwaltung als auch über den Forderungen der verschiedenen wirtschaftlichen Gruppierungen steht. Der Bundestag soll auf keinen Fall nur der verlängerte Arm der Ministerialbürokratie sein.

Zwar werde von den verschiedensten Stellen immer wieder gefordert, daß sich Unternehmer und Manager mehr der Politik widmen sollten, aber Quereinsteiger seien den Berufspolitikern, die über die Parteihierarchie allmählich nach oben geklettert sind, stets suspekt.

Mit seinem Rückzug aus der Politik brach Vondran mit der Tradition, daß die jeweilige Spitze der Stahlindustrie dem Bundestag angehört. Heute ist die Wirtschaftsvereinigung Stahl dort nicht mehr durch ihren Präsidenten, sondern durch den stellvertretenden Abteilungsleiter der Außenhandelsabteilung vertreten. Thomas Rachel, CDU, Jahrgang 1962, ist Politikwissenschaftler und war noch während seines Studiums von 1986 bis 1987 Assistent von Matthias Wissmann im Bundestag. 1992 wurde er Leiter des Bonner Büros der Wirtschaftsvereinigung Stahl und 1994, im selben Jahr, als er zum erstenmal in den Bundestag gewählt wurde, in seine jetzige Funktion berufen.

Rachel ist zwar Verbandsvertreter, aber von seiner Karriere her weder Unternehmer noch Manager, sondern lupenreiner Berufspolitiker. Sicher wird er über die geltenden Prinzipien im Bundestag anders denken als Ruprecht Vondran oder seine Meinung zumindest anders formulieren.

Rachel ist der typische Vertreter der neuen Politikergeneration. Effektiv und pragmatisch, ohne belastendes Brimborium in Form von vielfältigen Verpflichtungen gegenüber Vereinen oder Stiftungen, beherrscht er das politische Handwerk aus dem Effeff. Das zeigt sich unter anderem darin, daß er sowohl Mitglied im Ausschuß für Bildung, Forschung und Technikfolgenabschätzung ist als auch stellvertretendes Mitglied im Ausschuß für Wirtschaft und Technologie.

Im Prinzip decken sich Ruprecht Vondrans Erfahrungen in der CDU mit denen von Fritz Vahrenholt in der SPD. Vahrenholt war von 1991 bis 1997 Umweltsenator in Hamburg und zog sich danach aus der Politik zurück, weil die Partei ihm das Amt des Bürgermeisters verweigerte. Seit Anfang 1998 ist er im Vorstand der Deutschen Shell für das Chemiegeschäft, den Umweltschutz, erneuerbare Energien und die Öffentlichkeitsarbeit zuständig. Er sagte in einem Interview mit dem *managermagazin*: »Die Parteien sind ›closed shops‹. Das politische Führungspersonal wird, von Ausnahmen abgesehen, über die Parteihierarchien rekrutiert und geprägt. Durch dieses Sieb gelangt nur, wer stromlinienförmig im Mainstream der Parteimeinung mitschwimmt. Querdenker haben es schwer. Zugleich führt dieses Hochdienen dazu, daß im Bundestag und in den Kabinetten zu viele ehemalige Kommunalpolitiker sitzen. Die kennen zwar die optimalen Standortbedingungen für einen Kinderspielplatz. Bei der Diskussion über die Rahmenbedingungen für den Standort Deutschland ist so mancher hingegen überfordert.« [48]

Die Wirtschaft im klassischen Sinne repräsentiert im Bundestag heute gerade noch eine Handvoll Unternehmensberater, Freiberufler und ein paar mittelständische Unternehmerpersönlichkeiten, wie Paul K. Friedhoff, Karl-Heinz Scherhag, Wolfgang Schulhoff, Dr. Wolfgang Freiherr von Stetten, Michael Glos, Dr. Peter Ramsauer und einige andere. Was sie eindeutig verbindet, ist unbeugsamer Idealismus und wirtschaftliche Unabhängigkeit. Nur wer ein Unternehmen sein eigen nennt, kann es sich mit einiger Sicherheit leisten, nach einer möglichen politischen Bruchlandung unversehrt in sein Geschäft zurückzukehren. Für andere ist der soziale Abstieg meist programmiert.

Paul K. Friedhoff, Jahrgang 1943, war nach einer Lehre als Physiklaborant und einem Ingenieurstudium in der Stahl- und in der Meßgeräteindustrie tätig. 1979 fertigte er seinen ersten Spektrometer im Keller seines Hauses in Kleve am Niederrhein und gründete die Firma Spectro. Spektrometer sind Meßgeräte für die analytische Chemie, sie lassen sich in den verschiedensten Bereichen zur sekundenschnellen Untersuchung von Materialien einsetzen. Mit einem Marktanteil von 75 Prozent ging das mittelständische Unternehmen Mitte der neunziger Jahre mit seinen tragbaren Analysesystemen auf dem Weltmarkt in Führung. Bis 1997, als er sein Unternehmen verkaufte, war Friedhoff Geschäftsführender Gesellschafter der Spectro-Gruppe.

Friedhoff ist Mitglied der Vollversammlung und Vizepräsident der IHK Duisburg, er gehört dem Mittelstandsausschuß des Deutschen Industrie- und Handelstags (DIHT) und dem Mittelstandsbeirat des Bundesministeriums für Wirtschaft an, dem Kuratorium des Deutschen Instituts für Wirtschaftsforschung (DIW), Berlin, und dem Energiebeirat der Gesellschaft zum Studium strukturpolitischer Fragen e. V., Bonn. Außerdem ist er Vorstandsmitglied im Bundesverband der mittelständischen Wirtschaft. 1972 trat Friedhoff in die FDP ein und hatte danach verschiedene Parteiämter auf Orts- und Kreisebene inne: 1975 bis 1978 war er Mitglied des Rates der Stadt Freudenberg und von 1989 bis 1992 Mitglied des Rates der Stadt Kleve, von 1992 bis 1996 war er Landesschatzmeister der FDP in Nordrhein-Westfalen, seit 1990 gehört er dem Bundesfachausschuß Wirtschaft an, wo er bis 1996 stellvertretender Vorsitzender war. Bundestagsabgeordneter ist Friedhoff seit 1990. Gleich zu Anfang habe er sich als Nachfolger für den zurückgetretenen Wirtschaftsminister Jürgen Möllemann angeboten, schrieb das *managermagazin*[49]. Die FDP-Spitze hätte damals abgelehnt, weil sie der Ansicht war, er habe zuwenig Ausstrahlung. »Mit dem bunt gemusterten Sakko und den Gesundheitsschuhen unterscheidet er sich schon rein äußerlich von den Berufsdynamikern seiner Partei«, meinte das *managermagazin*. Inzwischen haben seine Parteikollegen offensichtlich ihre Meinung geändert. Friedhoff ist seit 1997 Vorsitzender des Arbeitskreises Wirtschafts-, Finanz- und Agrarpolitik der FDP-Fraktion.

Zum Verhältnis von Unternehmern und Politik wird Friedhoff zitiert: »Man kann immer nur eine Priorität haben.« Er hat sich schließlich für die Politik entschieden, weil er die Rahmenbedingungen ändern will, die ihm das Leben als Mittelständler so schwergemacht haben. »Mir muß keiner in schlauen Vorträgen erklären, wo es hakt.«[50] »Die Unternehmer begreifen nicht, daß sie sich auf ihren Märkten noch so abstrampeln können und dennoch weniger bewegen als die Politik mit einem Gesetzentwurf«[51], sagte Friedhoff. Mäßige Bezahlung, schlechtes Ansehen und Streß würde wohl mancher noch hinnehmen, wenn nicht die hohe Jobunsicherheit hinzukäme.

Der CDU-Abgeordnete Wolfgang Schulhoff, Jahrgang 1939, gehört zu den Unternehmern, die ihren Beruf neben dem des Parlamentariers ausüben können und darüber hinaus noch Zeit für andere Nebentätigkeiten erübrigen. Der gelernte Installateur und Diplomvolkswirt ist Geschäftsführender Gesellschafter der Firmen Dipl.-Ing. G. Schulhoff GmbH & Co. KG und der Schulhoff Ingenieur Planungs GmbH.

Seit 1983 sitzt Schulhoff für die CDU im Bundestages. Er

ist Mitglied des Finanzausschusses und stellvertretendes Mitglied im Ausschuß für die Angelegenheiten der Europäischen Union.

Dr. Wolfgang Freiherr von Stetten ist Rechtsanwalt, Persönlich haftender Gesellschafter und Geschäftsführer der Dr. v. Stetten Grundstücks KG, Geschäftführer der Residenz Schloß Stetten GmbH und der Schloß Stetten Beteiligungs- und Betreuungs GmbH, alle Künzelsau, sowie Mitglied des Beirates der Schloß Stetten-Truthahnspezialiäten GmbH & Co. KG, Rot am See. Daneben ist er noch Vorstandsvorsitzender folgender fünf Stiftungen oder Vereine mit Sitz in Künzelsau: Hedwig-Stiftung, Künzelsauer Burgfestspiele e. V., Seniorentreff Künzelsau, Stauder Stiftung, Schloß Stetten, sowie Wolfgang Stetten-Stiftung, Schloß Stetten.

Eine solche Liste von Aufgaben würde einem normalen Bürger wahrscheinlich den Kopf schwirren lassen. Und trotz der starken lokalen Bindungen – Freiherr von Stetten ist seit 1958 Mitglied der CDU und hat verschiedene Vorstandsfunktionen auf Orts- und Kreisebene innegehabt, er war 26 Jahre Stadtrat von Künzelsau und 15 Jahre Mitglied des Kreistages Hohenlohekreis – kann er sich auch noch seit 1990 im Bundestag engagieren. Dort ist er stellvertretender Vorsitzender des Ausschusses für Wahlprüfung, Immunität und Geschäftsordnung, Mitglied des Rechtsausschusses sowie stellvertretendes Mitglied im Auswärtigen Ausschuß.

Michael Glos, erster stellvertretender Vorsitzender der CDU/CSU-Bundestagsfraktion und Vorsitzender der CSU-Landesgruppe, ist Müllermeister, selbständiger Getreidemühlenbesitzer und Landwirt in Prichsenstadt (Brünnau), außerdem Vorstandsvorsitzender der Unterfränkischen Überlandzentrale e. G., Lülsfeld. Er sitzt im Aufsichtsrat der Münchener Hypothekenbank e. G., München, im Beirat der THÜGA AG, München, und in der Gesellschafterversammlung der GASUG Gasversorgung Unterfranken GmbH, Würzburg. Darüber hinaus gehört er dem Vorstand der

Deutschen Schutzvereinigung für Wertpapierbesitz e. V., Düsseldorf, an. 1970 trat Glos in die CSU ein, saß im Stadtrat und im Kreistag und wurde Vorsitzender des CSU-Bezirks Oberfranken. Mitglied des Bundestages ist Glos seit 1976. Müllermeister ist auch Dr. Peter Ramsauer, CSU, Persönlich haftender Gesellschafter der Firma Ramsauer Talmühle KG, Elektrizitätswerk, Traunwalchen, und Vorsitzender der Vereinigung Wasserkraftwerke in Bayern e. V., München. Er gehört der Vollversammlung der Industrie- und Handelskammer (IHK) für München und Oberbayern an sowie seit 1984 dem Kreistag des Landkreises Traunstein und ist außerdem Vizepräsident der Deutsch-Koreanischen Gesellschaft e. V., Bonn. Ramsauer, Jahrgang 1954, trat 1972 in die Junge Union ein, 1973 in die CSU, bekleidete verschiedene Posten auf Orts-, Kreis- und Bezirksebene. Er ist Mitglied des Parteivorstandes der CSU und kam 1990 in den Bundestag, im Januar 1998 wurde er Parlamentarischer Geschäftsführer der CDU/CSU-Fraktion, als solcher Mitglied des Fraktionsvorstandes, außerdem Mitglied des Ältestenrates.

Manager sowohl von Verbänden als auch von großen Konzernen sind offensichtlich extrem risikoscheu. Eine in jeder Hinsicht gesicherte Karriere, ohne öffentlich in die Verantwortung genommen zu werden, erscheint ihnen in den Chefetagen deutscher Banken, Versicherungen und Konzerne leichter zu bewerkstelligen als an der Spitze eines Ministeriums oder gar nur auf der Hinterbank im Parlament. Sie fragen im Auftrag ihrer Unternehmen, was Deutschland für dieses tun kann, aber nicht, was sie für Deutschland tun könnten.

Selbst wenn der eine oder andere bereit wäre, für ein paar Jahre auf sein großzügiges Vorstandsgehalt zu verzichten, gegen das sich selbst das Gehalt eines Ministers wie ein Trinkgeld ausnimmt, fürchtet er sich vor dem Karriereknick. Der Bundesverband der Deutschen Industrie versucht zwar immer wieder Unternehmer und Manager für das politische Geschäft zu mobilisieren, kommt dabei aber nicht von der Stelle, da sich selbst deutsche Vorzeigemanager wie Roland Berger oder Rolf-E. Breuer von der Deutschen Bank, vor die Frage gestellt, weshalb sie nicht in die Politik gehen, in Allgemeinplätze flüchten.

Manche Politiker, die sogar Unternehmer sind, legen keinen großen Wert darauf, dies öffentlicher zu machen als unbedingt notwendig. Jürgen W. Möllemann von der FDP gibt in seiner Biographie als Beruf Lehrer und Bundesminister a. D. an. Selbst daß er von Januar 1981 bis Oktober 1982 Mitinhaber der Firma PR und Text Presse- und Public Relations-Agentur, München, war, findet er erwähnenswert. Seinen Beruf, den er während seiner Tätigkeit als Bundestagsabgeordneter ausübt, erwähnt er nur gegenüber dem Bundestagspräsidenten für die veröffentlichungspflichtigen Angaben: selbständiger Unternehmer! Seine Firmen WEB (Wirtschafts- und Exportberatung)/TEC (Trade and Export Consult) stehen unter Wirtschafts- und Exportberatung Jürgen W. Möllemann Trade and Consult im Düsseldorfer Telefonbuch. Hier scheint jemand nicht sehr stolz darauf zu sein, die bei Politikern so raren unternehmerischen Erfahrungen in den Bundestag einbringen zu können.

Einer, der ähnlich wie Ruprecht Vondran oder Fritz Vahrenholt offen und ehrlich über die Gräben zwischen Politik und Wirtschaft spricht, ist der Jenoptik-Manager und Ex-Ministerpräsident von Baden-Württemberg Lothar Späth. In der Zeitschrift *Stern*[52] sagte er, daß er sich die Endlosdebattten der Politik nicht mehr antue. Er gehe davon aus, daß noch etliche hunderttausend auf die Seite der Verlierer rutschen, weil die Damen und Herren in Bonn die Situation auf den globalen Märkten nicht erkannt hätten. Die Bonner Politiker verweigerten sich der Einsicht, daß Unternehmer und Unternehmen heute mächtiger sind als die Politik.

Auf die Frage zur Kluft zwischen Politik und Unternehmen antwortete Späth: »Manchmal könnte man denken, die leben nicht auf derselben Erde. Die Wirtschaft hat sich durch die Globalisierung von den Ebenen der Politik gelöst und sich von der Nation verabschiedet.« Die heutigen Unternehmer hätten nichts mehr mit den typischen Unternehmern der deutschen Aufbaujahre gemein. Sie hielten global nach den günstigsten Bedingungen Ausschau und produzierten an den günstigsten Standorten.

Aus der Sicht von Späth gelten in der Wirtschaft ganz andere Maßstäbe als im Politikgeschäft. Und er rät den Politikern, daß sie gut daran täten, das zu akzeptieren. »Sie müssen endlich begreifen, daß ökonomisch Dinge ablaufen, die sie nicht beeinflussen können. Nehmen Sie die Arbeitslosigkeit. Da stellen sich die Politiker hin und sagen: Wenn die Konjunktur anspringt, das Wachstum anhält, dann ist die Arbeitslosigkeit weg. Von wegen! ... Tatsache ist: Arbeitsmarkt und Wertschöpfung unserer Volkswirtschaft entkoppeln sich.« Auf die Frage des *Stern*, ob es wieder Arbeit für alle gebe, wenn erst einmal die Lohnnebenkosten gesenkt seien, antwortete Späth, »wer sich davon Wunder verspricht, nimmt auf dem Tretroller am Autorennen teil.«

Den wesentlichen Unterschied zwischen Politik und Wirtschaft sieht Späth darin, daß die Gesellschaft sozial sein kann, nicht aber die Wirtschaft. Das darin begründete Spannungsverhältnis kann nicht durch das Einklagen von Partnerschaftselementen aufgehoben werden. Die soziale Marktwirtschaft mit den Spielregeln von 1950 kann in der heutigen Welt nicht mehr existieren. Deshalb verlangt Späth, daß man sie neu definiert. Allerdings sei man in der Politik zu Veränderungen noch nicht bereit, denn das, was zu verändern ist, kann sehr unpopulär sein. Man warte, so Späth, bis der neue Trend stehe, dann setzten sich die Politiker wieder an die Spitze der Bewegung.

Persönlich sieht Lothar Späth seine Unternehmertätigkeit durchaus positiv. So sagte er über sich, wenn er nicht wegen einer ärgerlichen Affäre sein Amt als Ministerpräsident aufgegeben hätte, wäre er vielleicht ein alternder Ministerpräsident geworden, der seine Lebensberufung nicht gefunden hat.

Die Deutschen glauben an die Macht der Konzerne

Das Meinungsforschungsinstitut Emnid hat in seiner Studie »Zukunft 2000«[53] den Deutschen unter anderem die Frage gestellt, wer in Zukunft an Macht gewinnen werde. Eindeutiger Sieger waren die Konzerne mit 81 Prozent. Den Unternehmern allgemein trauen 65 Prozent und den Industrieverbänden 61 Prozent einen Machtzuwachs zu. Der Staat war mit 44 Prozent fast ebenso weit abgeschlagen wie die Macht der Verbraucher und die der politischen Parteien (36 Prozent). Mit einem Machtgewinn der Kirchen rechneten nur 13 Prozent der Bundesbürger.

Was darf man aus diesen Zahlen herauslesen? Bestimmen in Deutschland tatsächlich die Konzerne, Unternehmer und Unternehmensverbände, was im Staat gemacht wird? Vielleicht nehmen die Bundesbürger tatsächlich an, daß bei einem Zweikampf zwischen staatlichen Institutionen und Konzernen die letzteren als Sieger hervorgehen würden. Dann haben die Public Relations-Abteilungen der Unternehmen und Verbände eine hervorragende Arbeit geleistet. Denn wäre die Machtverteilung wirklich so klar und eindeutig, würde die deutsche Gesellschaft und würden ihre Gesetze schon jetzt ganz anders aussehen, und es hätte zum Beispiel nie eine große öffentliche Diskussion um die 630-Mark-Jobs gegeben. Hier beginnen die Medien das Bewußtsein stärker zu bestimmen als das Sein.

Auch die Bereitschaft zu glauben, deutsche Politiker seien korrupt oder könnten es sein und erliegen mehrheitlich eher der Macht des Geldes als der Macht des Gewissens, wächst in der deutschen Bevölkerung, obgleich die Tatsachen nicht so eindeutig sind.

Die Zahl der Politiker im Deutschen Bundestag, die in der Wirtschaft und für die Wirtschaft wirklich wichtige Schlüsselfunktionen innehatten, war in der Vergangenheit weitaus größer als heute. Ich möchte noch einmal betonen, daß der Begriff Wirtschaft nicht nur für Konzernunternehmen, sondern für alle daran Beteiligten, das sind Unternehmen, Verbände und Gewerkschaften, steht. In den vergangenen Jahrzehnten, seit der Gründung der Bundesrepublik, war der Deutsche Bundestag von stärkeren und einflußreicheren Interessengruppen besetzt als heute, und die Macht dieser Gruppierungen nahm von Bundestagswahl zu Bundestagswahl mehr ab. Das dabei entstehende Machtvakuum haben nicht neue geballte Kräfte gefüllt, sondern immer neue partikulare Interessen, die weniger Macht besaßen und ausüben konnten. Auf den Nachweis der Entwicklung werde ich hier verzichten, denn dies ist kein historisches Buch. Die Betrachtung der vorhandenen Situation sollte ausreichen.

Heute ist eher eine Tendenz zum Berufspolitiker abzulesen, der seine Karriere schon während des Studiums plant und konsequent aufbaut. Die Zahl der Honoratioren, die, wie bisher üblich, als Belohnung für ihre jahrelange ehrenamtliche Tätigkeit im kommunalen Bereich und zur Krönung ihrer Karriere künftig noch in den Bundestag geschickt werden, wird weiter abnehmen.

Ob wir ein gekauftes Parlament haben, soll der Leser anhand dieses Buches selber entscheiden. Was wir sicherlich haben, ist ein Parlament, das von einigen seiner Mitglieder benutzt wird für Zwecke, die nichts mehr mit den Aufgaben eines Parlaments zu tun haben, und vielleicht wird es auch mißbraucht. Statt selbst zu entscheiden, legitimiert es viel zu oft nur noch andere Entscheidungen. Sachzwänge als Feigenblätter für fehlende politische Konzepte unterhöhlen die parlamentarische Arbeit und führen zu ungewollten Machtverschiebungen. Das Parlament als klarer Spiegel der Mehrheiten und des Mehrheitswillens des Volkes hat es vielleicht nie gegeben. Heute wird es häufig zum Zerrspiegel, aber das liegt auch an der Perspektive des Betrachters.

Die bis hierher vorgestellten Politiker und Politiker-karrieren werden sich im Umfeld des gesamten Bundestages mit seinen 669 Mitgliedern und im Vergleich zur Mehrheit und zu denen, die per Institution die Mehrheiten dirigieren oder dirigieren können, immer wieder als Sonderfälle her-ausstellen, deren Einfluß im Negativen wie im Positiven falsch eingeschätzt wird. Ihre Wirkung auf die öffentliche Meinung dürfte allerdings von weitaus größerer Bedeutung sein als die Wirkung im Parlament.

Allerdings darf man ein gewisses Trägheitsmoment in Gruppenprozessen nicht unterschätzen. Wer ein genau definiertes Ziel verfolgt und dies auch wohl überlegt zu begründen versteht, wird damit in einem Ausschuß weiter kommen als jemand, der im Prinzip keinen klaren Kurs verfolgt, sondern sich nur mit der Mehrheit bewegt.

Wer Abstand hat, gewinnt eine bessere Übersicht. Lassen wir deshalb Christa Müller, die Frau Oskar Lafontaines, kurz zu Worte kommen. Sie sagte in einem Interview: »Wer Karriere machen, Erfolg haben will, wirklich Macht an-strebt, erkauft sich das mit einem immensen Zeitaufwand. Und einer menschlichen Verarmung. Wir hatten keine Zeit mehr für Freunde, kaum für Familie, nicht für Hobbys. Man kann sich um nichts kümmern, man ist im Griff der Termine und vernachlässigt die nächste Umwelt... Man entfernt sich vom wirklichen Leben und wird zum emotionalen und sozialen Krüppel... Erfolg, Macht, Geld. Das ist das, was zählt. Aber reicht das?«[54]

Die Deutschen und die Macht

Bevor wir uns den neuen Machern und alten Bestandswahrern im Bundestag zuwenden, möchte ich ein paar theoretische Überlegungen vorausschicken. Sie werden uns helfen, das Machtbeben in Bonn besser zu durchschauen und es besser analysieren zu können.

Der frühere Vorstandsvorsitzende und heutige Vorsitzende des Aufsichtsrats der Deutschen Bank AG, Hilmar Kopper, sagte in einem Interview mit dem *Stern*[1], »Wir haben das seltsame Problem in Deutschland, daß drei Worte extrem negativ belastet sind: Kapital, Profit und Risiko. In Großbritannien und Nordamerika sind sie sehr positiv besetzt.« Ein Wort, das in Deutschland ebenfalls negativ besetzt ist, hat Hilmar Kopper vergessen, es ist das Wort »Macht«.

Bundeskanzler Gerhard Schröder wird als ein noch ausgeprägterer Machtmensch als sein Vorgänger Helmut Kohl charakterisiert, das ist selten positiv gemeint. In der Biographie *Gerhard Schröder. Der Weg nach oben*[2] wird Hans-Jochen Vogel, der SPD-Ehrenvorsitzende, mit folgender Aussage von 1996 zitiert: »Bei Gerhard Schröder bin ich mir sicher, daß er die Macht will. Wofür er sie dann jeweils nutzt, ist nicht so sicher.«

Grundsätzlich wird im Deutschland der Gegenwart zu wenig über das Thema Macht nachgedacht. Macht wird fast immer mit Gewalt gleichgesetzt. »Machthaber« ist die Bezeichnung für Diktatoren in der Dritten Welt und war es für die Herrschenden im früheren Ostblock. Selbst Slobodan

Milosevic wird von den Medien heute korrekt als jugoslawischer Präsident bezeichnet.

In Deutschland scheint alles dermaßen geordnet und geregelt zu sein, daß Macht nur noch in ihrer abstrakten, institutionalisierten Form zu existieren scheint – gebändigt und gezähmt. Das liegt besonders daran, daß Veränderungen im deutschen Ordnungssystem nicht mehr vorgesehen sind. Und genau da setzt das Thema Macht an, denn ohne eigene Macht und ohne das Empfinden, einer wie immer gearteten konkreten Macht und nicht lediglich einer unveränderbaren Situation ausgesetzt zu sein, gibt es auch keine Veränderungen.

Weder Arbeitslosigkeit noch der Einsatz von Kernenergie sind naturgegebene Schicksalsschläge, wie zum Beispiel eine Sturmflut oder eine Schneelawine, die über die Betroffenen hereinbrechen und denen sie hilflos ausgesetzt sind. Gesellschaftliche und wirtschaftliche Ereignisse und Prozesse sind vermeidbar oder lassen sich zumindest verändern. Die Frage ist immer nur, um welchen Preis? Die Frage, wofür Macht eingesetzt wird, ist also immer auch eine Frage des Preises, und der schlägt in Machterhalt, Machtgewinn oder Machtverlust zu Buche.

Der amerikanische Politik- und Unternehmensberater Alvin Toffler hat im Jahre 1990 sein weltweit viel beachtetes Buch *Powershift*[3] vorgelegt. In diesem Buch beschäftigt er sich einerseits mit drei Quellen der Macht, Gewalt, Geld und Wissen, und führt andererseits aus, wie Wissen als immer stärkere Quelle der Macht die Strukturen der Massengesellschaft mit all ihren Phänomenen zerstört und durch neue Strukturen ersetzt.

Gewalt als Quelle der Macht gilt ihm als am wenigsten geschmeidig und anpassungsfähig. Dabei ist unter Gewalt nicht nur die Anwendung körperlicher Gewalt oder der Einsatz von Waffen zu verstehen, sondern Gewalt im Tofflerschen Sinne entsteht auch durch Organisationen und

Institutionen, die Macht verleihen. In jeder Organisation, in jeder Institution, die Einfluß hat und ausüben möchte, muß Macht gebündelt, organisiert und strukturiert werden. Gewalt als institutionalisierte Macht beruht in demokratischen Gesellschaften auf Mehrheiten, auf Absprachen und Vereinbarungen. Institutionalisierte Macht ist im Prinzip verhandelbar, oder sie wird aus den beiden anderen Quellen der Macht, nämlich Geld und/oder Wissen, abgeleitet.

Geld steht für die Verfügungsgewalt über materielle Dinge und kann auf vielfältige Weise eingesetzt werden, um Macht auszuüben. Es läßt sich zur Produktion von Waren nutzen, aber ebenso zur Bestechung. Es ist beweglich und kann binnen kürzester Zeit transferiert und neu investiert werden. Die Drohung mit der Abwanderung ganzer Industrien zeigt, wie in der globalisierten Wirtschaft die Macht des Geldes ausgespielt wird.

Die wichtigste Machtquelle in der nachindustriellen Gesellschaft sieht Alvin Toffler jedoch im Wissen. Erst Wissen macht Geld nutzbar. Wissen erschließt neue Quellen, aus denen Vermögen geschöpft werden können, und das wichtigste, Wissen schafft Veränderungen. Wissen meint Informationen, Daten, Bilder und Bildsprache ebenso wie Einstellungen, Wertvorstellungen und andere Symbolprodukte der Gesellschaft. Wissen sind Daten, Fakten und Informationen, die von den Medien geschaffen oder transportiert werden. Während Gewalt Macht minderer Güte darstellt und Reichtum Macht mittlerer Güte erzeugt, ergibt sich Macht höchster Güte erst aus der Anwendung von Wissen.

Toffler verweist darauf, daß Gewalt praktisch immer endlich ist. Es gibt eine Grenze, über die hinaus wir bei der Anwendung von Gewalt ebendas zerstören, von dem wir Besitz ergreifen oder das wir zu verteidigen gedenken. Ähnlich verhält es sich mit dem Reichtum. Mit Geld läßt sich nicht alles kaufen, und irgendwann wird auch die dickste Brieftasche leer. Nicht so beim Wissen. Immer können wir mehr Wissen erzeugen.

Per definitionem sind Gewalt und Reichtum das Eigentum der Starken und der Reichen. Der wahrhaft revolutionäre Wesenszug des Wissens liegt darin, daß auch die Schwachen und die Armen sich seiner bemächtigen können. Wissen ist die demokratischste aller Machtquellen. Das erklärt auch, warum alle Machtgewaltigen, vom Patriarchen in der Familie bis zum Präsidenten eines Konzerns oder Staates, die Menge, die Qualität und die Verteilung des Wissens innerhalb ihres Herrschaftsbereiches unter Kontrolle zu halten wünschen.

In seinem Buch stellt Toffler dar, wie durch das Wissen das Wesen der Macht und das Beziehungsgeflecht in der Wirtschaft, in einzelnen Staaten und auf globaler Ebene verändert wird. Sein Zeitrahmen reicht über 75 Jahre von 1950 bis zum Jahr 2025. Seit dem Jahr 1990 befinden sich laut Toffler Teile der hochindustrialisierten Welt bereits an der Schnittstelle zwischen der Massen- und der Wissensgesellschaft. Allen voran natürlich die USA. In dieser Zeit des Umbruchs, der noch bis ins nächste Jahrtausend andauern wird, existieren beide Strukturen, die der auf Gewalt und Geld beruhenden Macht und die der wissensbasierten Macht, nebeneinander und ringen um den Vorrang.

Während Alvin Toffler seinen Blick visionär nach vorn richtet und die Welt beschreibt, in der wir heute, zehn Jahre nach dem Erscheinen seines Buches, leben und die wir gegenwärtig erfahren, hat ein anderer Autor knapp zwanzig Jahre vor Toffler sich ebenfalls mit der Macht auseinanderzusetzen versucht, jedoch nicht mit dem Blick nach vorn und auf den gesamten Globus gerichtet, sondern auf die damalige bundesdeutsche Gegenwart.

Urs Jaeggi, Professor für Soziologie an der Freien Universität Berlin, legte im September 1969 sein Buch »Macht und Herrschaft in der Bundesrepublik« vor, das dann im

Mai 1973 in einer überarbeiteten Fassung unter dem Titel *Kapital und Arbeit in der Bundesrepublik* erschien.[4] Das Erstaunlichste an der Beschreibung der Bundesrepublik der sechziger Jahre ist, daß sich die skizzierten Tatbestände heute noch, dreißig Jahre später, in weiten Teilen des Staates und der Wirtschaft so vorfinden lassen wie damals.

Dies mag ein Indiz dafür sein, daß wir gegenwärtig in einer Zeit des Umbruchs und des Überganges leben, daß der von Toffler beschriebene Wandel noch nicht vollzogen ist, vielleicht aber auch, daß die deutschen Strukturen besonders resistent gegen den Wandel sind. Allerdings sind in diesem Zeitraum auch in den USA keineswegs Wunder zu erwarten gewesen.

So schildert Toffler ein Gespräch mit Lee Atwater, kurz nachdem Ronald Reagan zum Präsidenten gewählt worden war. Atwater war einer der wichtigsten Mitarbeiter Reagans und später Wahlkampfmanager von George Bush, also ein amerikanischer Bodo Hombach. »In den nächsten Monaten wird viel von der Reagan-Revolution gesprochen werden«, sagte Atwater. »Die Schlagzeilen werden voll sein von den ungeheuren Veränderungen, die Reagan vornehmen will. Glauben Sie das doch nicht. Natürlich will Reagan 'ne Menge verändern. Aber er wird's einfach nicht können. Jimmy Carter drehte das ›System‹ um 5° in die eine Richtung. Wenn wir uns sehr anstrengen und sehr viel Glück haben, kann es Reagan vielleicht um 5° in die andere verschieben. So steht es in Wirklichkeit um die Reagan-Revolution.«[5] Das System, in dem der Präsident gefangen ist, ist nicht der Kapitalismus, sondern die Bürokratie, die institutionalisierte Macht der Massengesellschaft.

Vergleicht man die Gesellschaftsbeschreibung und speziell die Beschreibung der Strukturen der Wirtschaft, die Urs Jaeggi vorgelegt hat, mit der derzeitigen Situation, so stellt man zum Beispiel fest, daß die Interessenwidersprüche zwischen den Konzernen, den mittelständischen

Unternehmern (insbesondere den Zulieferer- und den Kleinbetrieben) nicht wirklich verschwunden sind, sie wurden nur besser getarnt. Konzerne, Monopole oder, allgemeiner, alle Großunternehmen können nach wie vor von vornherein eher auf staatliche Unterstützung rechnen als der Mittelstand, der heute zwar als großer Beschäftigungsmotor gefeiert wird, aber ansonsten wenig zu melden hat und als Cash-cow dient.

Die Stützungsnotwendigkeit und die damit verbundene Einflußnahme muß gar nicht als offener und einseitiger Druck der Unternehmer und Verbände auf die staatliche Politik erfolgen; da die Regierung sich heute wie damals ökonomisch und politisch keine Stagnation leisten kann, muß sie schon aus diesem Grunde zugunsten der großen Unternehmer und starken Verbände eingreifen und agieren ...»Insgesamt gesehen, ist der Staat der größte Kreditgeber der Wirtschaft. Er will der ›Gesamtwirtschaft‹ helfen und hilft auch. Diese Maßnahmen verstärken zwangsläufig die wirtschaftliche Machtballung und vergrößern – unter der gegebenen Wirtschaftsordnung – die wechselseitige Abhängigkeit des Staates und der Großunternehmen ...«, so Jaeggi damals.

Urs Jaeggi stellt auch die Frage: Wie realisiert sich die Zusammenarbeit der Verbände mit der Regierung, dem Parlament und den mit ihnen verbundenen Gremien? Eine der Hauptformen ist das schwer erfaßbare System der Eingaben, Vorschläge und gemeinsamen Beratungen der Verbandsorgane mit den einzelnen Ministerien, Regierungs- und Parlamentsausschüssen. Der »Gedankenaustausch zwischen der Bürokratie und den Vertretern wirtschaftlicher und sozialer Interessen ist eine Einrichtung unseres ungeschriebenen Verfassungsrechts«.

Freilich ist in den Geschäftsordnungen der Bundesministerien direkt festgelegt, daß die Fachreferenten die Meinung der Verbände »anhören dürfen«. Die wichtigsten der Hunderte von Eingaben gehen an das Bundeswirtschaftsministerium und an das Bundesfinanzministerium. 1958/59 richtete der Bundesverband der Deutschen Industrie 82,8 Prozent aller Eingaben an die Bundesministerien; 1965/66 waren es 85,5 und 1966/67 84,5 Prozent. Die Verbände bilden ein wichtiges Bindeglied zwischen der Wirtschaft und dem Staat: »Innerhalb des staatsmonopolistischen Systems dehnt sich die Tätigkeit der Unternehmerverbände auf alle ökonomischen und politische Bereiche aus... Der moderne Interventionsstaat tritt unverkennbar als Generalagentur der kapitalistischen Wirtschaft auf; er übernimmt Planungs-, Lenkungs- und Kontrollaufgaben, die von den Großkonzernen allein nicht mehr zu leisten sind.«

An anderer Stelle sagt Jaeggi: »Wenn das Parlament seine Tätigkeit weitgehend in die Ausschüsse, Fraktionen und Arbeitskreise verlagert und sich so um dieser besseren Arbeitsbedingungen willen der Öffentlichkeit entzieht, dann degradiert es sich selbst zu einem kryptobürokratischen Kollegialorgan und erklärt die eigenen Auswahlprinzipien zur Farce. Oder wie es ein Abgeordneter einmal formuliert hat: Die Bundesregierung schließe mit den Verbänden einen Vertrag ab, der dann dem Parlament zur Ratifizierung vorgelegt werde. Ebenso demokratiezersetzend wirkt sich die Macht der Spezialisten aus, die zum Experten deklariert werden und die durch ihr Expertentum ihre Arbeit weitgehend von jeder Kritik abschirmen.

Der Bundestag wird Parlament genannt, aber er versteht sich nicht so. Die meisten Abgeordneten fühlen sich als Fachleute einer bestimmten Sparte der Gesetzgebung und sind es oft auch. Als Parlamentarier im überlieferten Verstande fühlen sie sich nicht. Nur ein geringer Prozentsatz der Abgeordneten nimmt im Plenum zu mehr als einem Thema Stellung. Der Abgeordnete lernt, daß er nur dann eine Chance hat, zu Worte zu kommen und eine einflußreiche Stellung zu erlangen, wenn er sich für ein Fachgebiet spezialisiert.«

Mit Ausnahme grundsätzlich politischer Fragen bestimmen die Experten auch heute weitgehend den politischen Willen der Fraktionen und auf diesem Wege auch der Parteien. »Konkret heißt das: Die Bauern und Bauernvertreter entscheiden über landwirtschaftliche Fragen, die Industrievertreter über Fragen der Wirtschaft und die Juristen über Strafrechtsreformen. Der erste Schritt zur Bildung einer autoritären Oligarchie ist getan: Experten denken dabei an die Schule und nicht an die Kinder, an die Justiz und nicht an die, die vor Gericht stehen, an die Eisenbahn und nicht an die Reisenden, an den Krieg und nicht an die Opfer. Als ›Experten‹ artikulieren die Experten weitgehend unkontrolliert die Interessen ihrer Gruppen und setzen diese durch.«[6]

Stellt es sich heute anders dar? »Ein kleiner Kreis von Abgeordneten, der mit überdurchschnittlich hohen Machtbefugnissen ausgestattet ist, bildet den harten Kern. Höchstens ein Drittel der Abgeordneten hat einen erheblichen Einfluß auf die sachliche Orientierung der Politik ihrer Fraktion und ist aktiv an der Gesetzgebungsarbeit beteiligt. Nicht persönliche Eigenschaften sind primär dafür verantwortlich, wer zum Machtkern gehört, entscheidend ist die Gruppenzugehörigkeit und damit die Interessenzugehörigkeit. Wer nur Parteimitglied ist, besitzt keine Chance, es sei denn, er gehöre zur Parteispitze (und zu ihr gehört in der Regel nur, wer von Interessengruppen gefördert wurde und, wenn dies nicht der Fall ist, spätestens nach der Aufnahme in die Parteispitze auch für Interessengruppen spricht).«[7]

»Der politische Einfluß geht heute fast gar nicht mehr von Personen, sondern von Institutionen aus«, hieß es Anfang der siebziger Jahre. Inzwischen hat die Mediengesellschaft, haben vor allem die den Medien innewohnenden Produktionsbedingungen, dem Individuum zu neuer Bedeutung verholfen. Hans Apel sprach 1968 resümierend wohl etwas zu formal von der parlamentarischen Dreiklassengesellschaft, die von der Gruppe der Verbandsvertreter im Bundestag, durch die engere Fraktionsführung und schließlich von dem Fußvolk unter den Abgeordneten gebildet wird.[8]

»Welche Personen haben heute die größte Chance, in die Exekutive zu gelangen?« fragt Jaeggi. »Die zahlenmäßig umfangreichste Rekrutierungsbasis ist der Bundestag. Über die Hälfte aller Minister waren vor ihrer Ernennung Mitglieder im Bundesvorstand einer Partei beziehungsweise Mitglied in einem solchen anerkannten Vorläufer des Bundesvorstandes. Als Rekrutierungsbasis erweisen sich auch die Landtage und die Landesministerien, neuerdings auch die Bundesministerien.«[9] Aufstieg in Regierungsämter ist natürlich Angehörigen aller Bevölkerungsschichten via Ausbildung und Karriere möglich. Der bedeutendste Kanal ist die Parteiarbeit, an zweiter Stelle stehen die erfolgreichen Aktivitäten in Verbänden.

Der Auswahlprozeß steht im Zeichen der Sicherung der parteipolitischen Macht. Nicht der Wähler, sondern die Parteien entscheiden primär darüber, wem ein Mandat im Parlament übertragen werden soll. »Dadurch, daß derjenige, der in einem Wahlkreis durchfällt, die Möglichkeit hat, auf der Landesliste an günstiger Stelle nominiert zu werden, herrscht im deutschen Wahlsystem das Element der Verhältniswahl vor und wird die dynamische Wirkung des relativen Mehrheitswahlsystems aufgehoben. Die durch die Wähler gefällten Entscheidungen können ignoriert werden, die Wählerschaft selbst wählt die Partei, und das ermöglicht es nicht nur, Interessenvertreter jener Gruppen, die Wahlhilfe leisten, durchzubringen, das hat auch eine Bevorzugung der Experten und Spezialisten zur Folge.«[10] Auch an diesen Tatsachen hat sich nichts geändert.

Daß die Interessengruppen ihre Beteiligung ernst nehmen, ist verständlich: »Es ist für die Wirtschaft schlechthin eine Lebensfrage, ob sie gebührend durch sachkundige Abgeordnete im Parlament vertreten ist, die willens und fähig sind, die Belange der Industrie und der übrigen Wirtschaft konsequent und überzeugend wahrzunehmen.« So sah es laut Jaeggi jedenfalls der Bundesverband der Deutschen Industrie im Jahr 1953. Hier hat es Verschiebungen gegeben. Die westdeutsche Wirtschaft brachte bei den Wahlen 1965 viele Vertreter über sichere Plätze der Landeslisten ins Parlament. Folglich haben unter anderem der Thyssen-Konzern, der Flick-Konzern, der Klöckner-Konzern, die Gelsenkirchener Bergwerks AG, die Gruppe Stumm-Otto Wolff und der Oetker-Konzern einen oder mehrere sogenannte »hauseigene« Abgeordnete.

Neben den reinen Interessenvertretern legen die Parteien Wert darauf, so Jaeggi, eine bestimmte (und große) Anzahl ihrer Parteipolitiker auf jeden Fall im parlamentarischen Raum arbeiten zu lassen. Die enge Verbundenheit zwischen der Parteiführung und der Bundestagsfraktion ist das Resultat.

Eine wichtige Aufgabe erwächst den Parteien angesichts des Machtanstiegs der Interessenverbände, schreibt Jaeggi. Besonders den großen, verschiedene soziale Kräfte in sich vereinigenden Parteien obliegt es, nicht nur in ihren eigenen Reihen einen Ausgleich der verschiedenen Interessen herbeizuführen, sondern sich generell am Wohl der Gesamtheit zu orientieren, um von dieser Grundlage aus, gleich, ob in der Regierung oder Opposition, ihre Entschließungen zu fassen.

»Die Parteiführungen passen sich denn auch den sogenannten technologischen Erfordernissen der heutigen Gesellschaft an und versuchen die eigene Macht zu optimieren. Die Parteien scheinen sich zusehends vom Typ der stark weltanschaulich geprägten demokratischen Mitgliedervereinigung weg zu denen der weitgehend hierarchisch geführten Quasi-Staatsinstitutionen hin zu entwickeln, die, ganz ähnlich wie der moderne Staat überhaupt, sowohl Züge einer Dienstleistungsorganisation, die verschiedene Konsumentenwünsche zu befriedigen sucht, wie auch einer Herrschaftsinstitution trägt.«[11]

Das ist dann nicht mehr die Massen- oder Integrationspartei, sondern die Allerwelts- oder Plattformpartei, die auf eine umfassende gesellschaftspolitische Gesamtkonzeption verzichtet. »Sie besitzt, wenn überhaupt, nichtssagende oder wenig verpflichtende Parteiprogramme, bemüht sich aber intensiv um die Gunst der Wähler.« Solche Parteien, die wir heute nur zu gut kennen, »werben um Massen und verhalten sich der gegebenen Gesellschaftsordnung gegenüber notwendigerweise konservativ. Sie werben, ohne daß sie die wirklichen Massen ansprechen, das heißt sie an der internen Willensbildung beteiligt sehen wollen.«[12]

»Allgemein gesellschaftliche Ziele sind wenig wichtig. Die Aufmerksamkeit der Partei und der gesamten Öffentlichkeit richtet sich, weil es um den Zugang zum politischen Handeln geht, am stärksten auf Probleme der Führerauslese. Dabei besitzt der Wähler aber keine Stimme bei der Führungsauswahl für innerparteiliche Vertretungskörperschaften oder für die Parlamente. Noch findet der Wähler Gehör, wenn es darum geht, die Sachziele der Politik in den Parteien zu formulieren oder zu erreichen. Der Wähler ist ein Außenseiter der Politik«, stellt Jaeggi fest.[13]

Das Risiko der Allerweltspartei ist offenkundig. Wenn die Partei weder Schutz für eine gesellschaftliche Position bietet noch als ein Ankerplatz für intellektuelle Anliegen gilt und kein Konzept für die Gestaltung der Zukunft besitzt, wenn sie statt dessen eine Maschinerie für kurzfristige, nur von Fall zu Fall auftauchende politische Alternativen wird, dann setzt sie sich den Risiken aus, denen sich alle Hersteller von Verbrauchsgütern gegenübersehen: Die Konkurrenz bringt fast den gleichen Artikel heraus in noch besserer Verpackung.

Der Typus einer institutionalen Oligarchie findet sich heute in allen Parteibürokratien. Abgesehen davon, daß die niederen Funktionäre das Nachwuchsreservoir bilden und bei der Selektion für die oberen Ränge in manchen Fällen Alternativen bieten, liegt die Macht bei den regionalen und überregionalen Vorständen, insbesondere bei den engeren Führungszirkeln, wo durch die Verzahnung von Partei, Fraktion und Regierung die Chance effektiver Machtausübung zusammenläuft. An der Neigung der Parteien, einen inneren Kreis herauszubilden, können auch Wahlen nichts ändern.

Gerade die Institutionalisierung, die Verfestigung bürokratischer Strukturen, führt zu zunehmender Personifizierung und zu einer Verstärkung der unkontrollierten Autorität. Eine Fluktuation in den engeren Führungszirkeln der Parteien ist kaum und in den weiteren Führungsgruppen in geringem Maße zu beobachten. Wenn bei den Wahlen der Parteivorstände jeweils 10 Prozent der Mitglieder der Vorstände ausscheiden und durch neue ersetzt werden, dann ist das schon eine relativ hohe Quote.

Zum Thema Wahlen bemerkt Jaeggi, zwar leiden die Wähler nicht an einem Mangel an Informationen, aber das gefilterte Überangebot an Informationen, das nicht in eine entsprechende Beziehung zur eigenen Erfahrung oder zum eigenen Lebenskreis gebracht werden kann, verhindert eine rationale Entscheidung. Das bewirkt folgende Entwicklung: Die Erweiterung des politischen Gesichtsfeldes drängt dazu, das Bedürfnis einer Verpersönlichung der Macht auf die nationale Ebene zu übertragen.

Die modernen Informationsmittel machen den Zeitungsleser, Rundfunkhörer, Kinobesucher und Fernsehzuschauer mit seinem Regierungschef vertraut, vertrauter als mit sei-

nem Abgeordneten oder dem Präsidenten eines Berufs-
verbandes. Aber es handelt sich um eine oberflächliche,
illusorische, gewissermaßen theatralische Vertrautheit. Das
in gewaltigen, abstrakten Verwaltungsmechanismen einge-
bundene Individuum flüchtet sich in die Wärme der Fami-
lienzelle oder den überschaubaren Kreis seiner engen
Freunde.

Daß Parteien immer weniger Mitgliederparteien und
immer mehr Funktionärs- und Fraktionsapparate sind – mit
einem Anhang von Zustimmenden einerseits, einer Lobby
von Vertretern partikulärer Interessen andererseits –, ist eine
Entwicklung, die sich kaum aufhalten läßt. Demzufolge
neigen die Parteien dazu, ihre Willensbildung derjenigen
der Wirtschaft und ihrer Verbände zu unterwerfen. Die
Folge ist eine konstitutionelle Oligarchie der herrschenden
Parteiführungsgruppen, welche die Macht unter sich auf-
teilen, ohne sich viel um den Willen des Wählers zu kümmern.

In einer scheinbar stabilen Gesellschaft opfern die Aller-
weltsparteien die tiefere ideologische Durchdringung der
Gesellschaft. Sie müssen rasche Wahlerfolge suchen und
erringen, weil nur dies den Charakter der Volkspartei
bestätigt. Wer gewinnt, erhält die Macht und kann handeln.
Nicht Programmatik, sondern Organisation steht im Mit-
telpunkt, und nicht die Repräsentation von Wählerinter-
essen ist interessant, sondern die Ausübung von Herrschaft.
Für die Oppositionspartei bedeutet das, sie hat langfristig
gesehen nur dann eine sinnvolle und legitime Funktion,
wenn sie die Interessen der vom System Benachteiligten
gegen das System selbst zu organisieren vermag, das heißt
den Benachteiligten entgegen den propagandistisch ideolo-
gischen Bemühungen der Regierenden und Herrschenden
ihre Lage ins Bewußtsein bringen und sich zu deren Fürsprecher machen kann.

Der Poker um die Macht

Urs Jaeggi beschreibt, wie nach ihm Toffler, eine Gesellschaft, in der bereits deutlich erkennbar zwei parallele Systeme der Machtausübung bestehen. Jaeggis soziologische Betrachtungsweise wird von den Elementen »Kapital und Arbeit« bestimmt. Den Faktor Wissen stellt er in seiner Komplexität zwar immer wieder dar, mißt ihm aber keine eigenständige Bedeutung bei. Alvin Toffler, der, wie Jaeggi, an der New School for Social Research, New York, lehrte, unterwirft sich keinen theoretischen oder methodischen Prämissen, er beschreibt mehr oder weniger pragmatisch die Wirklichkeit anhand von Beispielen.

Im »alten« System der Macht dominierte die institutionelle Gewalt als zentrales Ordnungsinstrument. Hier steht dem »Kapital« als Zusammenfassung aller besitzorientierten Interessen die »Arbeit« als Zusammenfassung aller nicht besitzorientierten Interessen gegenüber. Beide sind als staatstragende Säulen organisiert und in Verbände und Parteien integriert.

Die Organisationen des alten Systems sind hierarchisch strukturiert, folgen dem Senioritätsprinzip mit seinen Honorationen und schotten sich nach außen ab. Die Parteien dürften übrigens zur Zeit noch zu jenen Institutionen gehören, die Kontinuität und Erfahrung den höchsten Stellenwert beimessen, während in Unternehmen, speziell im mittleren Management, ein geringes Alter geradezu die Voraussetzung für eine Führungsposition ist.

Es gibt im alten System viele feste Regeln, die den Spielraum für das Denken und Handeln definieren und begrenzen. Der Bezugsrahmen für Entscheidungen ist begrenzt. »Hausgemachte Probleme« haben Vorrang vor Grundsatzfragen. Der Spielraum für horizontale Mobilität ist gering, und Karriere wird überdurchschnittlich oft im Rahmen von Seilschaften gemacht. Spezialisten haben einen hohen Stellenwert, Wissen wird als Herrschaftswissen betrachtet und auch so verwendet. Medien werden gemieden oder nach Möglichkeit für die eigenen Zwecke instrumentalisiert. »Die Sache« steht in der offiziellen Werteskala immer über den Personen.

Im »neuen« System des vernetzten Wissens sind die Positionen der agierenden Kräfte nicht mehr durch die Zugehörigkeit zu einem bestimmten Lager definiert, sondern durch Nutzenüberlegungen. Mobilität und Karriere finden in einem Netzwerk statt. Spezialisten müssen ihr Wissen in einen generellen Bezugsrahmen einordnen können. Wissen wird durch Teilhabe vermehrt. Die Medien haben als Wissensverteiler, aber auch als Macher von Meinungen und Wertzuweisungen eine eigene Machtstellung. »Gesellschaftspolitische Positionen« werden von Personen eingenommen, die »für eine Sache« stehen und daher auch den Wert dieser Sache, Institution oder Idee bestimmen.

Weil die Elemente beider Systeme sich durchdringen und ihre Wirkung entfalten und die Protagonisten beider Systeme ihre Interessen mit ihren Mitteln durchzusetzen trachten, ist es oft nicht leicht, den Überblick zu behalten. Ganz offensichtlich befinden sich die Vertreter des alten Systems in einer Lernphase, während die Vertreter des neuen Systems sich unter Nutzenaspekten zum Teil immer noch der alten Ordnung unterwerfen.

Es sei nochmals betont, daß die Organisationssysteme von Macht sich nicht auf die »alte« und die »neue« Bundesregierung beziehen. In allen Parteien und Verbänden finden sich die alten und neuen Elemente und ringen um die Vorherrschaft. Gleichzeitig entstehen neue wissensbasierte Organisationen und Netzwerke.

Erfolgsfaktor Netzwerk

Das Netzwerk ist das tragende Element der zukünftigen Gesellschaft und Netzwerkfähigkeit der zentrale Erfolgsfaktor. Nur wer an einem Knotenpunkt sitzt und möglichst viele Verknüpfungen hat, kann über den Faktor Wissen Macht ausüben. Ganz automatisch stellt sich an dieser Stelle die Frage: Was sind die wesentlichen Merkmale eines Netzwerks?

Im Gegensatz zu dem alten, nach dem Säulenprinzip aufgebauten hierarchischem Modell, das in einem bestimmten zeitlichen Ablauf entstanden ist und sich von einer Basis zur Spitze hin entwickelt hat, um dann von dieser beherrscht zu werden, und in dem sogenannte Seiteneinsteiger immer die Ausnahme bleiben werden, kann ein Netzwerk von jeder Position aus aufgebaut werden. Für ein Netzwerk gibt es zunächst einmal nur eine einzige Voraussetzung, nämlich die, daß man es will.

Netzwerke folgen keiner bestimmten Ordnung. Sie entstehen zunächst unregelmäßig und weisen Löcher auf, die aber ihre Funktionsweise nicht beeinträchtigen. Wer im alten hierarchischen System eine Stufe übergeht, begeht einen Fehler, der sich früher oder später rächen wird. Wer in seinem Netzwerk Löcher hat, kann diese auch noch zu einem späteren Zeitpunkt schließen. Netzwerke dehnen sich sowohl horizontal als auch vertikal aus.

Nimmt man wieder das alte hierarchische Säulenbild, so verknüpft ein Netzwerk einzelne Positionen in unterschiedlichen Säulen miteinander. Es kann bis ganz nach oben reichen und bis ganz nach unten. Während in einem Säulenmodell »unten« immer zugleich mit »schwach«, »unwichtig« und vielleicht auch »schlecht« verbunden wird, werden in einem Netzwerk keine solchen Qualitätsurteile gefällt. Hier spielt der Nutzenbegriff eine viel größere Rolle als der Status einer Person.

Säulenmodelle sind überschaubar und endlich. Sie haben eine eindeutige Spitze, und sie haben eine Basis. Netzwerke hingegen sind nicht endlich. Jeder Netzwerkpartner ist wieder Teil eines anderen Netzwerks und hat andere Netzwerkpartner, die wiederum Teil eines neuen Netzwerks sind. Im Prinzip kann damit jedes Netzwerk unendlich groß sein, oder aber man könnte dazu neigen, nur noch von einem großen Netzwerk zu sprechen, in dem alle miteinander verbunden sind. Das ist jedoch Theorie. In der Praxis hat natürlich jeder bestimmte Netzwerkpartner, mit denen er häufiger in Kontakt tritt und engere Verbindungen pflegt. Insofern findet automatisch eine Selektion statt.

Der Unterschied zwischen dem neuen System des wissensbasierten Netzwerks und den alten Strukturen liegt darin, daß hier die Interaktion deutlich Vorrang vor den Institutionen hat. Diese spielen eine immer geringere Rolle. Natürlich wird man in einer Zeit des Überganges nicht vollständig darauf verzichten können, sich mit den hierarchischen Strukturen auseinanderzusetzen und auch innerhalb der alten Strukturen Positionen einzunehmen. Aber das Netzwerk erlangt als Ergänzung zu den Strukturen zunehmend Geltung.

Um den Wert eines Netzwerks und auch die Bedeutung eines Netzwerkpartners beurteilen zu können, sind drei Dinge wichtig:

Zunächst einmal der Quantitätsfaktor. An wie vielen Knotenpunkten ist der Netzwerkpartner präsent? Das heißt zum Beispiel, in welchen Organisationen ist er Mitglied? Wie groß sind diese Organisationen, und wie viele Mitglieder haben sie? Der Quantitätsfaktor spielt in dem Moment eine Rolle, wo es darum geht, Wissen, das zugleich Meinungen, Ansichten und Einstellungen zu bestimmten Themen umfaßt, zu multiplizieren.

Der nächste Faktor ist der Qualitätsfaktor. Das heißt, welche Funktionen hat der jeweilige Netzwerkpartner? Wie groß ist sein Einfluß, und wie groß ist der Einfluß der Organisationen, zu denen er gehört?

Der dritte Faktor, um ein Netzwerk zu beurteilen, ist die Wirkung. Die Wirkung eines Netzwerkpartners bezieht sich auf die Struktur des Netzwerks selbst. Je höher es differenziert ist, also indem es zum Beispiel sowohl Vertreter der Kirche, der Gewerkschaften und Unternehmen umfaßt, desto größer ist der Wirkungsgrad, größer, als wenn es sich zum Beispiel ausschließlich auf Gewerkschaften oder ausschließlich auf karitative Organisationen stützen würde. Darüber hinaus wird der Wirkungsgrad durch die Akzeptanz der Organisationen nach innen und außen beeinflußt.

Berücksichtigt man alle drei Faktoren, den Quantitäts-, den Qualitäts- und den Wirkungsfaktor eines Netzwerks, so ergibt sich eine ganz neue Bewertung der Bedeutung oder, besser gesagt, der Macht eines Abgeordneten, eines Unternehmers oder eines Verbandsfunktionärs, als wenn man sie nur auf ihre Funktionen in den alten Strukturen reduziert betrachtet.

Eine ganz neue Rolle erhalten in den wissensbasierten Netzwerken die Berater, die in dem alten hierarchisch organisierten System entweder außerhalb der jeweiligen Organisationen standen – in Unternehmen und Ministerien waren es immer die berühmten Stabsstellen, die zwar wertvolle wissenschaffende Arbeit ausführten, aber keinerlei Um- und Durchsetzungsmöglichkeiten hatten – oder ganz einfach nachgeordnete Funktionsträger innerhalb der Hierarchie waren. Im Netzwerk sind Berater allgegenwärtig und auf jeder Ebene zu finden.

Da die Leistungsfähigkeit eines Netzwerkpartners mit der Menge und der Qualität des zugelieferten Wissens wächst, diese seinen Wirkungsfaktor also erhöhen, kommen auch auf die Berater völlig neue Aufgaben zu. Nur Netzwerke transportieren und erschließen Wissen optimal. In einer pyramidenförmigen Organisation gehen nach den allgemeinen Erkenntnissen der Managementlehre auf dem Weg von der Basis bis an die Spitze rund 96 Prozent der Informationen verloren. Deshalb spricht man auch vom »Eisberg der Ignoranz«, denn an der Spitze werden 100 Prozent aller grundsätzlichen Entscheidungen auf der Basis von 4 Prozent Wissen um die tatsächlichen Probleme getroffen.

Nun heißt es immer wieder, Politik und politische Institutionen seien nicht mit der Wirtschaft und einem Wirtschaftsunternehmen zu vergleichen. Das mag auf die Zielsetzungen zutreffen, auf den Informations- und Entscheidungsprozeß jedoch nicht. Man braucht sich nur die diversen Diskussionen um die Ökosteuer oder die 630-Mark-Jobs in Erinnerung zu rufen. Wie oft und wie schnell mußten allein bei diesen beiden Themen Entscheidungen widerrufen, korrigiert oder eine Korrektur in Aussicht gestellt werden?

Auch zur Bearbeitung komplexer Themen sind Netzwerke weitaus besser geeignet als hierarchische Systeme. Und eine Politik, die wegen knapper Finanzmittel gehalten ist, ein Problem zuerst unter seinem wirtschaftlichen Aspekt zu betrachtetn, unterliegt einer ständigen Komplexitätssteigerung. Jede politische Entscheidung muß, zumindest in ihren finanziellen Auswirkungen, mit anderen kompatibel sein, und das nicht nur jetzt, sondern auch noch in naher Zukunft. Ist das nicht mehr der Fall, dann wird die Bundesrepublik Deutschland zu einem dauerhaften politischen Reparaturfall.

Was diese theoretischen Überlegungen, die hiermit auch abgeschlossen werden, in der Praxis bedeuten, wird im folgenden mit zahlreichen Beispielen gezeigt.

Machtbeben in Bonn —
Die neue Rollenverteilung im Bundestag

Die Abtreter

»Ein stark verändertes Parlament mit vielen bekannten Gesichtern«, so nannte die *Frankfurter Allgemeine Zeitung*[1] den 14. Deutschen Bundestag und fügte hinzu,»nur wenige profilierte Neuzugänge für die Wirtschafts- und Sozialpolitik«. Veränderungen hat es hauptsächlich auf den hinteren Bankreihen gegeben, dafür aber um so gravierendere. Von den 672 Abgeordneten des 13. Bundestages haben sich 107 Abgeordnete nicht erneut um ein Mandat beworben oder waren von ihrer Partei nicht wieder aufgestellt worden. Weitere 74 Parlamentarier verloren ihr Mandat. Insgesamt verschwanden aus der bestehenden Parlamentsmannschaft 181 Mitglieder, das sind 26,9 Prozent – sehr viel für eine Institution, die auf Kontinuität besonderen Wert legt.

Der nicht wieder kandidierende SPD-Abgeordnete Peter Conradi brachte es in einem Gespräch mit dem *Stern*[2] auf den Punkt:»Wenn Sie länger im Bundestag bleiben, haben Sie mehr Macht, Sie wissen nämlich mehr. Von meinem Fachgebiet Bodenrecht verstehen zweieinhalb oder drei Leute etwas, quer durch die Fraktionen. Uns sitzen in fünf Ministerien ein halbes Dutzend Vollzeitbeamte gegenüber, ausgebildete Fachleute. Die müssen nicht nebenher noch über Kosovo und Rentenrecht Bescheid wissen, Wahlkampf machen.«

Natürlich haben auch die Bonner Lobbyisten ein großes Interesse an der Wiederwahl von Abgeordneten,»denn es ist leichter, alte Freunde zu erhalten, als neue Freunde zu gewinnen«, wie es Dietrich Rollmann, ehemaliger CDU-Abgeordneter und Bonner Lobbyist einmal dem *Spiegel*[3] gegenüber formulierte.

Bei der CDU/CSU-Fraktion stellten sich die Veränderungen wie folgt dar: Von den bisherigen 295 Abgeordneten bewarben sich 45 nicht neu, 51 verloren ihr Mandat. Es brachen aus der alten Mannschaft also 32,5 Prozent weg. Von den 245 CDU/CSU-Abgeordneten, die in den 14. Bundestag einzogen, sind 46 neu dabei, das sind 18,8 Prozent. Insofern ist die CDU/CSU die Fraktion, die im neuen Bundestag über die meisten Politiker aus der alten Garde und mit der meisten Erfahrung verfügt. Das kann, muß aber nicht von Vorteil sein, weil ja der Umzug nach Berlin unmittelbar bevorsteht. In das gewachsene Beziehungsnetzwerk der CDU/CSU wurden jedoch nur wenig Lücken gerissen, denn es traf besonders die CDU-Abgeordneten aus den neuen Bundesländern.

Ganz anders fiel das Revirement bei dem früheren Koalitionspartner FDP aus. Die Zahl der Bundestagssitze verminderte sich zwar nur um vier, von 47 auf 43, aber aus der alten Mannschaft bewarben sich zwölf nicht erneut, und fünf verloren ihr Mandat. Dafür rückten 13 neu in den Bundestag ein, das sind 30,2 Prozent. Allerdings werden die alten Profis, die nicht wieder zur Wahl standen, ihren Einfluß ganz sicher weiter geltend machen.

Die Wechselquote in der SPD lag mit 29,5 Prozent nur knapp darunter. Da sich aber die Abgeordnetenzahl von 251 auf 298 erhöhte, verfügt die SPD-Fraktion mit 88 Abgeordneten als Neuzugänge über die meisten Newcomer. 37 der SPD-Abgeordneten des 13. Bundestages bewarben sich nicht neu, nur vier verloren ihr Mandat.

Bei den Grünen waren die Veränderungen weniger gravierend. Sie verloren nur einen Sitz im Bundestag, und von den verbleibenden 47 Abgeordneten waren zwölf neu, die die Plätze der neun Abgeordneten, die ihr Mandat verloren, und der vier, die sich nicht wieder beworben hatten, einnahmen.

Die größte Fluktuation gab es bei der PDS. Sie konnte die Zahl der Abgeordnetensitze von 30 auf 36 aufstocken, aber acht Abgeordnete hatten sich nicht wieder beworben und fünf ihr Mandat verloren. Insgesamt rückten also 19 neue Abgeordnete für die PDS in den Bundestag ein, das sind 52,8 Prozent. Da die PDS aber ohnehin eine Sonderrolle, wohlgemerkt nicht Nebenrolle, spielt, wird sie den Wechsel besser verkraften als die beiden anderen kleinen Parteien, die sich ja zusätzlich auf die neue Situation in der Regierung beziehungsweise in der Opposition einrichten müssen.

Natürlich stellt sich jetzt die Frage, inwieweit es sich bei den Abgeordneten, die sich nicht wieder beworben haben oder die nicht wiedergewählt wurden, um echte Verluste an politischem Potential handelt oder ob die Parteien zum Teil nicht nur »Ballast« abgeworfen haben. Diese Frage zielt nicht nur auf die partei- oder fraktionsinterne Bedeutung der Abgeordneten, sondern auch auf ihren Nutzen als Interessenvertreter. Haben Verbände, Kirchen und Gewerkschaften ihre Sprachrohre oder Fürsprecher verloren? Welche Bedeutung hat ihr Verschwinden für die Wirtschaftslobby? Werden die neuen Abgeordneten die Lücke, die ihre Vorgänger hinterlassen, angemessen ausfüllen, oder sind gar bessere Leute nachgerückt?

Von allen CDU-Politikern, die nicht wieder kandidierten, hat Cornelia Yzer wohl die traurigste Berühmtheit erlangt. Geboren 1961, wurde sie nach einem Jurastudium Rechtsanwältin und dann leitende Mitarbeiterin der Bayer AG, Leverkusen. Seit 1978 Mitglied der CDU, arbeitete sie sich zielstrebig nach oben und wurde 1990 in den Bundestag gewählt. Von Mai 1992 bis November 1994 war sie Parlamentarische Staatssekretärin beim Bundesminister für Frauen und Jugend, von November 1994 bis Januar 1997 dann Staatssekretärin beim Bundesminister für Bildung, Wissenschaft, Forschung und Technologie.

Was sie nachhaltig in die Schlagzeilen und in die Annalen des Bundestages brachte, war weniger der Umstand, daß sie das Amt der Staatssekretärin aufgab, um Hauptgeschäftsführerin des Verbandes Forschender Arzneimittelhersteller e. V. zu werden – unter Beibehaltung ihres Bundestagsmandates, versteht sich –, als vielmehr der Versuch der Inanspruchnahme des »Übergangsgeldes« von rund 180 000 D-Mark. Es ist Hans Herbert von Arnim zu verdanken, der mit einem Namensartikel im *Stern* geradezu ein öffentliches Gewitter auslöste, daß Frau Yzer nach langem Zögern schließlich bereit war, auf das Übergangsgeld zu verzichten. Ihr neues Gehalt als Hauptgeschäftsführerin wurde auf ungefähr 400 000 D-Mark jährlich geschätzt. Hinzu kamen noch die ungekürzten Abgeordnetendiäten von seinerzeit 11 300 D-Mark monatlich sowie die steuerfreie Aufwandsentschädigung von monatlich 6251 D-Mark.

Neben den Vergünstigungen für Abgeordnete, wie die freie Fahrt mit der Bundesbahn, innerdeutsche Freiflüge sowie kostenlose Nutzung von Telefon und Fax, übernahm der Bundestag auch weiterhin die Kosten für ihre Mitarbeiter in Höhe von rund 230 000 D-Mark jährlich, wie es der Verwaltungsrechtsprofessor von Arnim errechnete. Frau Yzer langte also beim Steuerzahler kräftig zu, um beim Verband der Forschenden Arzneimittelhersteller ihr Knowhow einzubringen, das sie als Staatssekretärin im Bundesforschungsministerium erworben hatte. Wenn jemand gut darüber informiert war, welche Forschungsvorhaben wie gefördert werden sollen, dann gewiß sie.

In der von der Zeitschrift *Stern* durchgeführten Abgeordnetenbewertung schnitt Frau Yzer nicht gerade positiv ab, da sie ihre Zeit im Parlament nicht damit verbrachte, an Gesetzen mitzuarbeiten oder gar kleine Anfragen zu starten, wie man es von Abgeordneten eigentlich erwartet. Was sie mit ihrer Zeit anfing, lag in ihrer Entscheidung. Allerdings wird sie der neue Arbeitgeber nicht dafür bezahlt haben, daß sie ausschließlich den Interessen des deutschen Volkes diente. Der Verlust dieser Abgeordneten wird für die CDU in der Opposition sicher zu verschmerzen sein, und für ihren Verband wird Frau Yzer auch außerhalb des Parlaments nichts an Nützlichkeit eingebüßt haben. Jedenfalls so lange nicht, bis ihre Kontaktleute im Ministerium im Rahmen weiterer Umstrukturierungen ausgetauscht werden.

Schließlich gehört Frau Yzer zu den politischen Power-frauen, was man unter anderem daran spüren konnte, wie sie auch in den Medien hartnäckig ihre Ansprüche verteidigte. Wie die *Frankfurter Rundschau*[4] berichtete, sei es in der Branche kein Geheimnis, daß man Cornelia Yzer in den Verband geholt hat, weil der derzeitige Verbandschef »politisches Durchsetzungsvermögen« vermissen ließ.

Einen großen Verlust stellt für die CDU – und nicht nur für sie – sicherlich das Ausscheiden von Dr. Gerhard Stoltenberg und Egon Susset dar. Beide begeben sich in den Ruhestand, wenn es den für Vollblutpolitiker überhaupt gibt. Welche und wie viele Fäden bei Gerhard Stoltenberg zusammengelaufen sein mögen, ist kaum zu sagen. Schaut man auf die Liste der vielfältigen Ämter, die er innehatte, so fällt allenfalls auf, daß er in der Zeit seiner ersten Mitgliedschaft im Bundestag von 1957 bis zum 3. Juni 1971 auch Direktor der Friedrich Krupp GmbH war, und zwar vom November 1969 bis zum Dezember 1970. Vom Mai 1971 bis zum 4. Oktober 1982 diente er als Ministerpräsident des Landes Schleswig-Holstein. Bundesminister der Finanzen war er von 1982 bis 1989 und anschließend von 1989 bis 1992 Bundesminister der Verteidigung.

Als selbstverständlich angenommen werden dürfte, daß sich die unterschiedlichsten Interessenvertreter stets um einen guten Kontakt zu ihm bemühten. Seine Funktion als

Mitglied des Beirates der Deutschen Vermögensberatung AG in Frankfurt am Main erscheint vor diesem Hintergrund prägender politischer Bedeutung eher als kleines Beiwerk. Stoltenberg steht für eine Politik, wie sie sich die Väter des Grundgesetzes gewünscht und vorgestellt haben. Die Deutsche Vermögensberatung AG verdient es allerdings durchaus, an anderer Stelle etwas näher betrachtet zu werden.

Daß auch Egon Susset nicht wieder kandidiert hat, mag besonders die Landwirte schmerzen. Er galt allgemein als einer ihrer wichtigsten Interessenvertreter. Aber nicht allein er geht, sondern mit ihm zahlreiche andere Repräsentanten der Agrarlobby. Egon Susset war Vorsitzender der Arbeitsgruppe Ernährung, Landwirtschaft und Forsten der CDU/CSU-Fraktion und Mitglied im Ausschuß für Ernährung, Landwirtschaft und Forsten. Zu seinen Posten zählten ferner der stellvertretende Vorsitz des Vorstandes des Absatzförderungsfonds der deutschen Land- und Ernährungswirtschaft in Bonn und der des Vizepräsidenten des baden-württembergischen Bauernverbandes.

Nicht ganz so breit gestreut waren die Ämter von Ulrich Junghanns, der sich ebenfalls nicht wieder beworben hat. Auch er war Mitglied im Ausschuß für Ernährung, Landwirtschaft und Forsten und der Landwirtschaft besonders dadurch verbunden, daß er zunächst einen Lehrabschluß als Facharbeiter für Pferdezucht und Leistungsprüfung im Hengstdepot Moritzburg abgelegt hat, bevor er sich zum Diplomstaatswissenschaftler weiterbildete. Außerdem war er seit 1974 Mitglied der Demokratischen Bauernpartei Deutschlands in der DDR und 1990 sogar erster stellvertretender Vorsitzender und amtierender Vorsitzender. Seit dem Zusammenschluß mit der CDU im September 1990 war er als Mitglied dieser Partei auch Mitglied des Bundestages.

Wie so viele Politiker aus den neuen Bundesländern, hat Junghanns während seiner Mitgliedschaft im Bundestag weiterhin einen Beruf ausgeübt. Er praktizierte als Wirtschaftsberater in Frankfurt an der Oder. Und da er zudem in einigen städtischen Unternehmen von Frankfurt an der Oder im Aufsichtsrat sitzt, wird er auch ohne sein Bundestagsmandat gut über die Runden kommen. Anders sieht die Situation jener Politiker aus, die nicht planmäßig ausgestiegen sind, sondern sich auf eine weitere Legislaturperiode im Bundestag eingestellt hatten und plötzlich durch den Wählerwillen ihr Mandat verloren.

So schildert der *Stern*[5] den Fall von Kersten Wetzel, Jahrgang 1961, der nach achtjähriger Mitgliedschaft im Bundestag in seinem Wahlkreis 305 nicht wiedergewählt wurde und sich deshalb arbeitslos melden mußte. Arbeitslosengeld bekommt der gelernte Feinoptiker und Vater dreier Kinder nicht, und sein Übergangsgeld in Höhe von 12 350 D-Mark monatlich geht nach seinen Angaben für die Schulden aus dem Wahlkampf drauf. Anders als die West-Promis mußte er seinen Wahlkampf nämlich selbst finanzieren, weil die CDU-Landesverbände in den neuen Bundesländern dafür kein Geld hatten.

Zu den prominenteren Abgeordneten der CSU, die ihr Mandat verloren, gehört Otto Regenspurger. Er machte zwar im Bundestag nicht viele Worte, innerhalb von vier Jahren beanspruchte er nur zwölf Minuten Redezeit, aber er war ein wichtiger Vertreter der Beamtenlobby. Regenspurger hatte, eigentlich ganz beamtenuntypisch, neben seinem Abgeordnetenjob zehn weitere Ämter angehäuft. So war der rührige Mandatsträger stellvertretender Bundesvorsitzender des Deutschen Beamtenbundes, Bonn, Mitglied des Bundeshauptvorstandes des Deutschen Postverbandes in Bonn und stellvertretender Vorsitzender des Deutschen Postverbandes im Bezirk Ober-, Mittel- und Unterfranken, Nürnberg.

Praktisch nebenher fungierte Regenspurger als stellvertretendes Mitglied des Kuratoriums in der Stiftung »Haus der Geschichte der Bundesrepublik Deutschland« in Bonn. Mehr Zeit widmete er schon dem Automobilclub des Deutschen Beamtenbundes, dessen Präsident er ist. Darüber hinaus sitzt er als Mitglied des Versicherungsbeirates im Bundesaufsichtsamt für das Versicherungswesen, Berlin, als Mitglied des Regulierungsrates im Bundesministerium für Post und Telekommunikation, Bonn, als stellvertretender Vorsitzender im Verwaltungsrat der Deutschen Beamtenversicherung, Wiesbaden, als Vorsitzender im Aufsichtsrat der Deutschen Beamtenversicherung AG und als Mitglied im Aufsichtsrat der Deutschen Beamtenversicherung Holding AG, beide Wiesbaden. Im Bundestag arbeitete er als ordentliches Mitglied des Innenausschusses an 73 Gesetzen mit. Innerhalb von Partei und Fraktion hatte er das Amt des Landesvorsitzenden des Arbeitskreises Öffentlicher Dienst der CSU inne und das des stellvertretenden Vorsitzenden der CSU-Landesgruppe.

Wie Regenspurger hat auch sein Parteifreund Dr. Erich Riedl seine Karriere im Postdienst begonnen. Aufgrund seiner Mitgliedschaft im Bundeshauptvorstand des Deutschen Postverbandes, Bonn, war er den Beamten verbunden gewesen. Allerdings ehrenamtlich, wie er in seinen Unterlagen betont. Daß er seinen Wahlkreis verloren hat, lastet er der eigenen Partei an, die ihn mit »schweinischen Flugblättern meuchlings gemordet« habe.[6]

In die Schlagzeilen geriet Riedl im Zusammenhang mit verdeckten Provisionen für Rüstungsgeschäfte, die er nicht versteuert haben soll. Die Staatsanwaltschaft Augsburg warf ihm vor, von dem bayerischen Unternehmer Karlheinz Schreiber 500 000 D-Mark kassiert zu haben, die aus einer Zahlung des Rüstungsherstellers Thyssen Industrie stammten. Es ging dabei um die Lieferung von Thyssen-Panzern nach Saudi-Arabien nach Ende des Golfkriegs. Beweisen konnte ihm die Staatsanwaltschaft die Steuerhinterziehung jedoch nicht.

Geht man die Namen der ausgeschiedenen Mitglieder der CDU/CSU-Bundestagsfraktion durch, so hat man fast das Gefühl, in einer Lobbyliste zu blättern. Jürgen Augustinowitz arbeitete im Verteidigungsausschuß mit und war außerdem stellvertretender Vorsitzender des Förderkreises Deutsches Heer e. V., Bonn. Der Postbeamte Heinz-Günter Bargfrede gehörte dem Hauptvorstand des Deutschen Postverbandes, Bonn, an.

Jochen Feilcke, von Beruf Verbandsreferent, war seit seiner Wahl in den Bundestag im Jahr 1983 als Leiter der Abteilung Arbeitsmarkt und Internationale Sozialpolitik der Zentralvereinigung der Berliner Arbeitgeberverbände und des Arbeitgeberverbandes der Berliner Metallindustrie beurlaubt. Der 1937 geborene Peter Keller bekleidete bis zu seinem Ausscheiden aus dem Bundestag im Rahmen einer Teilzeitbeschäftigung den Posten des Leiters der Ausbildungsstätte der Diözese Würzburg in Retzbach und dürfte insofern der Kirchenlobby zuzurechnen sein.

Den Verlust seines Mandats verschmerzen wird Dr. Winfried Pinger, der über die CDU-Landesliste Nordrhein-Westfalen kandidierte. Er ist Professor an der Universität Bielefeld und Rechtsanwalt in Köln. Interessant ist, daß er nicht nur Mitglied des Aufsichtsrates der Astro Strobel GmbH & Co. KG in Bergisch Gladbach und der Gottfried Lindner AG in Halle war, sondern auch Vorsitzender des Aufsichtsrates der Deutschen Vermögensberatung AG in Frankfurt, der man im Zusammenhang mit CDU-Politikern häufig begegnet.

Mit dem CDU-Abgeordneten Frederick Schulze, Oberstleutnant a. D., Mitglied im Petitions- und Verteidigungsausschuß und Präsident der Deutschen Offizier Gesellschaft (DOG) in Bonn, ist ein weiterer Interessenvertreter aus dem Kreis der Bundeswehr verlorengegangen. Der Bankkaufmann Wolfgang Steiger übte seinen Beruf bei der Commerzbank AG, Frankfurt, auch während seiner Mitgliedschaft im Bundestag aus, so daß ihn der Verlust seines Mandates weniger hart trifft als andere, die ihren Arbeitsplatz aufgeben mußten.

Wenn es um prominente Aussteiger geht, hat die FDP am meisten zu bieten. Allen voran Dr. Otto Graf Lambsdorff und Hans Dietrich Genscher. Graf Lambsdorff ist ein wahrer Workaholic. Deshalb sollen seine Leistungen – nicht nur die in der Flick-Affäre – nicht in Vergessenheit geraten. Er ist ein sehr fleißiger Arbeiter im Bundestag gewesen und redete immerhin sechs Stunden und 34 Minuten in der vergangenen Legislaturperiode. Außerdem arbeitete er an 34 Gesetzen mit.

Daß der über 70jährige daneben noch als Rechtsanwalt in der Sozietät Wessing-Berenberg-Gossler-Zimmermann-Lange in Düsseldorf Mitglied war und in zehn Unternehmen als Vorsitzender des Aufsichtsrates, als Aufsichtsrat und als Vorsitzender des Verwaltungsrates tätig sein konnte, ist wirklich erstaunlich. Das Netzwerk, das er mit diesen Funktionen aufbaute, reicht von der American International Group Inc., New York, über das Bankhaus Trinkaus & Burkhardt in Düsseldorf zur Deutschen Automobilschutz D. A. S. Allgemeine Rechtschutz-Versicherungs AG, München, bis zur Victoria-Versicherungs AG, Berlin/Düsseldorf. Kein Wunder, daß er als erster Repräsentant der Versicherungs- und Bankenlobby gilt.

Aber auch Unternehmen wie die General Electric Company, Fairfield/USA, Iveco Magirus AG, Ulm, Iveco NV, Amsterdam, die Lufthansa AG, Frankfurt/Main, und NSM AG, Bingen, sowie Robert Bosch International AG, Zürich, gehören zu seinem Netzwerk. Seine Tätigkeit als Präsident der Deutschen Schutzvereinigung für Wertpapierbesitz e. V. in Düsseldorf und sein Engagement beim Rat der evangelischen Kirche in Deutschland braucht man fast nicht mehr aufzuzählen, um nachzuweisen, weshalb Graf Lambsdorff immer ein gesuchter Gesprächspartner war und ist.

110

Sein Parteikollege Hans Dietrich Genscher war in der vergangenen Legislaturperiode längst nicht so fleißig wie Graf Lambsdorff. Als Mitglied des Bundestages brachte es Genscher auf null Minuten Redezeit und keine Mitarbeit an Gesetzen. Allerdings meldete die *Zeit*[7,] daß Hans Dietrich Genscher ab Oktober 1998 Chef des Aufsichtsrates der Hamburger WMP AG werde. Das Ziel dieser im Juli 1998 gegründeten Unternehmensberatung bestehe darin, Wirtschaft, Medien und Politik miteinander zu vernetzen. Genscher sieht darin Neuland, das für ihn eine spannende Herausforderung darstellt.

Dr. Wolfgang Weng von der FDP hat ebenfalls für den 14. Bundestag nicht wieder kandidiert. Von 1974 bis 1987 war er selbständiger Apotheker und arbeitete noch bis 1997 in der Adler-Apotheke in Gerlingen, deren Inhaber seine Frau Claudia Weng ist. Noch während seiner Mitgliedschaft im 13. Bundestag hat er die Funktion des Hauptgeschäftsführers des Bundesverbandes der Pharmazeutischen Industrie e. V. in Frankfurt/Main übernommen. Der Verband hat sich damit einen von Bonner Insidern als außerordentlich fleißig und kompetent geschätzten Fachmann geholt, der anders als Cornelia Yzer die Übernahme neuer Aufgaben dezent und reibungslos abwickelte.

Dr. Burkhard Hirsch, der als Querdenker innerhalb der FDP galt und Vizepräsident des Deutschen Bundestages war, ist, wie man es bei FDP-Abgeordneten vermutet, auch in den Aufsichtsgremien von Versicherungen aktiv. So ist er Mitglied des Aufsichtsrates der ARAG Lebensversicherungs-AG, München, und der ARAG-Nederland Algemene Rechtsbijstand Verzekeringsmaatschappij N. V. in Leusden sowie Mitglied des Beirates der Barmenia Versicherungen, Wuppertal, und des Beirates der FIDA Gesellschaft für Vermögensverwaltung, Düsseldorf.

Wahrscheinlich längst in Vergessenheit geraten ist, daß er in der Zeit seiner Mitgliedschaft im Bundestag von 1972 bis

1975, als er Innenminister des Landes Nordrhein-Westfalen wurde, noch nebenher von 1973 bis 1975 Direktor der Mannesmann AG in Düsseldorf war. Zu Beginn seiner beruflichen Tätigkeit im Jahr 1960 war er für die Wirtschaftsvereinigung Eisen- und Stahlindustrie tätig. Diese Branche konnte immer auf gute Namen in ihren Reihen zählen.

Der FDP-Bundestagsabgeordnete Detlef Kleinert, seines Zeichens Rechtsanwalt und Notar und immerhin seit 1969 Mitglied des Bundestages, brachte es neben seiner Tätigkeit als Abgeordneter gleich auf fünf Berufe während der Mitgliedschaft. So war er Geschäftsführer der mikro Capital Beteiligungen GmbH, Hannover, Geschäftsführer der Wert Garantie Grundstücksverwaltung GmbH, Hannover, Mitglied des Vorstandes der agila Haustierkrankenversicherung AG, Hannover, Mitglied des Vorstandes der Wert Garantie Technische Versicherung AG, Hannover, und Rechtsanwalt und Notar. Außerdem saß er im Aufsichtsrat der Preussag Anthrazit GmH, Ibbenbüren, und war Mitglied des Beirates der ZEMA Zementabrechnungs GmbH, Hannover. Inwieweit er diesen vielen Aufgaben nach seinem Ausscheiden aus dem Bundestag weiter nachgehen wird, ist nicht bekannt.

Welchen Interessen sich Dr. Olaf Feldmann neben seiner Abgeordnetentätigkeit widmete, ist unschwer zu erraten, wenn man weiß, daß er Geschäftsführer des Hotel- und Gaststellenverbandes Baden-Württemberg war und ehrenamtlich Mitglied des Aufsichtsrates der Baden-Württembergischen Landesfremdenverkehrsverbands-Marketing GmbH, Stuttgart.

Die SPD hat unter ihren ausgeschiedenen Abgeordneten zwar nicht minder eindeutige Interessenvertreter, zum Beispiel für die Ärzteschaft oder auch für die Kirchen, aber weitaus weniger Prominenz als die früheren Regierungsparteien. Besonders für das Gewerkschaftslager sind zwei

Verluste zu verzeichnen: Zum einen hat Hermann Rappe, Bundestagsabgeordneter seit 1972 und von 1982 bis 1995 erster Vorsitzender der Industriegewerkschaft Chemie, Papier, Keramik, nicht wieder kandidiert, und zum anderen hat Hans Berger sein Mandat verloren.

Berger, der frühere Vorsitzende der IG Bergbau und Energie, wußte genaue Prioritäten bei seiner Abgeordnetentätigkeit zu setzen. Er redete zwar nur zwölf Minuten in vier Jahren, aber darauf kam es eigentlich gar nicht an, denn wie er der *TAZ* 1993 mitteilte, vertrete er zwar in der Regel die Interessen seines Verbandes vor denen der Partei, doch »das hat die SPD ja vorher gewußt. Lobbyismus gehört zum parlamentarischen System«. So klare Worte zur Interessenlage hörte man in Bonn sonst nur selten.

Auch wenn sich bei einigen der ausgeschiedenen Bundestagsabgeordneten interessante Konstellationen für die Zukunft auftun, während die Mehrzahl aus dem politischen Geschäft abtritt, wird es erst dann richtig interessant, wenn man sich mit den Abgeordneten befaßt, die weiterhin dem Bundestag angehören oder neu ins Parlament eingezogen sind. Bei dieser Personengruppe stand die Bundestagsverwaltung offensichtlich vor einigen Hindernissen. Denn die Abgeordneten brauchten mehr als sieben Monate, um sich über ihre neue Rolle im klaren zu werden.

Ehre vor Ehrlichkeit –
die offizielle Selbstdarstellung des Bundestages

Sämtliche Selbstverwaltungsgremien des Bundestages scheinen vor nichts mehr Angst zu haben, als vor einer Beschädigung der Würde und des Ansehens des Hohen Hauses. Daraus ziehen die Damen und Herren allerdings nicht die Konsequenz, ihre gesetzgeberische Macht zu nutzen, ein für allemal reinen Tisch zu machen und alles so zu regeln, wie es offensichtlich sein sollte und wie es auch sein könnte. Statt dessen bemüht man sich mit großen Worten und verschleiernden Formulierungen, dem Volk Sand in die Augen zu streuen.

»Wo ist über die Haltung Deutschlands zum Konflikt in Bosnien entschieden worden? Wo über die Regelung des Paragraphen 218? Über den Parlamentssitz in Berlin? Über die Pflegeversicherung? Über... Die Antwort ist immer dieselbe: im Deutschen Bundestag. Seine Mitglieder tragen die Verantwortung für den inneren und äußeren Frieden, sie entscheiden über die Ausgestaltung unseres Rechts- und Sozialstaates, über Wohl und Wehe jedes einzelnen.

Sie tun dies stellvertretend für uns alle. Artikel 20 des Grundgesetzes sagt: Alle Staatsgewalt geht vom Volke aus. Konkret heißt das: »Die Mitglieder des Deutschen Bundestages vertreten für die Dauer von jeweils vier Jahren den Willen des ganzen Volkes und bringen die unterschiedlichsten Interessen aller Bürgerinnen und Bürger in den parlamentarischen Prozeß ein. Dies bedeutet vor allem Verantwortung – für Gesetzgebung und Staatshaushalt, Regierungsbildung und demokratische Kontrolle. Im Parlament wird unser aller Sache verhandelt – das ist der Auftrag der Verfassung an die gewählten Abgeordneten.«

Diese großen Worte voll hohlem Pathos stammen nicht etwa aus einer Jubiläumsbroschüre zum zehnjährigen Bestehen des Deutschen Bundestages, sondern aus der Selbstdarstellung des Bundestages zum Stichwort »Verantwortung« im Internet[8] im Jahr 1999. Werden damit Internetsurfer von der Wichtigkeit deutscher Politiker überzeugt? Bleibt die Glaubwürdigkeit dadurch nicht eher auf der Strecke? Aber es kommt noch dicker:

»Wer ins Parlament will, um möglichst viel Geld zu verdienen, sollte lieber versuchen, anderswo Karriere zu machen. Denn durch seine Diäten im Bundestag ist noch keiner reich geworden. Aber: Niemand sollte dem Bürger einreden, daß ihm die Vertretung seiner Interessen nichts wert sein darf«, heißt es weiter. Das versucht ja auch niemand. Es ist doch eher umgekehrt, daß man den Abgeordneten lieber mehr zahlen möchte, allerdings mit dem Hintergedanken, daß sie dann nicht mehr nebenher dazuverdienen dürften. Außerdem wird durch Arbeit noch längst nicht jeder reich.

Ganz bewußt versucht die Öffentlichkeitsarbeit des Bundestages, der Kritik aus der Öffentlichkeit entgegenzutreten. Unter dem Stichwort »Selbstbedienung« schreibt der Bundestag: »So merkwürdig es klingen mag: Die Abgeordneten würden auf dieses ›Vorrecht‹ gern verzichten. Sie wären vollauf zufrieden, wenn sie in den vergangenen zwei Jahrzehnten auch nur annähernd an der Entwicklung der Löhne und Gehälter teilgenommen hätten. Das ›Diäten-Urteil‹ des Bundesverfassungsgerichtes von 1975 hat die Abgeordneten ausdrücklich verpflichtet, selbst – ›vor den Augen der Öffentlichkeit‹ – über die Höhe ihrer Entschädigung zu beschließen. Diese angebliche ›Selbstbedienung‹ hat dazu geführt, daß die Abgeordneten heute mehr als 1000 DM weniger pro Monat bekommen als die Oberbürgermeister, Richter und Leitenden Beamten, mit denen sie 1977 in etwa gleichgestellt waren. Das Verfassungsgericht hat den Abgeordneten 1975 aber zugleich ausdrücklich eine Entschädigung zugesprochen, die ›eine Lebensführung gestattet, die der Bedeutung des Amtes angemessen ist‹. Und genau darum geht es: um eine Entschädigung, die der Leistung, dem Arbeitseinsatz und Zeitaufwand – und vor allem: der Verantwortung der gewählten Volksvertreter entspricht.«

Die Allgemeinheit empfände es sicher als sehr zufriedenstellend, wenn man die Abgeordneten für vermurkste Gesetze und Fehlentscheidungen tatsächlich zur Verantwortung ziehen könnte, allerdings wüßte ich keine Versicherung, die dieses Risiko absichern würde, zumal die Versicherungen einen besonders heißen Draht zum Bundestag haben. Aber im Ernst, würde es nicht reichen, die Leistungen zu honorieren? Aber auch da können es sich die Abgeordneten nicht verkneifen, ordentlich vom Leder zu ziehen.

Die Ausführungen zum Thema »Arbeitszeit und Wochenende« erwecken den Eindruck, ein Abgeordneter arbeite rund um die Uhr an sieben Tagen pro Woche ausschließlich für das Wohl des Volkes. »Die Sitzungswoche in Bonn – das heißt vor allem: Termindruck, Sitzungen, ständig wechselnde Anforderungen. Wer Politik konkret gestalten will, muß vollen Einsatz bringen, mit Begeisterung dabeisein. Das meiste von dem, was ein Parlamentarier im Verlauf einer Sitzungswoche tut, bleibt nach außen völlig unsichtbar. Der Schwerpunkt der Parlamentsarbeit liegt keineswegs in der Teilnahme an Plenardebatten, sondern in einer Fülle von Sitzungsterminen sowie in der engagierten Wahrnehmung der Interessen des Wahlkreises – in Bonn und anderswo.

Fraktionsberatungen, Besuchergruppen, Pressegespräche, öffentliche Diskussionsveranstaltungen, Referate auf Kongressen, Termine in Ministerien und nicht zuletzt der tägliche Stapel von Briefen, die ebenfalls bearbeitet sein wollen – das ist der Alltag. Eine sicher unübersehbare Flut von Informationen kritisch sichten und einordnen können, auf bohrende Fragen von Bürgern und Medien stets kompetente Antworten bereit haben und selbstverständlich auch schwierige Streitgespräche und öffentliche Diskussionen bestehen – das ist der Standard, an dem die Abgeordneten gemessen werden.«

Weiter wird betont: »Abgeordnete haben durch die Bank zwei ›Arbeitsplätze‹. Wenn das Wochenende beginnt, fängt die Arbeit vor Ort im Wahlkreis erst richtig an. Bürgersprechstunden, kommunale Verkehrsprobleme, Fragen der

Wirtschaftsförderung oder örtliches Vereinsleben – stets hat die Frau (oder der Mann) ›aus Bonn‹ zur Stelle zu sein. Beschwerden, Anregungen und Wünsche müssen geprüft und auf den Weg gebracht werden – und stets wird erwartet, daß der Abgeordnete über einen ›heißen Draht‹ zu Bürgermeistern, Landräten, Landesregierungen oder Bundesministerien verfügt. Wer sein Ohr nicht am Volk hat, ist schnell ›weg vom Fenster‹. Immer verfügbar sein, auch samstags und sonntags, jederzeit Rede und Antwort stehen, auch im privaten Umfeld als ›öffentliche Person‹ unter ständiger Beobachtung stehen – das ist das ganz normale Wochenende eines Abgeordneten.«

Das sehen Fachleute wie der Dresdener Politikprofessor Werner J. Patzelt anders. Er beurteilt die von ihm 1994 in einer Studie erhobenen Angaben der Parlamentarier über ihre Arbeitszeit als unrealistisch.[9] Danach belief sich die Arbeitszeit der Volksvertreter im arithmetischen Mittel auf 78 Stunden pro Woche, bei nur sieben Stunden Freiraum für Familie und Freizeit. Wenn man, wie bei Arbeitnehmern, die Fahr- und Wegezeiten sowie die Nebentätigkeiten berücksichtige, so ergeben sich in Wochen, in denen das Parlament tagt, durchschnittliche Belastungen von 65 Stunden. Dieses Ergebnis liegt zwar über den Anforderungen eines durchschnittlichen Arbeitnehmers, aber nicht über denen von Selbständigen und Freiberuflern.

Die Abgeordnetenentschädigung (Diäten) beträgt ab dem 1. Januar 1999 monatlich 12 875 D-Mark, das ist immer noch weniger, als die meisten Bundesbürger schon vor einigen Jahren vermutet haben. Also besteht auch hier von offizieller Seite Rechtfertigungsbedarf. »Während Löhne, Einkommen und Lebenshaltungskosten seitdem deutlich gestiegen sind, haben die Abgeordneten des Deutschen Bundestages zwischen 1977 und heute insgesamt 10mal auf eine Erhöhung ihrer Diäten verzichtet. Die Diäten sind deshalb weit hinter der allgemeinen Einkommensentwicklung zurückgeblieben«, heißt es in der Selbstdarstellung. »Es gibt weder ein 13. Monatsgehalt noch Urlaubs- oder Weihnachtsgeld bzw. Ortszuschläge. Natürlich müssen Abgeordnete ihre Diäten genauso versteuern wie jeder Arbeitnehmer auch. Es gibt kaum Abgeordnete, die nicht in großem Umfang freiwillige Beiträge an Parteien und andere Organisationen leisten. Auch Wahlkämpfe müssen weitgehend aus der eigenen Tasche finanziert werden.«

Weshalb die »freiwilligen« Beiträge an die Parteien ein Problem darstellen, verrät der Bundestag natürlich nicht.

Die Praxis der Mandatsträgerabgabe exerzieren die Parteien auf allen staatlichen Ebenen, schrieb die *Wirtschaftswoche*.[10] Bei der SPD machten die Abgaben der Parteimitglieder, die in den Parlamenten sitzen, weit über 80 Millionen D-Mark aus, die Grünen finanzierten sich sogar zur Hälfte (15 Millionen DM) aus der Parteisteuer, die zusätzlich zu den regulären Mitgliedsbeiträgen gezahlt wird.

Weil die Parteisteuer als Mitgliedsbeiträge deklariert werde, zahle die Staatskasse für jede Mark dieser Abgabe bis zu 50 Pfennig dazu, so die *Wirtschaftswoche*. Das mache 70 Millionen D-Mark an Steuergeldern aus.

So berichtete der *Stern*[11], zahlungsunwillige Parteifreunde machten dem Schatzmeister der Grünen, Dietmar Strehl, das Leben schwer. Laut Parteitagsbeschluß müssen alle Grünen-Parlamentarier 15 Prozent ihrer Diäten an die Partei abführen, hinzu kommt ein pauschaler Aufschlag von 1000 D-Mark. Dieser Pflicht kommen laut *Stern* die Abgeordneten nur ungern nach. Seit Beginn der letzten Legislaturperiode 1994 seien 20 Prozent aller fälligen Beiträge nicht gezahlt worden. In der Kasse klaffe bereits ein Loch von 300 000 D-Mark.

Übrigens, so »natürlich« ist die Versteuerung der Abgeordnetenentschädigung offensichtlich nicht, denn die Steuerpflicht besteht erst seit 1977. Und der Abgeordnete muß nicht alles aus den Diäten zahlen. Er erhält zusätzlich die

Kostenpauschale, und es werden ihm die Aufwendungen für die Beschäftigung von Mitarbeitern erstattet. Die Kostenpauschale beträgt seit Anfang 1999 6459 D-Mark monatlich und wird jährlich entsprechend der Entwicklung der Lebenshaltungskosten angehoben. »Was sein muß, muß sein«, mit diesen Worten begründet die Bundestagsverwaltung die Kostenpauschale. »Zum Beispiel eine Zweitwohnung in Bonn oder künftig in Berlin. Zum Beispiel ein leistungsfähiges Büro im Wahlkreis. Zum Beispiel ein Auto, um in ländlichen Stimmbezirken überhaupt ›vor Ort‹ sein zu können. Und hier eine Spende für soziale Belange, dort eine Spende für Vereine und Verbände, da ein Pokal für das örtliche Fußballturnier … und nicht zuletzt erhebliche Zuwendungen für Veranstaltungen und Aktionen der heimischen ›Basis‹, die von ›ihrem‹ Abgeordneten ganz selbstverständlich erwartet, daß er mit gutem Beispiel vorangeht.« Es geht nicht darum, den Abgeordneten etwas zu neiden, aber einer objektiven Betrachtung entspricht diese Darstellung nicht, wie Hans Herbert von Arnim in seinen zahlreichen Büchern[12] nachgewiesen hat.

Als »Teil der Amtsausstattung« werden den Abgeordneten unter bestimmten Voraussetzungen und in begrenzter Höhe Aufwendungen ersetzt, »die ihnen aus der Beschäftigung von Mitarbeitern und Mitarbeiterinnen zur Unterstützung bei der Erledigung ihrer parlamentarischen Arbeit entstehen«, bestimmt das Abgeordnetengesetz. Der jährliche Höchstbetrag je Abgeordneter von zur Zeit 168 625 D-Mark jährlich beziehungsweise 14 052 D-Mark monatlich, kann durch weitere Kostenübernahmen zusätzlich aufgestockt werden, wenn diese nachzuweisen sind und den Ausführungsbestimmungen zum Abgeordnetengesetz entsprechen.

Das Übergangsgeld für Abgeordnete soll nach Angaben der Bundestagsverwaltung den Zweck erfüllen, »den Abgeordneten nach dem Ausscheiden aus dem Deutschen Bundestag eine Rückkehr in den angestammten Beruf oder die

Aufnahme einer neuen Berufstätigkeit zu ermöglichen. »Damit trägt das Übergangsgeld dazu bei, die Unabhängigkeit der Abgeordneten zu sichern. Diese sollen sich voll ihrem Mandat widmen und nicht aus wirtschaftlichen Gründen gezwungen sein, sich schon während der Mandatszeit Sorge um ihre berufliche Existenz nach dem Ausscheiden aus dem Parlament zu machen«, heißt es. Viele machen sich ja auch keine Sorgen, wie wir bereits dargestellt haben, sondern gehen einer oder gar mehreren »Nebentätigkeiten« nach. Wer seinen Beruf weiter ausübt, braucht nach Beendigung seines Abgeordnetenmandats im Grunde kein Übergangsgeld.

In der Selbstdarstellung des Bundestages im Internet heißt es ferner: »Denn wer ein Bundestagsmandat annimmt, gibt regelmäßig für eine ungewisse Zeit seinen bis dahin ausgeübten Beruf auf. Die Mandatsausübung fällt dabei typischerweise in einen Lebensabschnitt, der bei anderen der Förderung der eigenen beruflichen Karriere, dem Aufbau und der Expansion des eigenen Betriebes oder einer Rechtsanwaltskanzlei oder Arztpraxis dient. Ein Abgeordneter verzichtet hierauf, ohne zu wissen, ob er überhaupt wiedergewählt wird.«

Hierzu kam Patzelt ebenfalls zu erstaunlichen Ergebnissen.[13] »Es ist in Deutschland also zweifellos reizvoll, Parlamentarier zu sein. Der keineswegs versiegende Nachwuchs an Bewerbern um politische Ämter geht aber auch darauf zurück, daß gar nicht so wenige ihren ansonsten viel schwierigeren sozialen Aufstieg über ein Parlamentsmandat anstreben.«

Ausführlich wird im Internet dargestellt, wie es einem ausscheidenden Abgeordneten ergehen kann: »… kann er nur in seine vorherige Position zurückkehren. Existiert sein Betrieb aber nicht mehr, kann er nach dem Ausscheiden aus dem Bundestag weder Arbeitslosenunterstützung erhalten, noch gibt es für eine Umschulung Unterstützung durch

Arbeitsvermittlung. Auch wer vorher selbständig oder freiberuflich tätig war, muß häufig wieder ganz von vorne anfangen.«

Zum Thema Nebenjobs und Nebeneinkünfte wird ausgeführt: »So übten in der 13. Wahlperiode von 672 Abgeordneten etwa 195 zusätzliche berufliche Tätigkeiten aus – das sind rund 29 Prozent der Parlamentarier (ohne Bundesminister und Parlamentarische Staatssekretäre).« Dabei betont die Bundestagsverwaltung, daß nicht jeder Nebenjob auch Nebeneinkünfte bringt. Aufgezählt werden »Ehrenämter in gemeinnützigen Organisationen, Aufgaben in der Bildungs- und Sozialarbeit, Mandate in Kommunalparlamenten, Beisitzerposten in Parteien und Verbänden, Vereinen und Stiftungen«. Von gut dotierten Aufsichtsratsposten ist nicht die Rede.

Und wiederum wird betont: »Vergessen wird oft: Abgeordnete haben bloß ein Mandat auf Zeit – sie sind immer nur auf vier Jahre gewählt. Vielfach ist es einfach notwendig, Kontakt zum Beruf zu halten und für die Zeit nach dem Ausscheiden aus dem Parlament Vorsorge zu treffen. Verbindungen zur Berufswelt sind im übrigen auch gut für das Parlament:

1. Abgeordnete mit ›Nebenjobs‹ bringen Farbe ins Parlament. Mit ihren außerhalb des Parlaments gewonnenen Erfahrungen und Eindrücken bereichern sie die parlamentarische Arbeit.
2. Viele meinen, wenn ein Abgeordneter Nebeneinkünfte hat, müssen jedenfalls seine ›Diäten‹ gekürzt werden. Das ist jedoch nicht möglich. Die Entschädigung muß für alle Abgeordneten gleich hoch sein. Die Verfassung schreibt das zwingend vor. Nebeneinkünfte oder eigenes Vermögen dürfen nicht zu Abzügen bei den ›Diäten‹ führen. Denn wer dies fordert, schafft zwei Klassen von Abgeordneten.

3. Alle Nebeneinkünfte – bezahlte oder unbezahlte – sind dem Präsidenten des Deutschen Bundestages anzuzeigen, um mögliche Interessenverknüpfungen offenzulegen. Nebeneinkünfte unterliegen strengen Verhaltensregeln. Wer gegen sie verstößt, muß damit rechnen, daß diese Tatsache veröffentlicht wird. Es gibt keine andere Berufsgruppe in Deutschland, die sich ähnliche Verpflichtungen auferlegt hat.«

Auch hier wird die tatsächliche Situation verschleiert. Entweder arbeiten die Abgeordneten so viel, daß ihnen zu nichts anderem mehr Zeit bleibt, oder sie erfüllen mindestens eine Aufgabe, für die sie bezahlt werden, nicht richtig. In ihren Selbstdarstellungen hingegen stilisieren sie sich zu Übermenschen hoch, die beständig nur das Wohl ihrer Mitmenschen im Auge haben und deren Tag ein paar Stunden mehr aufzuweisen scheint als der des Normalbürgers.

Die Verhaltensregeln für Mitglieder des Deutschen Bundestages führen auf, welche Funktionen und Tätigkeiten des Abgeordneten anzeigepflichtig sind. Aus der Zeit vor seiner Mitgliedschaft im Bundestag sind dies: sein Beruf, seine zuletzt ausgeführte Tätigkeit sowie seine Tätigkeiten als Mitglied eines Vorstandes, Aufsichtsrates, Verwaltungsrates, Beirates oder sonstigen Gremiums eines Unternehmens oder einer Körperschaft oder Anstalt des öffentlichen Rechts. Gemeldet werden müssen auch »Vereinbarungen, wonach dem Mitglied des Bundestages während oder nach Beendigung der Mitgliedschaft bestimmte Tätigkeiten übertragen oder Vermögensvorteile zugewendet werden sollen«.

Der Abgeordnete muß dem Präsidenten folgende Tätigkeiten, die während der Mitgliedschaft ausgeübt oder aufgenommen werden, schriftlich anzeigen:

1. seinen Beruf, soweit er nicht im Hinblick auf die Mitgliedschaft im Bundestag ruht oder soweit er von den Angaben für die Zeit vor der Mitgliedschaft abweicht;
2. Tätigkeiten als Mitglied eines Vorstandes, Aufsichtsrates, Verwaltungsrates, Beirates oder sonstigen Gremiums einer Gesellschaft oder eines in einer anderen Rechtsform betriebenen Unternehmens;
3. Tätigkeiten als Mitglied eines Vorstandes, Aufsichtsrates, Verwaltungsrates, Beirates oder eines sonstigen Gremiums einer Körperschaft oder Anstalt des öffentlichen Rechts;
4. Tätigkeiten als Mitglied eines Vorstandes oder eines sonstigen leitenden Gremiums eines Vereins oder einer Stiftung mit nicht ausschließlich lokaler Bedeutung;
5. Funktionen in Verbänden oder ähnlichen Organisationen;
6. Verträge über die Beratung, Vertretung oder ähnliche Tätigkeiten, soweit diese nicht in Ausübung eines bereits angezeigten Berufes erfolgen.

Dies begünstigt natürlich einerseits sämtliche Juristen, die in einer Sozietät oder in einer eigenen Kanzlei tätig sind, und andererseits Unternehmensberater. Nicht wenige der im Bundestag vertretenen Juristen haben erst nach der Wahl ihre Kanzlei eröffnet.

7. Tätigkeiten, die neben dem Beruf und dem Mandat ausgeübt werden, insbesondere die Erstattung von Gutachten, sowie publizistische und Vortragstätigkeiten.

Diese zu meldenden Tätigkeiten werden dann allerdings nicht veröffentlicht, sondern verschwinden im Giftschrank des Bundestagspräsidenten. Wenn man weiß, daß die Vortragshonorare für Politiker heute durchschnittlich zwischen 8000 und 30 000 D-Mark (pro Veranstaltung) liegen, kann man sich leicht vorstellen, wie man über diesen Weg positive Verbindungen anknüpfen kann.

8. Der Abschluß von Vereinbarungen, wonach dem Mitglied des Bundestages während oder nach Beendigung der Mitgliedschaft bestimmte Tätigkeiten übertragen oder Vermögensvorteile zugewendet werden sollen;
9. Das Halten und die Aufnahme von Beteiligungen an Kapital- oder Personengesellschaften, wenn dadurch ein wesentlicher wirtschaftlicher Einfluß auf das Unternehmen begründet wird.

Die Höhe der Einkünfte aus diesen anzeigepflichtigen Tätigkeiten ist nur anzugeben, wenn ein vom Präsidenten festgelegter Mindestbetrag überschritten wird. Auch die Grenzen der Anzeigepflicht von Beteiligungen legt der Präsident fest.

Für Rechtsanwälte unter den Abgeordneten gilt, daß sie, wenn sie gegen Entgelt gerichtlich oder außergerichtlich für die Bundesrepublik Deutschland auftreten, die Übernahme der Vertretung anzeigen müssen, wenn das Honorar einen vom Präsidenten festgelegten Mindestbetrag übersteigt. Entsprechendes gilt für das gerichtliche oder außergerichtliche Auftreten zur Besorgung fremder Angelegenheiten gegen die Bundesrepublik. Das heißt, nur wenn die Bundesrepublik Deutschland, bundesunmittelbare Körperschaften oder Anstalten und Stiftungen des öffentlichen Rechts betroffen sind, muß der Anwalt seine Tätigkeit und die dazugehörigen Einnahmen offenlegen.

Zum Thema Spenden schreiben die Verhaltensregeln vor, daß der Abgeordnete zunächst einmal über Spenden und geldwerte Zuwendungen aller Art, die ihm für seine politische Tätigkeit zur Verfügung gestellt werden, gesondert Rechnung zu führen hat. Wenn eine Spende in einem Kalenderjahr 10 000 D-Mark übersteigt, müssen ihre Gesamthöhe sowie Namen und Anschrift des Spenders dem Präsidenten mitgeteilt werden. Nur Spenden, die in einem Kalenderjahr einzeln oder bei mehreren Spenden desselben Spenders zusammen den Wert von 20 000 DM überschreiten, sind vom Präsidenten unter Angabe ihrer Höhe und Herkunft zu veröffentlichen.

Geldwerte Zuwendungen werden wie Geldspenden behandelt. Gastgeschenke, die ein Abgeordneter in bezug auf sein Mandat erhält, müssen dem Bundestagspräsidenten (bei Überschreitung eines in den Ausführungsbestimmungen des Präsidenten festgelegten Wertes) angezeigt und ausgehändigt werden. Der Abgeordnete kann aber beantragen, das Gastgeschenk gegen Bezahlung des Gegenwertes an die Bundeskasse zu behalten.

Schließlich schreibt der Verhaltenskodex vor: »Hinweise auf die Mitgliedschaft im Bundestag in beruflichen oder geschäftlichen Angelegenheiten sind unzulässig.« Das bedeutet natürlich nicht, daß man innerhalb eines Verbandes nicht auf seine Tätigkeit als Abgeordneter, und sei es nur mit dem dezenten Kürzel »MdB«, hinweisen darf. Und zum Thema Interessenverknüpfung im Ausschuß wurde festgelegt: »Ein Mitglied des Bundestages, das beruflich oder auf Honorarbasis mit einem Gegenstand beschäftigt ist, der in einem Ausschuß des Bundestages zur Beratung ansteht, hat als Mitglied dieses Ausschusses vor der Beratung eine Interessenverknüpfung offenzulegen, soweit sie nicht aus den gemäß § 3 veröffentlichten Angaben ersichtlich ist.«

Wie die tatsächlichen Verhältnisse im Parlament sind, das soll der Wähler nicht erfahren. Das kann man zum Beispiel daran erkennen, daß die Bundestagsverwaltung es innerhalb von sieben Monaten nach der Wahl nicht geschafft hat, die veröffentlichungspflichtigen Angaben für die Abgeordneten des 14. Bundestags zu veröffentlichen. Ist es wirklich so schwierig, die Liste der Nebenjobs zusammenzustellen? Und weshalb werden sie nicht jedem, der sie haben möchte, kostenlos in gedruckter Form zur Verfügung gestellt? Auch in dem frei vom Bundestag erhältlichen *Kürschners Volks-*

handbuch Deutscher Bundestag[14] wird mindestens ebenso viel versteckt wie veröffentlicht.

Um etwas Klarheit für die Öffentlichkeit zu bringen, haben einige Bundestagsabgeordnete – fraktionsübergreifend – im Internet differenziert aufgeführt, welche Einnahmen sie haben und welche Ausgaben sie daraus finanzieren. Diese Initiative »gläserner Abgeordneter« ist sicher lobenswert, es gab sie schon einmal ohne Internet von den SPD-Abgeordneten Gansel und Conradi, aber bisher nehmen nur sehr wenige Abgeordnete daran teil, und es sind nicht diejenigen, die über die lukrativen Nebenjobs verfügen.

Hier als ein Beispiel die Internetseite von Jörg Tauss[15]:

Diäten, Diäten…
Immer wieder gibt's kräftige Diätendiskussionen. Auch im Netz wird das »Abkassieren« durch Politiker(innen) zum Thema.
Ich habe im Bundestag dem Gesamtkonzept zugestimmt und will dies nach vielen Anfragen und Vorwürfen gern auch begründen.

1. Die Bezüge von Abgeordneten sollten etwa an die Bezüge von Richtern angeglichen werden. Ein Vergleich Richter/Abgeordneter hinkt nicht, weil beide »UNABHÄNGIG« sein sollen. Die heutige Abgeordnetenentschädigung ist geringer als ein vergleichbares Gehalt in der Wirtschaft und in der öffentlichen Verwaltung. Schon für einen Abteilungsleiter im mittleren Industriebetrieb ist aus finanziellen Gründen ein Mandat uninteressant.

2. Die Altersversorgung der Abgeordneten wird künftig verschlechtert und das Übergangsgeld gekürzt. Einkommen werden auf Übergangsgelder angerechnet werden.

3. Parallel zur abschliessenden Anhebung der Auf-

wandsentschädigung wird der Bundestag 2002 um bis zu 100 Abgeordnete verkleinert.
4. Die steuerfreie Pauschale erfährt künftig eine Steigerung um die üblichen Preissteigerungsraten. Sie deckt meine Aufwendungen zur Ausübung des Mandats übrigens nicht (s. Beispiel).

Wir (einige SPD-Abgeordnete) haben (fraktionsübergreifend) einen Entwurf über ein Gesetz zur Offenlegung von Abgeordneteneinkommen eingebracht. Ich halte eine solche Transparenz für geeignet, das Thema zu entemotionalisieren und will deshalb damit beginnen.

Einkommen Jörg Tauss: (Stand 1998)
1. Aufwandsentschädigung 11 269,04 mtl. (für Fehltage werden 90,– DM abgezogen, also bei krankheits- oder auch mandatsbezogener Abwesenheit in Sitzungswochen)
2. Einkommen aus Miete 9600,– p. a.
3. Honorare 1000,– bis 4600,– p. a.
4. Steuerfreie Pauschale 6251,– mtl.

Erläuterungen
Zu 1, 2 und 3:
Dieses Einkommen wird mit dem üblichen Einkommensteuersatz versteuert. Für 1998 will das Finanzamt 48 000,– DM. Seufz. Aus dem verbleibenden Nettobetrag werden von mir die eigenen Ausgaben (von der Miete bis zum Urlaub etc.) bestritten. Außerdem habe ich eine kleine Eigentumswohnung in Berlin (die Miete habe ich übrigens seit 12 Jahren nicht erhöht). Diese Wohnung ist noch mit 40 000,– DM belastet. Der Kredit wird banküblich bedient.
Meine Ehefrau hat ein eigenes Einkommen.
Wir besitzen einen PKW (Fiat), der von meiner Frau

auch beruflich genutzt wird. Mein »Mobiles Wahlkreisbüro« (VW-Wohnmobil) für den Wahlkreis siehe Punkt 4.

An die SPD und Gewerkschaften bezahle ich monatlich satzungsgemäße Beiträge in Höhe von 650,– DM. Zusätzlich erhält der SPD-Kreisverband monatl. 500,– DM, der Landesverband 300,– DM, die SPD-Fraktion 250,– DM und der Virtuelle Ortsverein der SPD 500,– DM.

Zu 3:

Die genannten Honorare bezogen sich auf Referententätigkeiten bei verschiedenen Institutionen. Solche Honorare wurden von mir nach Versteuerung zu 100% an die West-Ost-Gesellschaft Baden-Württemberg, Regionalgruppe Bruchsal (Tschernobylhilfe) ausgeschüttet.

Ein Aufsichtsratsmandat in einer Maschinenbaufirma habe ich mit Wahl in den Bundestag niedergelegt. Die Aufsichtsratsbezüge wurden nach den Richtlinien der IG Metall an die Böckler-Stiftung des DGB abgeführt.

Zu 4:

Die steuerfreie Pauschale wird von mir vollständig für die Wahlkreisarbeit/Abgeordnetentätigkeit verbraucht. Sie erhöht mein Privateinkommen nicht.

Beispiele:

Mobiles Wahlkreis-Büro (geleast) ohne Versicherung 1100,– mtl.

Kredite Wahlkampfkosten 1350,– mtl. (DM 50 000,–) und Rücklagenbildung für Wahlkampf

Miete Bonn (Wohnung) 600,– mtl.

Miete Büro Karlsruhe 200,– mtl.

Sachkosten Büro Karlsruhe (einschl. Porto, Telefon) *) 950,– mtl.

Sachkosten Büro Bonn (einschl Porto) *) 1800,– mtl.

Beiträge (div. Vereine) 250,– mtl. (ohne Partei/ Gewerkschaften)
Spenden (auch an örtl. Vereine/soziale Organisationen) 250,- mtl.
Druckkosten und sonstiges 1300,– mtl.
Gesamt (im seitherigen Durchschnitt der Mandatszeit seit 16.10.1994) 7800,– mtl.

---

*) Die Vorstellung, daß diese Kosten vom Deutschen Bundestag getragen werden ist schlichtweg falsch. Porto trage ich voll. Das Auto und das Telefon im Wahlkreis werden natürlich von mir privat bezahlt.

Die Sandmännchen der Nation

Mit welchen lächerlichen Methoden die Bundestagsabge-ordneten versuchen, den Bundesbürgern Sand in die Augen zu streuen, zeigte sich ganz aktuell Mitte des Jahres 1999 daran, daß im Zuge der Sparpläne von Finanzminister Eichel die SPD-Abgeordneten den Vorschlag gemacht haben, die Diätenerhöhung auszusetzen. Wahrscheinlich wäre es der Mehrheit der Bürger wirklich lieber, wenn die Parlamentarier etwas mehr bekämen und sich dafür im Gegenzug etwas mehr um ihr Abgeordnetenmandat kümmern würden. Denn wie wir noch sehen werden, tut dies allenfalls ein Viertel der Parlamentarier ausschließlich.

Es ist Professor Hans Herbert von Arnim zu danken, daß er sich unter anderem in dem Buch *Diener vieler Herren – Die Doppel- und Dreifachversorgung von Politikern* inten-siv mit der rechtlichen Seite von Interessenkollisionen aus-einandergesetzt hat. Auch er kam immer wieder zu dem Ergebnis, daß die Bundestagsabgeordneten bisher für sich selbst einfach keine soliden Regeln aufstellen wollten und dies wohl immer noch nicht wollen. Statt dessen befaßt man sich lieber mit irgendwelchen Kinkerlitzchen.

Im Abgeordnetengesetz Paragraph 14 heißt es unter Kürzung der Kostenpauschale »An jedem Sitzungstag wird eine Anwesenheitsliste ausgelegt … Trägt sich ein Mitglied des Bundestages nicht in die Anwesenheitsliste ein, werden ihm 90 Deutsche Mark von der Kostenpauschale einbehalten. Der Kürzungsbetrag verringert sich auf 30 Deutsche Mark während der Mutterschutzfristen infolge Schwangerschaft oder wenn ein Aufenthalt im Krankenhaus oder in einem Sanatorium oder eine Arbeitsunfähigkeit ärztlich nachgewiesen wird … Der einzubehaltende Betrag erhöht sich auf 150 Deutsche Mark, wenn ein Mitglied an einem Plenarsitzungstag sich nicht in die Anwesenheitsliste eingetragen hat und nicht beurlaubt war. Die Eintragung in die Anwesenheitsliste wird vom Zeitpunkt der Auslegung an ersetzt durch Amtieren als Präsident oder als Schriftführer, durch protokollierte Wortmeldungen in einer Sitzung des Bundestages, durch Teilnahme an einer namentlichen Abstimmung oder einer Wahl mit Namensaufruf, durch Eintragung in die Anwesenheitsliste eines Ausschusses oder des Ältestenrates oder durch eine für den Sitzungstag genehmigte und durchgeführte Dienstreise.« Soweit der Auszug aus Absatz 1.

Im Absatz 2 heißt es dann: »Einem Mitglied des Bundestages, das an einer namentlichen Abstimmung oder einer Wahl mit Namensaufruf nicht teilnimmt, werden 75 Deutsche Mark von der monatlichen Kostenpauschale abgezogen. Das gilt nicht, wenn der Präsident das Mitglied beurlaubt hat oder ein Abzug nach Absatz 1 erfolgt.«

Mit dieser Vorschrift wird ja wieder die Anwesenheit bei Sitzungstagen im Plenum zur Kerntätigkeit des Parlamentariers hochstilisiert. Es verbietet auch niemand dem Abgeordneten, nach der Eintragung anderen Aufgaben nachzugehen. Und da Nehmen seliger als Geben ist, kann man sich vorstellen, daß ein Abgeordneter, der nebenher seine 400 000 D-Mark verdient, sich sicherlich guten Gewissens die 90 D-Mark von seinem Unternehmen oder seinem Verband ersetzen läßt, die ihm entgangen sind, weil er anderen Aufgaben als seiner Abgeordnetentätigkeit nachging.

Es ist wirklich erstaunlich, daß im gesamten Jahr 1998 beim Bundestagspräsidenten keine Anzeigen über zu veröffentlichende Spenden im Wert von mehr als 20 000 D-Mark eingegangen sind. Vielleicht liegt es ganz einfach daran, daß solche Spenden, selbst wenn der Abgeordnete sie für sich selbst verbrauchen würde, nicht einmal der Einkommensteuer unterliegen und von der Seite aufzudecken wären. Hans Herbert von Arnim kann sich daran erinnern, daß eine Kommission des früheren Bundespräsidenten von Weizsäcker 1993 vorgeschlagen hat, Spenden gesetzlich zu verbieten, allerdings ohne Erfolg.[16]

Auch der Straftatsbestand der Abgeordnetenbestechung in Paragraph 108 e im Strafgesetzbuch (StGB) ist so eng gefaßt, daß er wahrscheinlich nie zur Anwendung kommen wird. Um ihn zu erfüllen, muß man es nämlich exakt unternehmen, im Bundestag für eine Wahl oder Abstimmung eine Stimme zu kaufen beziehungsweise als Abgeordneter sie zu verkaufen. Da nun jeder weiß, daß es, von sehr seltenen Ausnahmen abgesehen, bei einer Abstimmung fast nie auf eine Stimme ankommt, sondern immer um kleine Textkorrekturen bei der Vorbereitung eines Gesetzes geht, war klar, daß hier nur ein kleines Feigenblatt vor einen großen Interessenwahrnehmungsapparat gehängt wurde. Gegen Einflußnahmen und Beratungen ist ja, um es noch einmal zu wiederholen, nichts einzuwenden, soweit sie inhaltlich begründet werden. Aber jede Möglichkeit von finanzieller Belohnung sollte vermieden werden.

Die breite Öffentlichkeit hat kaum eine Chance, etwas über die Beratungsverträge zu erfahren, die Bundestagsabgeordnete abschließen, denn diese sind nicht zu veröffentlichen, sondern werden fein säuberlich weggeschlossen. Es sei denn, eine kleine Indiskretion oder ein übereifriger Pressesprecher bringt die Sache dann doch an die Öffentlichkeit. Am 15. April 1999 meldete die *Kölnische Rundschau* in ihrer Rubrik »in Kürze«, daß der frühere Außenminister Klaus Kinkel seit dem 1. März die Deutsche Telekom in internationalen Fragen berät. In der kleinen Meldung hieß es dann weiter: »Der jetzige Bundestagsabgeordnete bringe seine Erfahrungen ein, teilte das Unternehmen mit.«

Eine solche Panne ist Kinkel nicht zum erstenmal passiert. Im Oktober 1996 hatte er für die landeseigene Landeskreditbank (L-Bank) in Stuttgart eine Picasso-Ausstellung in Karlsruhe eröffnet und das nachträglich angebotene Honorar in Höhe von 20 000 D-Mark an die FDP-Parteikasse überweisen lassen. Diese Spende meldete er auch bei der Bundestagspräsidentin Rita Süßmuth. Im Prinzip ist alles in Ordnung oder, genauer gesagt, wäre es, wenn die Bank die Parteispende auch als solche verbucht hätte. Dort liefen die 20 000 D-Mark allerdings als Honorar für Kinkel. Und ein Honorar hätte er versteuern müssen beziehungsweise hätte eine Spende bei der Bank nicht wie ein Honorar verbucht werden können.

Daß solche Unstimmigkeiten in die Presse kommen, dafür sorgen zum Glück immer noch ein paar »wohlinformierte« Politiker aus anderen Parteien, so daß solche Meldungen sogar ihren Weg ins *Handelsblatt* vom 2./3. Mai 1998 fanden. Aber wieviel Wissenswertes, was unsere Meinungen über einzelne Persönlichkeiten ändern könnte, findet diesen Weg nicht?

Das Parlament der Vereinsmeier –
Abgeordnete haben vielfältige Interessen.

Im Internetmagazin des Bundestages *Blickpunkt Bundestag*[17], schreibt Dr. Martin Sebaldt, einer der besten Kenner des organisierten Pluralismus, das *Datenhandbuch zur Geschichte des Deutschen Bundestages* von Peter Schindler belege minutiös, daß in der 12. Wahlperiode 39,4 Prozent aller Abgeordneten ehrenamtlich oder hauptberuflich in einem Verband Funktionen ausgeübt haben, also zum Beispiel als Geschäftsführer, Vorstandsmitglied oder Vorsitzender auf Kreis- oder Bezirksebene. Dabei lagen die Union mit 44,8 Prozent und die FDP mit 43 Prozent deutlich vor der SPD, deren Abgeordnete zu 31 Prozent in solchen Funktionen saßen. Das Schlußlicht bildeten Bündnis 90/Die Grünen mit 12,5 Prozent und die PDS Linke Liste mit 8,8 Prozent.

Diese Zahlen erscheinen Sebaldt durchaus typisch und auf die Szenerie im Dezember 1998 übertragbar. Rechnet man aber alle 669 Abgeordnete des 14. Bundestages durch, kommt man zu dem Ergebnis, daß diese im Rahmen der veröffentlichungspflichtigen Angaben insgesamt die Mitarbeit in 182 Verbänden gemeldet haben. Würden 182 Abgeordnete Verbände vertreten, so wären das insgesamt 27,2 Prozent, also mehr als zwölf Prozentpunkte weniger als in der 12. Wahlperiode. Da aber nicht wenige Abgeordnete auch mehrere Verbände vertreten, einer immerhin insgesamt neun, dürfte die Rate noch weit geringer sein. Man vergißt also besser die alten Zahlen und schaut sich lieber an, was die Abgeordneten heute tatsächlich treiben.

Vorauszuschicken ist, daß es keinen Abgeordneten gibt, der nicht auch über seine reine Parteizugehörigkeit hinaus in irgendeinem Verein, Verband oder in einer Institution, die auch seiner Partei nahestehen kann, Mitglied ist. Angaben über diese reinen Mitgliedschaften zu machen steht den Abgeordneten frei und ist Teil ihrer biographischen Angaben, über deren Umfang und Inhalt sie selbst völlig frei entscheiden können. Das führt natürlich dazu, daß manche Abgeordnete ihre Vergangenheit im Laufe der Zeit anders und neu akzentuieren.

So war es Christine Scheel, Abgeordnete von Bündnis 90/ Die Grünen und jetzige Vorsitzende des Finanzausschusses, in der 13. Wahlperiode zum Beispiel sehr wichtig, den Bundesbürgern oder wer immer sich für ihre Biographie interessieren mochte, zu erklären, daß sie 1977 ihr Abitur gemacht hat, anschließend ein Jahr an der Universität Freiburg im Fachbereich Archäologie, Ethnologie und Soziologie studierte und ab 1978 an der Universität Erlangen im Fachbereich Pädagogik, Soziologie, Psychologie. Ihre akademische Abschlußprüfung machte sie 1983 als Pädagogin M. A.

Diesen ganzen Part ihres Lebenslaufes hat sie in der 14. Wahlperiode ersatzlos gestrichen, dafür aber den Hinweis aufgenommen, daß sie Mitglied der Bayerischen Landessynode der evangelisch-lutherischen Kirche ist. Solche und ähnliche Änderungen tauchen auch in den Biographien anderer Abgeordneter auf. Aber diese biographischen Angaben sind nicht von so herausragender Bedeutung wie die veröffentlichungspflichtigen Angaben, auch wenn dies manchmal so dargestellt wird.

Das Magazin *Focus*[18] sprach von einer linken Schattenmacht und meinte damit, daß mehr als 42 Prozent der Abgeordneten Gewerkschafter sind und sie die Sozialpolitik fast nach Belieben bestimmen können. Nun mag es sicher so sein, daß, wie *Focus* schrieb, wirklich 244 der 298 SPD-Abgeordneten Gewerkschaftsmitglied sind. Aus dieser Tatsache eine linke Schattenmacht ableiten zu wollen, erscheint bei näherer Betrachtung doch sehr gewagt.

Die Mitgliedschaft in einer Gewerkschaft gehört zu einer soliden Politikerkarriere in der SPD fast ebenso dazu wie die Mitgliedschaft in der Arbeiterwohlfahrt. Aus der Gewerkschaftsmitgliedschaft einen direkten Rückschluß auf die Arbeit in Ausschüssen und auf das Abstimmungsverhalten ziehen zu wollen, erscheint daher etwas übertrieben. Gleiches gilt für die beliebte Betrachtung der Berufe der Bundestagsabgeordneten, die sie in ihren Biographien und in ihrer Selbstauskunft gegenüber dem Bundeswahlleiter angeben.

Es stimmt sicherlich, daß die Zahl der Angehörigen des öffentlichen Dienstes im Bundestag überproportional hoch ist. Besonders die Lehrer scheinen genügend Zeit zu haben, sich ausgiebig um eine politische Karriere kümmern zu können. Desgleichen ist die Zahl der Juristen nach wie vor hoch, obwohl nicht mehr so extrem wie zwischen 1953 und 1965, als sie rund ein Drittel aller Parlamentarier stellten.

Wie groß jedoch der Interpretationsrahmen hinsichtlich der Berufsangaben und des daraus resultierenden politischen Handelns der Abgeordneten ist, zeigt der Vergleich verschiedener Publikationen.

Der Bundesverband der Deutschen Industrie hat für den 13. Deutschen Bundestag mit 672 Mitgliedern errechnet, daß 306 Abgeordnete Beamte und Angestellte im öffentlichen Dienst waren, also 46 Prozent. Sonstige Angestellte und Freiberufler schlugen mit 164 Abgeordneten (25 Prozent) zu Buche, dann folgten die Funktionäre mit 62 Abgeordneten, die Anwälte mit 55, Berufspolitiker mit 43 und Unternehmer und Manager – wobei man berücksichtigen muß, daß Manager eben auch Angestellte sind – mit 42.

Für den neuen Bundestag errechnete *Die Zeit*[19] für die Angehörigen des öffentlichen Dienstes einen Anteil von 241 Abgeordneten gleich 36 Prozent. *Focus* identifizierte 317 Abgeordnete als Angehörige des öffentlichen Dienstes (47 Prozent), davon 89 Lehrer, zwölf Richter und zwei Staatsanwälte. Die Selbständigen und Freiberufler kommen laut *Zeit* auf 22 Prozent (147 Abgeordnete). *Focus* differenzierte da feiner und machte 18 Unternehmer, 15 Landwirte, neun selbständige Handwerker und 50 Rechtsanwälte als größere Berufgruppen unter den Abgeordneten aus. Kaufmann und Einzelhändler wurden mit drei ebenso extra ausgewiesen wie Apotheker und Architekten mit jeweils zwei und noch einige andere Nennungen, die deutlich unter zehn blieben.

Als Angestellte von Wirtschaftsverbänden und Gewerkschaften und Parteien identifizierte die *Zeit* 140 Abgeordnete gleich 21 Prozent. *Focus* fand 90 Berufspolitiker und 23 hauptberufliche Gewerkschafter, das wären zusammen 17 Prozent. Vergleicht man das mit den BDI-Zahlen, müßte sich die Zahl der Berufspolitiker von einer Wahlperiode zur nächsten glatt verdoppelt haben, während die Zahl der Funktionäre rasant zurückging.

Die Zeitschrift *Bizz*[20] machte es sich noch etwas einfacher. Sie zog die Zahlen des öffentlichen Dienstes mit denen der Berufsfunktionäre zusammen und kam auf 341 Abgeordnete, das wären dann 51 Prozent. Als Angestellte der Wirtschaft fand die *Zeit* nur 16 Prozent (107 Abgeordnete) und als Sonstige, wie Hausfrauen und Studenten, galten ihr 34 Abgeordnete gleich 5 Prozent. Auch hier gibt es eine erhebliche Differenz zum *Focus*, der auf 73 Angestellte und Beschäftigte in der freien Wirtschaft kam und nur neun Studenten und neun Hausfrauen fand.

Dr. Martin Sebaldt schreibt im *Blickpunkt Bundestag* »Gemäß dem Grundsatz ›where you stand depends on where you sit‹, entwickeln die meisten verbandsangehörigen Abgeordneten durch ihre permanente parlamentarische Arbeit ohnehin ein Selbstverständnis, welches eben primär parlamentarisch und nur mehr sekundär verbandlich geprägt ist.« Man wird allerdings immer sowohl Fälle finden, die diese These bestätigen, als auch solche, die das genaue Gegenteil beweisen.

Diese Aussage zur Abhängigkeit von Verbänden gilt sicherlich entsprechend im Hinblick auf die Berufe der Parlamentarier. Je länger ein Abgeordneter im Bundestag sitzt, desto weiter hat er sich in der Regel von seiner ursprünglichen beruflichen Beschäftigung entfernt und in seine neue Rolle hineingearbeitet, sei es nun die des Beamtenfunktionärs oder des Abgeordneten. Auf jeden Fall scheinen die erlernten oder früher ausgeübten Berufe nur sehr bedingt tauglich zu sein, um das Verhalten von Abgeordneten analysieren und bestimmen zu können. Relevant und aussagekräftig ist aber der Beruf, den der Abgeordnete während seiner Zugehörigkeit zum Bundestag ausübt.

Es ist in diesem Zusammenhang übrigens bemerkenswert, daß Bundestagsabgeordnete niemals »Mitglied des Deutschen Bundestages« als Beruf angeben. An der Befristung des Mandates kann es nicht liegen. Denn ein Vorstandsvorsitzender einer Aktiengesellschaft, der auf fünf Jahre in diese Position berufen wird, geht ganz selbstverständlich davon aus, daß »Vorstandsvorsitzender« nun seine Berufsbezeichnung ist. Selbst wenn er die Position einmal wieder aufgegeben hat, wird er noch Jahre danach als früherer Vorstandsvorsitzender der XY AG bezeichnet werden.

Kurt Palis zum Beispiel, der seit 1993 im Bundestag sitzt, bezeichnet sich von Berufs wegen nicht als Abgeordneter, sondern nennt sich immer noch Versicherungsangestellter. Auch Dr. Hermann Otto Solms scheint noch in der Vergangenheit zu leben, wenn er sich als Selbständiger bezeichnet. Er ist zwar schon seit 1980 Mitglied des Bundestages, blickt aber immer noch versonnen auf eine unternehmerische Tätigkeit zwischen 1976 und 1984 zurück. Reinhold Hiller sieht sich weiterhin als Diplomhandelslehrer, obgleich er seit 1983 im Bundestag sitzt. Diese Beispiele machen wohl hinreichend deutlich, daß man zukünftig guten Gewissens auf die Analyse der Berufe der Abgeordneten, die in ihren Biographien erscheinen, verzichten kann.

Allein die veröffentlichungspflichtigen Angaben, die den während der Parlamentariertätigkeit ausgeübten »Nebenberuf« und andere Nebenämter umfassen, können ein einigermaßen verläßliches Bild abgeben. Die Zahl der Abgeordneten, die sich ausschließlich auf ihr Amt als Volksvertreter beschränken und weder einen Nebenberuf noch ein Nebenamt innehaben, ist eindeutig in der Minderheit. Von den 43 FDP-Abgeordneten konzentrieren nicht mehr als acht, also 18,6 Prozent, ihre Kraft ungeteilt aufs Parlament. Bei der CDU/CSU-Fraktion sind es 52 Abgeordnete, das sind 21,2 Prozent, und bei der SPD 68 gleich 22,8 Prozent. Nur bei Bündnis 90/Die Grünen (17 Abgeordnete gleich 36,2 Prozent) und bei der PDS (14 Abgeordnete gleich 38,9 Prozent) findet man mehr als ein Drittel der Abgeordneten, die sich zu 100 Prozent der Parlamentsarbeit widmen.

Bei der PDS und bei Bündnis 90/Die Grünen übersteigt die Zahl der »Nur-Abgeordneten« sogar die der Abgeordneten mit Nebenberuf. Elf Abgeordnete der Grünen gleich 23,4 Prozent gehen noch einem weiteren Beruf nach, bei der PDS sind es vier gleich 11,1 Prozent der Fraktionsstärke. In der Fraktion der CDU/CSU haben 90 Abgeordnete gleich 36,3 Prozent einen Nebenberuf, bei der FDP 13, das sind 30,2 Prozent, und bei der SPD 83 gleich 27,9 Prozent. Diese Zahlen mögen einen erstaunen, wenn man immer wieder aufgezeigt bekommt, wie aufreibend und anstrengend der Einsatz der Abgeordneten im Parlament und in ihrem Wahlkreis ist.

Noch größer wird das Erstaunen, wenn man die Statistik betrachtet, in der sämtliche Nebenverpflichtungen der Abgeordneten zusammengefaßt sind. Spitzenreiter ist die FDP. Hier haben 81,4 Prozent der Fraktionsmitglieder noch weitere Ämter inne. Bei der CDU/CSU sind es 78,7, bei der SPD 77,2, bei den Grünen 63,8 und bei der PDS 61,1 Prozent.

Geht man die während der Mitgliedschaft im Bundestag ausgeübten Berufe der Abgeordneten durch, so fallen, wie zu erwarten war, sofort die zahlreichen Rechtsanwälte auf, die entweder Mitglieder in einer Sozietät sind oder eine eigene Kanzlei haben. In der CDU/CSU-Fraktion sind es immerhin 37 Anwälte gleich 15,1 Prozent, bei der SPD sind es noch 17 gleich 5,7 Prozent, bei der FDP fünf gleich 11,6 Prozent, bei den Grünen drei und bei der PDS zwei.

Die Zahl der selbständigen Unternehmer und Freiberufler nimmt sich im Vergleich zu den Rechtsanwälten recht bescheiden aus. Bei der CDU/CSU-Fraktion lassen sich 27 Abgeordnete gleich elf Prozent diesem Berufsspektrum zuordnen, bei der SPD 13 gleich 4,4 Prozent, bei der FDP vier gleich 9,3 Prozent und bei der PDS zwei gleich 5,6 Prozent. Einzig die Grünen haben in ihren Reihen überhaupt keine Abgeordneten, die zusätzlich zu ihrem Mandat eine freiberufliche, selbständige oder unternehmerische Tätigkeit wahrnehmen. Auffällig ist auch, daß unter den Abgeordneten der Grünen und denen der PDS keine ihren Beruf ausübenden Führungskräfte sind.

Das kann entweder daran liegen, daß sich die Abgeordneten von Bündnis 90/Die Grünen stärker ihren politischen Aufgaben widmen, wenn sie denn einmal gewählt sind, oder daran, daß sich die bei den Grünen versammelten Unternehmer und Manager nicht so sehr um politische Ehren drängen wie die in den anderen Parteien. Sicher ist die Zahl der Unternehmer, der Selbständigen und der Freiberufler in exponierter Position bei Bündnis 90/Die Grünen prozentual geringer als in den Spitzengremien der großen Volksparteien. Das heißt jedoch nicht, daß dort weniger Sachverstand vorhanden ist.

Das *managermagazin*[21] identifizierte die Grünen sogar als die neuen Liberalen, undogmatisch, reformfreudig und pragmatisch. Der Grünen-Bundestagsneuling Klaus Wolfgang Müller aus Kiel wurde mit den Worten zitiert: »Wirtschaftspolitik ist für uns heute das A und O«. Und es scheint tatsächlich so zu sein, daß die Bündnis/Grünen in ihrem Wirtschaftsverständnis einen weitaus realistischeren Kurs fahren als orthodoxe Sozialdemokraten.

Die größten Unterschiede hinsichtlich der Fraktions-
zugehörigkeit gibt es bei den Gewerkschaftern und den
Landwirten. In der SPD sind immerhin zwölf aktive
Gewerkschaftsfunktionäre Bundestagsabgeordnete. Bei der
CDU finden sich ebensowenig wie bei allen anderen Parteien aktive Gewerkschafter, hingegen ist nicht ein einziger
SDP-Abgeordneter hauptberuflicher Landwirt, während es
bei der CDU/CSU-Fraktion elf gleich 4,5 Prozent sind und
die FDP immerhin einen Landwirt in ihren Parlamenta-
rierreihen aufweist. Daß auch bei den Grünen kein Landwirt
vertreten ist, scheint darauf hinzudeuten, daß diese Partei
trotz ihrer ökologischen Orientierung aktive Politiker
hauptsächlich unter den Städtern findet.

Die Nebenaktivitäten der Abgeordneten sind in Anleh-
nung an die veröffentlichungspflichtigen Angaben in die
Positionen Aufsichtsrat, andere Unternehmensfunktionen,
Mitgliedschaften in Körperschaften oder Anstalten des
Öffentlichen Rechts, kommunale Tätigkeiten wie Bürger-
meister, Landrat, Mitglied im Stadtrat oder Mitglied in einem
Kreistag, Vereine und Stiftungen sowie Verbände unterteilt.

Die Mitgliedschaft in einem Aufsichtsrat ist keineswegs
immer an eine Aktiengesellschaft gebunden, und es bedeutet auch nicht, daß es sich überhaupt um ein auf Zugewinn
gerichtetes Unternehmen handelt. So ist zum Beispiel der
SPD-Abgeordnete Dr. Rolf Niese Vorsitzender des Aufsichtsrates der Gemeinnützigen Baugenossenschaft Berge-
dorf-Bille e.G., Hamburg. Ebenfalls als Vorsitzender eines
Aufsichtsrates fungiert Dr. Peter Eckardt (SPD), und zwar
bei der Kur+Fremden Verkehrsgesellschaft Goslar+Hah-
nenklee, Goslar.

Helga Kühn-Mengel (SPD) hat sogar gleich zwei Aufsichtsratsposten. Als Aufsichtsratsvorsitzende fungiert sie
bei der AWO Betriebsgesellschaft Häusliche Pflege Erftkreis
GmbH, Bergheim, und Aufsichtsratsmitglied ist sie bei der
AWO Betriebsgesellschaft Seniorenzentrum Erftkreis, eben-

falls Bergheim. Die maximale Zahl der von einem Abgeordneten gehaltenen Aufsichtsratsmandate liegt im Normalfall bei drei. Das heißt natürlich nicht, daß er nicht noch in anderen Bereichen Funktionen wahrnimmt. Nur Dr. Heinz Riesenhuber macht mit sieben Aufsichtsratsmandaten eine Ausnahme.

Bei den Unternehmensfunktionen handelt es sich oft um Beiratstätigkeiten sowohl in gemeinnützigen als auch in kommunalen Unternehmen. Wenn Dietmar Nietan (SPD) zum Beispiel Mitglied des Gesellschafterbeirates der Dürener Deponiegesellschaft mbH, Hürtgenwald/Horn, ist, so dürfte dies eine der typischen Unternehmenstätigkeiten sein. Bei den Körperschaften und Anstalten des Öffentlichen Rechts sind es häufig Sparkassen, wie zum Beispiel bei Dieter Dzewas (SPD), der Mitglied des Verwaltungsrates der Sparkasse Lüdenscheid in Lüdenscheid ist. Die Funktionen des Kommunalpolitikers dürften jedem Leser klar sein.

Bei den Vereinen geht es wirklich bunt durch die Landschaft. Wie bereits an anderer Stelle ausgeführt, kommt es nicht darauf an, daß der Abgeordnete in einem Verein Mitglied ist, manche nennen ihre örtlichen Karnevalsvereine mit gleicher Hingabe wie ihre Mitgliedschaft im Golfclub. Es geht vielmehr darum, daß der Parlamentarier in einem Verein eine Funktion hat, bei der davon auszugehen ist, daß sie einerseits Zeit kostet, die er an anderer Stelle nicht für seine Abgeordnetentätigkeit einsetzen kann, und daß sie andererseits ein Eintreten für die Ideen und Zwecke des Vereins erfordert. Das gleiche gilt für Verbände, also Interessengemeinschaften, die nicht als Vereine organisiert oder gar als Vereine eingetragen sind, wie zum Beispiel Gewerkschaften, Arbeitgeber- oder Unternehmensverbände.

Blickt man jetzt wieder auf die zahlenmäßige Verteilung, so liegt die SPD bei den Aufsichtsratsmandaten mit insgesamt 91 sogar vor der CDU/CSU, die es nur auf 82 bringt. Von den FDP-Abgeordneten besetzen vier Aufsichtsratsposten, wobei ein Abgeordneter sogar zwei innehat. Es sind besonders die nicht nebenberuflich tätigen SPD-Abgeordneten, die sich in Aufsichtsräten engagieren, wobei man immer wieder daran erinnern muß, daß diese überwiegend bei gemeinnützigen Institutionen angesiedelt sind.

Unternehmensfunktionen liegen mit 70 Posten für CDU/CSU-Abgeordnete deutlich über denen, die von der SPD eingenommen werden. Dort sind es nur 37. Bei Nebenposten in Körperschaften und Anstalten des Öffentlichen Rechts überrundet die SPD-Fraktion mit 122 Positionen wieder die CDU/CSU, die es auf 108 bringt. Ämter in solchen Körperschaften scheinen besonders bei Rechtsanwälten, Selbständigen und Gewerkschaftern beliebt zu sein, aber auch die Landwirte sind außerordentlich aktiv. Immerhin haben zwei der Landwirte je vier verschiedene Funktionen in solchen Einrichtungen, sie werden nur von einem SPD-Rechtsanwalt und einem Gewerkschafter übertroffen, die fünf beziehungsweise sogar sechs solcher Ämter innehaben. Bei den Nebentätigkeiten als Kommunalpolitiker liegt die SPD mit 67 Mandaten wieder deutlich vor der CDU/CSU-Fraktion, bei der 48 Mandate wahrgenommen werden.

So richtig in Fahrt kommen die Bundestagsabgeordneten aber erst, wenn es um Pöstchen und Ehren in deutschen Vereinen geht. Absoluter Spitzenreiter ist die CDU/CSU-Fraktion, deren Abgeordnete insgesamt 257 Vereinsposten besetzen, obgleich die Fraktion nur 245 Abgeordnete hat, von diesen sich zudem 52 jedem Nebenamt enthalten. Spitzenreiter bei den Vereinsposten ist Rita Süßmuth mit 17 Funktionen. Damit liegt sie um ein Amt vor dem Parlamentarischen Staatssekretär Catenhusen von der SPD, er bringt es nur auf 16.

Von den 298 SPD-Abgeordneten werden insgesamt 190 Vereinspositionen besetzt. Die FDP bringt es mit 43 Abgeordneten immer noch auf 54 Posten, die Grünen bleiben mit 30 Posten bei 47 Abgeordneten eindeutig unter dem Bundestagsdurchschnitt. Das Schlußlicht bildet die PDS, die eine regelrechte Vereinsabstinenz zeigt. Von ihren 36 Abgeordneten werden ganze 16 Vereinspositionen gehalten, wovon eine Abgeordnete gleich drei auf einmal wahrnimmt.

Bei den Verbänden liegen CDU/CSU mit 80 und SPD mit 79 Posten nahezu gleich auf. Hier ist die PDS mit 13 Posten sogar besser als die FDP mit sechs und die Grünen mit vier. Erstaunlich ist, daß es auch bei den Verbänden die Tendenz zur Ämterhäufung gibt. Immerhin bringt es ein SPD-Abgeordneter auf neun Verbände.

Sowohl bei den Körperschaften als auch bei den Vereinen und Verbänden handelt es sich vorrangig um Institutionen von lokaler und regionaler Bedeutung. Das macht die Bindung des Abgeordneten an seinen Wahlkreis noch deutlicher als die beibehaltenen Ämter im kommunalen Bereich. Diesem lokalen Einfluß und besonders dieser Kontrolle vor Ort werden sich die meisten Abgeordneten nicht entziehen können, selbst wenn sie es wollten. Die bundespolitischen Entscheidungen werden ihre Pressure Groups immer unter lokalen oder unter partikularen Gesichtspunkten betrachten und bewerten.

Die neuen Angepaßten – nur wenige Newcomer sind heute schon die Macher von morgen

Wer annimmt, daß die 178 Abgeordneten, die neu in den Bundestag eingezogen sind, zu einer besonderen Verjüngung des Parlaments beigetragen haben, der irrt. Das Durchschnittsalter der Parlamentarier zu Beginn des 14. Bundestages ist gegenüber dem 13. Bundestag sogar noch gestiegen. Lediglich 17,6 Prozent der Abgeordneten sind 42 Jahre oder jünger. Vier Jahre zuvor bewegten sich immerhin 23,5 Prozent in dieser Altersklasse. Dominierend sind die Mittvierziger bis Frühsechziger. Denn 78,9 Prozent aller Abgeordneten sind zwischen 43 und 62 Jahre alt. Das statistische Durchschnittsalter der Abgeordneten lag bei Beginn der Legislaturperiode genau bei 49,77 Jahren. Somit darf man die Erwartung, daß die Newcomer frischen Wind ins Parlament tragen, nicht zu hoch ansetzen. Selbst bei den Grünen, die den niedrigsten Altersdurchschnitt aufweisen, sind die Männer im Mittel 44,25 und die Frauen 42,56 Jahre alt und dürften damit den Marsch durch die Institutionen und den Verlust der großen Illusionen bereits hinter sich haben.

Abgesehen von den bereits erwähnten Abgetretenen und ein paar parlamentarischen Staatssekretären verteilten sich die »Verluste« der CDU so ziemlich gleichmäßig auf Beamtenfunktionäre, frühere Landes- oder Kommunalpolitiker, Rechtsanwälte, einen Gewerkschafter sowie auf ein paar Verbands- und einige Bauernvertreter. Sie alle repräsentierten, wie auch zu erwarten war, den ganz normalen Durchschnitt der Fraktionsmitglieder. Damit unterschieden sie sich nicht vom Spektrum der Abgeordneten der anderen Parteien. Der Austausch, Ersatz beziehungsweise die Ergänzung der Palette der Abgeordneten blieb auch dort im gewohnten Rahmen.

Diese Mehrheit der Abgeordneten im negativen Sinne Hinterbänkler zu nennen wäre ungerecht, denn in der Mediengesellschaft beginnen die Hinterbänke gleich nach der zweiten Reihe. Was die Newcomer von ihren Vorgängern unterscheidet, ist die fehlende parlamentarische Erfahrung, die die Vorgänger eher in zwei als in nur einer Legislaturperiode gewannen. Aber neue Akzente werden, wenn überhaupt, ohnehin von der oder zumindest über die Fraktionsspitze als Kontinuitätswahrer und von einigen wenigen unabhängigen Machern gesetzt.

Engagement in der Landespolitik zahlt sich aus

Versucht man die 88 Neuzugänge der SPD-Fraktion nach ihrem Background zu sortieren, so kommt man zu keinem überraschenden Ergebnis. Dreizehn der neuen Abgeordneten waren bereits vorher in der Landespolitik aktiv. Gerhard Schröder als Ministerpräsident von Niedersachsen und auch Franz Müntefering oder Monika Griefahn sind unter diesen Landespolitikern eher die Ausnahme. Typischer ist da schon Eckhardt Barthel aus Berlin, der Mitglied des Berliner Abgeordnetenhauses seit April 1983 ist.

Barthel verfügt über ein hübsches kleines Netzwerk. Der Diplompolitologe ist als Wissenschaftlicher Mitarbeiter an der Freien Universität Berlin zur Zeit zwar beurlaubt, aber er weiß zumindest, wohin er zurückkehren kann, wenn die politische Entwicklung ihn nicht weiter trägt. Als Berliner wird er natürlich davon profitieren, wenn der Bundestag erst auf Dauer in der neuen Hauptstadt residiert. Barthel ist Mitglied der Gewerkschaft Öffentliche Dienste Transport und Verkehr (ÖTV) und der Arbeiterwohlfahrt (AWO). Seine Spezialität sind Kontakte nach Osten als Mitglied der Deutsch-Ungarischen Gesellschaft und als stellvertretender Vorsitzender von Netzwerk – Kontakte zu den Ländern der ehemaligen Sowjetunion.

Außerdem ist er Mitglied des Allgemeinen Deutschen Fahrrad-Clubs, einer auch unter Parlamentariern immer beliebter werdenden Vereinigung. Immerhin zählt der Allgemeine Deutsche Fahrrad-Club (Bundesverband) e. V. rund 85 000 Mitglieder. Damit reicht er bei weitem nicht an die Autofahrer-Verbände heran. Aber ich wüßte zur Zeit keinen Bundestagsabgeordneten, der in seiner Biographie den ADAC erwähnt hätte, obgleich ich sicher bin, daß eine ganze Reihe von Abgeordneten dort Mitglied sein wird. Der öffentliche Einsatz für unmotorisierte Verkehrsteilnehmer ist offensichtlich weitaus positiver besetzt, und ein zum

Bundestag radelnder Abgeordneter ist für ein Fernsehteam sicher ein fotogeneres Objekt, als einer der in einem Parkhaus aus einem Mittelklassewagen steigt.

Ebenfalls Landespolitiker aus Berlin ist Detlef Dzembritzki, der in seiner Biographie Wert darauf legt, Bezirksbürgermeister a. D. zu sein, obgleich die veröffentlichungspflichtigen Angaben ihn als Geschäftsführer der Regionalentwicklungsgesellschaft mbH, Velten, ausweisen. Dzembritzki ist gelernter Erzieher und engagiert sich stark beim Bund Deutscher Pfadfinder. Als Mitglied der Arbeiterwohlfahrt, des Arbeitersamariterbundes und der ÖTV belegt er das für SPD-Politiker typische Verbandsspektrum. Seine weiteren Interessen richten sich nicht wie bei vielen Berlinern nach Osten, sondern nach Westen. Er gehört der Deutsch-Französischen Gesellschaft an und ist Vorsitzender des Förderkreises Deutsch-Französischer Beziehungen. 1993 wurde er Chevalier dans l'Ordre national au Mérite und 1996 Chevalier de la Légion d'Honneur. In diesem Zusammenhang fällt auf, daß unter Politikern der Anteil der Träger deutscher Orden weitaus größer zu sein scheint als im Bevölkerungsdurchschnitt.

Johannes Kahrs gehört mit seiner Parteikarriere auf Landesbasis wohl eher zu den Semiprofis. Er verfügt über das typische Netzwerk – Mitgliedschaft in der Deutschen Angestellten-Gewerkschaft, in der Arbeiterwohlfahrt, in der Deutschen Hilfsgemeinschaft, in einem Sportverein, in der Pfadfinderschaft Nordmark und im Verband der Reservisten der Deutschen Bundeswehr. Außerdem ist er Mitglied im Wingolfsbund, einer Vereinigung, die von Abgeordneten des Bundestages nicht gerade häufig genannt wird.

Der Wingolfsbund ist ein Studentenbund, der traditionell das Duell und die Mensur ablehnt und seit Mitte des 19. Jahrhunderts die neutestamentliche Forderung der Versöhnungsbereitschaft und der Verantwortung bezeugt. Band und Mütze (Couleur) sind äußere Zeichen der Verbundenheit zwischen den Bundesbrüdern und Alten Herren, ebenso wie das zwischen den Wingolfitten übliche bundesbrüderliche »Du«. Zum Wingolfsbund gehören Verbindungen an über 30 Universitäten in Deutschland, Österreich und Estland. Als Christen suchen sie das Gespräch auch über die Grenzen der Konfessionen hinaus und verbinden es mit einer demokratischen Struktur. Der Wingolfsbund ist frei von jeder parteipolitischen Bindung und lehnt jede Art von Extremismus ab. Sicher ist es nicht schlecht, wenn auch solche Interessen im Bundestag vertreten sind. Allerdings sind sie wieder ein Hinweis darauf, daß der Ideen- und Interessenpluralismus unter den Abgeordneten immer größer wird.

Der Bundestags-Newcomer Christian Lange, Jahrgang 1964, ist jetzt Oberregierungsrat a. D. Auch er gehört den SPD-typischen Gruppierungen AWO und ÖTV an, außerdem dem Bund für Umwelt und Naturschutz Deutschland (BUND), der Deutschen Lebens-Rettungs-Gesellschaft (DLRG), Eurosolar und der Sozialdemokratischen Gemeinschaft für Kommunalpolitik (SGK) und verfügt über die typischen landespolitischen Karriereschritte.

Je mehr Funktionen auf einmal, um so besser für den Newcomer

Bei der Zuordnung des Backgrounds in den Kategorien Landespolitiker, Lokalpolitiker, Beamter, Rechtsanwalt, Gewerkschaftskarriere, Parteikarriere, Institutionskarriere und Ostkarriere wurde anhand der zur Verfügung stehenden Informationen zugegebenermaßen mehr oder weniger subjektiv der jeweilige Schwerpunkt des Abgeordneten ermittelt. Natürlich waren Landespolitiker zunächst Lokalpolitiker, oft sind sie auch Beamte, und die Beamten sind natürlich entsprechend auf kommunaler Ebene aktiv.

Die Zuordnung Rechtsanwalt beruht ebenfalls mehr auf der Tatsache, daß diese Abgeordneten nach dem Eintritt in den Bundestag sich mit einer eigenen Kanzlei niedergelassen haben beziehungsweise ihre vorher bestehende fortführen. Einige Juristen waren aber bereits vorher als politische Beamte tätig, insofern hätten gerade die Rechtsanwälte sicherlich genausogut dem Bereich Lokalpolitik oder Landespolitik zugeschlagen werden können.

Eindeutiger sieht es bei den Gewerkschaftern aus. Hier ging es nicht nur darum, daß die Abgeordneten Mitglied einer Gewerkschaft sind, das sind bei der SPD fast alle, sondern darum, daß sie auch entsprechend herausgehobene Funktionen in der Gewerkschaft ausüben und dies nach ihrer Wahl in den Bundestag weiterhin tun. Besonders bemerkenswert ist dies bei Klaus Wiesehügel, der bereits erwähnt wurde.

Die sogenannten Parteikarrieren finden sich in erster Linie in den Reihen jüngerer Abgeordneter, die Politik meist von Anfang an zu ihrem Beruf gemacht haben. Institutionskarrieren, wenn man sie denn so definieren darf, weisen allenfalls zwei Personen auf.

Der Begriff Ostkarriere ist keinesfalls diskriminierend gemeint. Betrachtet man jedoch die Bundestagsabgeordneten aus den neuen Bundesländern, so wird deutlich, daß sie vor 1990 sehr unterschiedliche Lebensläufe hatten, die danach durch die Dominanz der politischen Arbeit aber sehr ähnlich wurden. Ich spreche deshalb von Ostkarrieren, weil sich die politischen Karrieren in den neuen Bundesländern bedingt durch die äußeren Umstände sozusagen im Sturmschritt abspielten. Man könnte fast sagen, daß sie in doppeltem Tempo abliefen, wobei jetzt schon die zweite Politikergeneration aus den neuen Bundesländern nach 1990 antritt.

Abgeordnete verankert in der Parteibasis

Doch fahren wir in der Betrachtung der SPD-Newcomer fort. Bernhard Brinkmann zum Beispiel hat seine Aufgaben als Kommunalpolitiker nicht aufgegeben. Als Abgeordneter ist er weiterhin Mitglied des Beirates der HASTRA Stromversorgungs AG, Hannover, und Vorsitzender des Aufsichtsrates der Kurbetriebs GmbH, Bad Salzdetfurth. Als Mitglied des Gemeinderates und erster stellvertretender Bürgermeister der Gemeinde Schellerten sowie als Mitglied des Kreistages von Hildesheim vertritt er die Interessen der Region. Brinkmann war vorher Bezirksdirektor der Victoria Versicherung, Hildesheim, verfügte also auch über unternehmerisches Know-how, obgleich gerade das Wissen um die Belange von Versicherungsunternehmen im Bundestag recht weit verbreitet ist.

Innovatives Praxiswissen bringt auch Hans-Günter Bruckmann mit in den Bundestag. Vor der Mitgliedschaft übte er den Beruf des Leiters Projektierungen und Vertrieb innovativer Umschlagsysteme Logistik bei der Krupp Fördertechnik GmbH in Essen aus. Als Kommunalpolitiker war er von 1984 bis 1998 Mitglied im Rat der Stadt Essen und seit 1989 Vorsitzender des Ausschusses für Stadtentwicklung und Planung. Diese Ämter hat er offensichtlich aufgegeben, doch bleibt der Bundestagsabgeordnete Bruckmann Vorsitzender des Aufsichtsrates der EV AG, Essener Verkehrsaktiengesellschaft, und Mitglied des Aufsichtsrates beim Verkehrsverbund Rhein-Ruhr GmbH und bei der Wohnbau e. G. Wohnungsbaugesellschaft, Essen.

Lothar Mark, Jahrgang 1945, gelang es, über die typische Ochsentour durch die SPD einschließlich der Tätigkeit in der örtlichen Arbeiterwohlfahrt und neben seinem Beruf als Studienrat und später Studiendirektor Bürgermeister der Stadt Mannheim zu werden. Nachdem er dieses Amt fast zehn Jahre innehatte, schaffte er den Sprung in den Bundestag.

Ulrike Merten hat eine typische Landeslisten-Karriere in Nordrhein-Westfalen über die lange, brave Mitarbeit in der Partei absolviert. Michael Roth, Jahrgang 1970 und damit einer der jüngeren Abgeordneten, seines Zeichens Diplompolitologe, hat ebenfalls die typische Karriere eines Kommunalpolitikers aufzuweisen. Das gleiche gilt für Birgit Roth aus Speyer.

René Röspel läßt sich am ehesten als engagierter semiprofessioneller Lokalpolitiker kennzeichnen. Der Diplombiologe war zunächst Mitglied der Bezirksvertretung Eilpe/Dahl und dann Mitglied des Rates der Stadt Hagen, bevor er jetzt dem Wissenschaftsbetrieb ganz den Rücken gekehrt hat.

Von den Beamtenkarrieren dürfte die von Ernst Küchler, Jahrgang 1944, besonders typisch sein. Der Diplompolitologe war bis zu seinem Einzug in den Bundestag Leiter des Amtes für Weiterbildung bei der Stadt Köln. Er gehört dem Vorstand des Deutschen Volkshochschulverbandes und des Landesverbandes der Volkshochschulen in Nordrhein-Westfalen an. Als Vorsitzender der SPD in Leverkusen seit 1993 und seit 1994 Ratsmitglied der Stadt Leverkusen sitzt er darüber hinaus in Gremien zahlreicher Körperschaften und Anstalten des öffentlichen Rechts in seiner Heimatstadt.

Tobias Marhold, Jahrgang 1969, war vor seinem Einzug in den Bundestag Regionalgeschäftsführer Harz im SPD-Landesverband Sachsen-Anhalt. Als Verwaltungsangestellter wechselte er drei Jahre nach seinem Eintritt in die SPD in die Parteifunktion eines Regionalgeschäftsführers.

Christoph Moosbauer, Politikwissenschaftler, arbeitete von 1994 bis 1997 als Mitarbeiter und von 1997 bis 1998 als Wissenschaftlicher Mitarbeiter der Abgeordneten Anne Hirschmann im Bayerischen Landtag. Von 1992 bis 1995 war er Geschäftsführer der Jungsozialisten in München und von 1996 bis 1998 deren Vorsitzender. Er hat seine politische Karriere so angelegt, wie sie für die Berufspolitiker von morgen üblich ist. Den Wahlkreismitarbeiter Dietmar Nietan, Jahrgang 1964, hat eine typische Lokalpolitiker-karriere in den Bundestag gebracht.

Andrea Nahles, Jahrgang 1970, Mitglied der IG Medien und im BUND, war Bundesvorsitzende der Jungsozialisten, Vorsitzende des SPD-Ortsvereins Weiler und Mitglied des SPD-Parteivorstandes. Was die Medien und auch viele junge SPD-Mitglieder an ihr mögen, ist, daß sie nicht kuscht, son-dern geradeheraus sagt, wie sie die Sache sieht. Ein paar solcher Abgeordneter ist jede Fraktion bereit zu verkraften. Zum einen weil man sie wirklich braucht, wenn man einmal gegen den Strom oder die große Linie etwas bewegen will, zum anderen zeigen sie, wie tolerant und aufgeschlossen man ist.

Holger Ortel, Jahrgang 1951, konnte erst nach einer etwas langsamen, aber dennoch typischen Karriere in den Bun-destag einziehen. Von 1984 bis 1986 war er Mitarbeiter im Bundestag und von 1986 bis 1998 Geschäftsführer beim SPD-Bezirk Weser-Ems.

Johannes Andreas Pflug, Jahrgang 1946, saß von 1980 bis 1998 im Landesparlament von Nordrhein-Westfalen und war hauptberuflich Leiter der Stabsabteilung für Sonderauf-gaben des Vorstandes bei den Stadtwerken Duisburg AG. Wie nicht anders zu erwarten, ist er außerdem Mitglied in der Gewerkschaft ÖTV, bei der Arbeiterwohlfahrt, der Europa-Union, bei Eurosolar, dem Rotarierclub Duisburg Alte Abtei, im Progressiven Eltern- und Erziehungsverband, bei den Naturfreunden, im Natur- und Umweltschutzbund NABU, in der Kulturstiftung Nordrhein-Westfalen, in der Duisburger Hafenvereinigung und in der Duisburger Universitäts-Ge-sellschaft. Damit nicht genug, ist er Kurator und Ehrenbürger der Gerhard Mercator-Universität Duisburg.

Dr. Ernst Dieter Rossmann ist als Mitglied des Landtags Schleswig-Holstein seit 1987 einer der typischen Berufs-politiker, der von der Landesebene auf die Bundesebene gewechselt hat. Thomas Sauer, Jahrgang 1962, dürfte als Mitarbeiter des Bundestagsabgeordneten Eckardt Kuhlwein auf den Geschmack gekommen sein, selbst in den Bundestag einzuziehen. Kuhlwein war seit 1976 Mitglied des Bundestages und hat sich 1998 nicht wieder beworben.

Dr. Ditmar Staffelt hat interessanterweise seine berufliche und seine politische Karriere parallel vorantreiben können, während doch gern unterstellt wird, daß politische Tätigkeit mit einem Karriereknick verbunden ist. Von 1983 bis 1989 war er leitender Angestellter in der Hölter-Gruppe, Gladbeck. Von 1989 bis 1995 wurde er dann beurlaubt, denn neben verschiedenen Führungspositionen in der Berliner SPD war er noch Mitglied im Abgeordnetenhaus von Berlin und – während seiner Beurlaubung – Vorsitzender der SPD-Fraktion. Nach seiner Rückkehr in den Beruf wurde er Vorstandsmitglied der Hölter Industrie AG, Essen, und ist seit Januar 1998 Geschäftsführer der Veba Kommunalpartner GmbH. Diesen Beruf übt er auch während seiner Parlamentszugehörigkeit aus. Wie üblich in der SPD, sind in seiner Biographie Mitgliedschaften in AWO, Arbeiter-Samariter-Bund (ASB) und der IG Metall aufgeführt.

Rainer Arnold, Fachbereichsleiter EDV und Organisationsleiter an der Volkshochschule Suttgart, hatte eine grundsolide Parteikarriere auf lokaler Ebene hinter sich, bevor er über die Landesliste Baden-Württemberg in den Bundestag gewählt wurde. Dort wird er überdies unternehmerisches Know-how einbringen können. Denn während seiner Mitgliedschaft übt er den Beruf des Geschäftsführers der Musikhaus Filder GmbH in Filderstadt aus.

Wirtschaftliches Know-how bringt auch Rainer Fornahl mit. Er war von 1994 bis 1998 Mitarbeiter der Veba Immobilien/IMG Immobilien-Management-Gesellschaft mbH, Leipzig, und hatte Handlungsvollmacht. In verschiedenen Kommunalunternehmen Leipzigs ist er Mitglied des Aufsichtsrates.

Anwälte und Gewerkschafter können
weiter ihren Job tun

Dirk Manzewski, Richter am Landgericht a. D., hat, obgleich Wessi, eine zackig kurze Ostkarriere gemacht, ohne
sich auf die Ochsentour begeben zu müssen. Dr. Axel Berg
ist nur einer der vielen selbständigen Rechtsanwälte, die
neben ihrer beruflichen Tätigkeit noch genügend Zeit für
eine politische Karriere fanden. Auch Dr. Peter Wilhelm
Danckert aus Berlin übt seinen Beruf als Rechtsanwalt und
Notar weiter aus. Die Rechtsanwältin Anette Kramme,
Jahrgang 1967, gibt als Arbeitsschwerpunkt ihrer Bayreuther Kanzlei Arbeitsrecht an und praktiziert während ihrer
Mitgliedschaft im Bundestag.

Olaf Scholz, Jahrgang 1958, ist ebenfalls Fachanwalt für
Arbeitsrecht und Partner in der Hamburger Kanzlei Zimmermann, Scholz und Partner und, wie es sich bei der SPD
gehört, Mitglied in den Gewerkschaften Nahrung Genuß
und Gaststätten (NGG) und Handel Banken Versicherungen
(HBV) sowie in karitativen Einrichtungen, in der AWO, im
ASB, außerdem noch im Hamburgischen Anwaltsverein und
in der Arbeitsgemeinschaft Fachanwälte für Arbeitsrecht im
Deutschen Anwaltsverein.

Alle diese Laufbahnen hören sich zugegebenermaßen
nicht sonderlich spannend an. Und genau das möchte ich
deutlich machen. Der Begriff »Politiker« wird in den
Medien viel zu oft nur auf ein paar Spitzenleute bezogen,
ebenso wie »Manager« sofort mit Konzernvorständen
gleichgesetzt wird. Die Arbeit machen aber hier wie da
andere.

Es gibt aber durchaus unterschiedliche Wege zum Bundestagsabgeordneten. Schauen wir uns deshalb ein paar
Karrieren an, bei denen die Arbeit in der Gewerkschaft eine
besondere Bedeutung hatte. Kurt Bodewig, der über die
Landesliste Nordrhein-Westfalen in den Bundestag einrük-

ken konnte, ist weiterhin als teilzeitbeschäftigter Abteilungsleiter Sozialpolitik beim Deutschen Gewerkschaftsbund Landesbezirk Nordrhein-Westfalen tätig. Sein Netzwerk erstreckt sich über die Arbeiterwohlfahrt, den Verband
der Kriegs- und Wehrdienstopfer, Behinderten und Sozial-
renter (VdK) und verschiedene soziale und gesellschaftliche
Initiativen. Ferner nimmt er ehrenamtlich die Funktion eines
alternierenden Vorsitzenden des Verwaltungsrates bei der
Allgemeinen Ortskrankenkasse (AOK) Rheinland und des
Vorsitzenden des Vorstandes der Landesversicherungs-
anstalt (LVA) Rheinprovinz wahr. Beim Westdeutschen
Rundfunk ist er stellvertretendes Mitglied des Rundfunk-
rates.

Klaus Brandner war bis zu seinem Eintritt in den Bundestag Geschäftsführer der Industriegewerkschaft Metall,
Verwaltungsstelle Gütersloh, und erster Bevollmächtigter
der IG Metall. Während seiner Mitgliedschaft im Bundestag
ist er weiterhin Verwaltungsratsvorsitzender des Innungs-
krankenkassen-Landesverbandes Westfalen-Lippe und der
Innungskrankenkasse Ostwestfalen-Lippe sowie Mitglied
der Synode der evangelischen Kirche, der Arbeiterwohlfahrt
und der Sozialistischen Jugend Deutschlands Die Falken.
Außerdem ist er Vorsitzender der Veranstaltungsgemein-
schaft Radio Gütersloh.

Willi Brase bleibt auch nach seiner Wahl zum Bundestagsabgeordneten über die Landesliste Nordrhein-Westfalen
DGB-Kreisvorsitzender in Siegen-Wittgenstein-Olpe. Wie
viele andere hat er nebenher alternierende Funktionen im
Vorsitz der Allgemeinen Ortskrankenkasse, des Arbeits-
amtes, der Industrie- und Handelskammer und der Wirtschaftsförderung des Kreises Siegen-Wittgenstein. Ebenso
wird Walter Hoffmann nach seinem Einzug in den Bundestag den Vorsitz des DGB-Kreises Starkenburg weiterführen.
Er ist Mitglied der IG Metall und der Arbeiterwohlfahrt,
Darmstadt.

Ute Kumpf, Jahrgang 1947, hat ebenfalls eine typische Gewerkschaftskarriere hinter sich. Fritz Schösser, Jahrgang 1947, bleibt als Parlamentarier wie viele seiner Parlamentskollegen in seiner gewerkschaftlichen Funktion als Landesvorsitzender des DGB Landesbezirks Bayern und Vorstandsvorsitzender im Verband der Deutschen Rentenversicherungsträger.

Wolfgang Grotthaus gibt als Beruf »technischer Angestellter« bei der Deutsche Babcock Anlagen GmbH, Oberhausen, an, und ist gleichzeitig Betriebsratsvorsitzender in diesem Unternehmen. Dieser Tätigkeit geht er auch während der Mitgliedschaft im Bundestag nach. In die Lokalpolitik Oberhausens ist er fest eingebunden, denn noch bis zum 12. September 1999 gehört er dem Oberhausener Stadtrat an und ist in dieser Funktion Mitglied in Gremien verschiedener kommunaler Unternehmen und Körperschaften oder Anstalten des Öffentlichen Rechts.

Ostkarrieren laufen schneller

Ulrich Kasparick hat vor seinem Einzug in den Bundestag eine in den neuen Bundesländern nahezu typische Karriere gemacht. Er studierte in der DDR Theologie, war bis 1989 parteilos und Wahlverweigerer, trat nach der Wende in die SDP/SPD ein und war zuletzt Leiter des Landesbüros Sachsen-Anhalt der Friedrich-Ebert-Stiftung in Magdeburg.

Christine Lehder, Jahrgang 1952, ist seit 1990 Mitglied der SPD, Mitbegründerin des SPD-Ortsvereins Saalfeld, ebenfalls seit 1990 Stadträtin in Saalfeld, von Beruf Regionalgeschäftsführerin der SPD des SPD-Landesverbands Thüringen und Mitglied in der Gewerkschaft Handel-Banken-Versicherungen.

Auch Eckhart Lewering hat eine typische Ostkarriere gemacht. Das gleiche gilt für den Diplompsychologen und

Diplomsportlehrer Götz-Peter Lohmann sowie Silvia Schmidt. Seit Mai 1995 Mitglied der SPD, ist sie im selben Jahr in den SPD-Landesparteirat Sachsen-Anhalt aufgerückt und nun in den Bundestag.

Ein Weg zum Bundestag
führt über aktive Verbandstätigkeit

Karin Kortmann gehört zu den semiprofessionellen Politikern, die über die Verbandsschiene ihre berufliche Laufbahn vorbereitet haben. So war sie von 1990 bis 1997 hauptamtliche Bundesvorsitzende des Bundes der Deutschen Katholischen Jugend sowie 1991 bis 1997 zwei Jahre Vorsitzende und vier Jahre stellvertretende Vorsitzende des Deutschen Bundesjugendrings, von 1991 bis 1997 Mitglied im Zentralkomitee der Deutschen Katholiken (ZDK) und von 1992 bis 1994 Beraterin der Kommission Jugend der Deutschen Bischofskonferenz, von 1993 bis 1995 Kuratoriumsmitglied der Internationalen Jugendbegegnungsstätte Oswiecim (Auschwitz) und 1995 bis 1997 stellvertretende Vorsitzende des Bundesjugendkuratoriums. In der SPD ist sie seit 1991 Mitglied der jugendpolitischen Kommission des SPD-Parteivorstandes. In den Bundestag rückte sie über die Landesliste Nordrhein-Westfalen ein.

Hochqualifizierte Newcomer bei den Grünen

Betrachtet man die Newcomer in der Fraktion Bündnis 90/ Die Grünen, so gewinnt man sehr schnell den Eindruck, daß es sich hierbei ungeachtet aller öffentlichen Querelen und innerparteilichen Auseinandersetzungen um die interessanteste politische Kraft handelt, die der Bundestag zu bieten hat. Die einzelnen Grünen nach Herkunftsschwerpunkten einzuteilen fällt weitaus schwerer als bei anderen Parteien.

Der einzige Rechtsanwalt unter den Neuen ist Hans-Christian Ströbele, Jahrgang 1939 und seit dreißig Jahren Verteidiger in politischen Strafverfahren, die die Aufmerksamkeit der Republik auf sich gezogen haben. Sein Engagement in der Studentenbewegung Ende der sechziger Jahre ist ebenso unvergessen wie seine Zeit als Sprecher im Bundesvorstand der Grünen.

Ein nicht minder prominentes Mitglied unter den Bundestags-Newcomern ist Jürgen Trittin, seit 1980 Mitglied der Grünen, Sprecher des Bundesvorstandes, Mitglied des Landtages von Niedersachsen und niedersächsischer Minister für Bundes- und Europaangelegenheiten.

Wenig bekannt mag in der Republik bisher der Gymnasiallehrer Hans-Josef Fell aus Unterfranken sein. Er war bereits Stadtrat in seiner Geburtsstadt Hammelburg, als er 1992 mit 40 Jahren in die Partei Bündnis 90/Die Grünen eintrat. Als stellvertretender Sprecher der Bayerischen Solarinitiativen, Geschäftsführer der Hammelburger Solarstromgesellschaft und Mitglied des Aufsichtsrates der Naturstrom AG, Düsseldorf, dürfte der Preisträger des Europäischen Solarpreises 1994 von Eurosolar in Zukunft klare Interessen in der Energiepolitik vertreten. Hans-Josef Fell ist Mitglied im Verteidigungsausschuß und im Ausschuß für Bildung, Forschung und Technologiefolgenabschätzung.

Katrin Dagmar Göring-Eckardt wird man unter diejenigen Grünen-Newcomer einordnen können, deren Weg in den Bundestag eindeutig über ihre Arbeit für die Partei geführt hat. Immerhin war sie vor ihrem Eintritt in den Bundestag Mitarbeiterin der Bundestagsabgeordneten Matthias Berninger und Margareta Wolf, die beide wiedergewählt worden sind. Daß Frau Göring-Eckardt im Oktober 1998 stellvertretende Parlamentarische Geschäftsführerin der Fraktion Bündnis 90/Die Grünen wurde, ist ein deutlicher Vertrauensbeweis in ihre Kompetenz. In anderen Fraktionen stehen diese Ämter Newcomern nicht offen.

Dr. Reinhard Loske ist der neue umweltpolitische Sprecher der Fraktion Bündnis 90/Die Grünen. Vor seiner Mitgliedschaft im Bundestag war er Projektleiter im Wuppertaler Institut für Klima, Umwelt und Energie und dürfte somit in der SPD-Fraktion auf seinen früheren Chef Dr. Ernst Ulrich von Weizsäcker stoßen. Dr. Loske war bereits 1987 bis 1990 Wissenschaftlicher Angestellter der Bundestagsfraktion Die Grünen. Auch er ist der Naturstrom AG in Düsseldorf als Mitglied des Kuratoriums verbunden und gehört dem Umweltrat der Umweltbank in Nürnberg an. Bei der Stiftung Zukunftsfähigkeit sitzt er im Kuratorium, ebenso im Center of Advanced Studies and Research, wo er ehrenamtlich als Mitglied des Stiftungsrates wirkt.

Während Reinhard Loske im Ausschuß für Umwelt, Naturschutz und Reaktorsicherheit ordentliches Mitglied ist, gehört sein ehemaliger Chef dort zu den Stellvertretern. Im Finanzausschuß ist es dann genau umgekehrt. Dr. Ernst-Ulrich von Weizsäcker ist ordentliches Mitglied und Reinhard Loske eines der stellvertretenden Mitglieder der Bündnis/Grünen.

Schnelle und originelle Karrieren bei der CDU/CSU

Norbert Hauser weist die typische Karriere eines guten Networkers auf. In seiner Biographie gewährt er freizügig Einblick in die Verbindungen, die er als kontaktfreudiger Mensch zu bieten hat. Er war von 1979 bis 1981 Bundesgeschäftsführer eines Mittelstandsverbandes und ist seit 1981 selbständiger Rechtsanwalt. Bei der Bonner Innova GmbH & Co. Venture-Beteiligungs KG gehört er dem Kuratorium an, darüber hinaus ist er Mitglied des Bonner Stadtrates, in verschiedenen Sportvereinen tätig, ehrenamtlicher Präsident der Deutsch-Spanischen Gesellschaft, Beisitzer im Vorstand der Karl-Arnold-Stiftung und Mitglied des Kuratoriums Stiftung Haus der Geschichte der Bundesrepublik Deutschland.

Hauser ist auch Ehrenmitglied des Senats der Allgemeinen Karnevalsgesellschaft Prinzengarde 1947 e. V., Bad Godesberg, der Godesberger Stadtsoldaten, der St. Hubertus-Schützenbruderschaften Bad Godesberg und Lannesdorf, sowie der St. Andreas Schützenbrüderschaft Rüngsdorf, Ehrenmitglied im Männergesangverein Cäcilia 1840 e. V., Bad Godesberg, im Senat der Karnevalsgesellschaft »Fidele Burggrafen« und der Karnevalsgesellschaft Blau-Gold, Muffendorf.

Siegfried Helias aus Berlin ist unter den Abgeordneten insofern eine Ausnahme, als er während seiner Mitgliedschaft im Bundestag sowohl den Beruf eines selbständigen Friseurmeisters als auch den eines selbständigen Kommunikationsberaters ausübt. Bei der PCG Project Control GmbH in Berlin ist er stellvertretender Vorsitzender des Aufsichtsrates. Als Mitglied des Abgeordnetenhauses von Berlin hat er eine fast klassische Landespolitikerkarriere hinter sich.

Hans Jochen Henke, Jahrgang 1945, dürfte aufgrund seiner bisherigen Karriere eindeutig zu den zukünftigen Machern in der CDU zählen. Nach dem Studium war er 1975 bis 1976 Rechtsanwalt in Stuttgart und Referent in der Innenverwaltung Baden-Württemberg, 1976 bis 1978 Persönlicher Referent der baden-württembergischen Innenminister Schiess und Späth und 1978 bis 1982 Büroleiter des Ministerpräsidenten Späth. Von 1982 bis 1984 leitete er die Abteilung Finanzen, Personal, Organisation im Staatsministerium Baden-Württemberg und wurde dann Oberbürgermeister von Ludwigsburg, eine Funktion, die er bis 1995 innehatte. 1994 bis 1995 war Henke Vorsitzender der

Region Stuttgart und von 1995 bis 1998 Staatssekretär im Bundesministerium für Verkehr. Seinen Beruf als Rechtsanwalt übt Henke während der Bundestagsmitgliedschaft weiterhin aus, auf Nebenämter verzichtet er aber seit seinem Eintritt in den Bundestag. Vorher bekleidete er verschiedene Aufsichtsratsposten.

Außergewöhnlich ist auch der berufliche Werdegang von Dr. Martina Krogmann, Jahrgang 1964, verlaufen. Nach einer Ausbildung zur Redakteurin beim Axel Springer Verlag studierte sie Politische Wissenschaften und Volkswirtschaft. 1992 erhielt die Diplompolitologin von der VW-Stiftung ein Promotionsstipendium an der Arbeitsstelle Transatlantische Außen- und Sicherheitspolitik der Freien Universität Berlin und am Center for International and Security Studies University of Maryland, USA. 1996 promovierte sie zum Dr. phil. an der Freien Universität Berlin. Anschließend war sie Political Economic Specialist im Generalkonsulat der Vereinigten Staaten von Amerika in Hamburg. 1997 trat sie in die CDU ein und wurde Mitglied im Vorstand des CDU-Stadtverbandes Stade und stellvertretende Vorsitzende der CDU Niedersachsen. Seit 1998 ist sie über die Landesliste im Bundestag.

Eine typische Ostkarriere der zweiten Generation hat Katherina Reiche, Jahrgang 1973, gemacht. 1992 trat sie in die Junge Union ein, 1996 in die CDU, wurde Mitglied der Frauenunion und hat jetzt den Sprung in den Bundestag geschafft. Beruflich war sie Wissenschaftliche Mitarbeiterin an der Universität Potsdam.

Dorothea Störr-Ritter, Jahrgang 1955, ist Anwältin in der Kanzlei der Rechtsanwälte Kurbjuhn-Störr-Ritter in Waldkirch und Vizepräsidentin des Bundes der Selbstständigen, Landesverband Baden-Württemberg. Außerdem ist sie Mitglied der Katholischen Frauengemeinschaft Deutschlands. Erst spät, 1994, trat sie in die CDU ein.

Der CDU-Abgeordnete Peter Weiß ist einer der wenigen

Neuen, die auf eine Verbandskarriere zurückblicken. Er ist seit 1985 in der Bundeszentrale des Deutschen Caritas-Verbandes in Freiburg tätig und war zudem Geschäftsführer der Katholischen Fachhochschule Freiburg GmbH.

Charakteristisch für die frischgebackenen Bundestagsabgeordneten ist, daß sie sich, bis auf wenige Ausnahmen, in ihrer Biographie auf knappe Stichworte beschränken. Die Frage ist, fehlt es ihnen an Stoff, oder fürchten sie, angreifbar zu werden?

Die hier vorgestellten neuen Abgeordneten erscheinen mir als durchaus repräsentativ für alle 178, die in den 14. Bundestag einrückten. Sicher wird jeder bestimmte Interessen verfolgen und Verbindungen zu ganz neuen Gesprächspartnern finden. Es wäre jedoch falsch, davon auszugehen, daß sich diese Abgeordneten mehrheitlich vor den Karren eines Wirtschaftsverbandes oder eines Unternehmens spannen lassen. Das Gemeinwohl wird zusehends zur alles bestimmenden Maxime. Ausnahmen bestätigen natürlich auch hier die Regel.

Die Ära Flick ist in den Köpfen der 68er-Generation noch präsent genug, um sie als Warnung an die nächste Generation weitergeben zu können. Der derzeitige Altersdurchschnitt der Abgeordneten schließt sie als Beteiligte aus, doch waren sie im besten Sinne des Wortes »Betroffene«, die es sich selbst zum Vorsatz gemacht haben, solche Fehler nicht zu wiederholen.

Die Machtwächter – Wahrer und Mittler zwischen Partei und Regierung

Daß die Arbeit des Bundestages auch in Zukunft nicht im Plenum unter der imposanten Glaskuppel des alten Reichstags stattfindet, dürfte nicht nur den Zuschauern des Senders

Phoenix bekannt sein. Im Netzwerk der Gremien des Bundestages haben die Fraktionen eine fast alles entscheidende Bedeutung. Entsprechend stark ist die Position des Fraktionsvorstands. Innerhalb der Fraktionen sind es die Sprecher der sogenannten Arbeitsgruppen oder Arbeitskreise, wie sie je nach Partei genannt werden, die die fachliche Kompetenz bündeln.

»Nichts geht außerhalb der Fraktionen«, so heißt es im Internetmagazin *Blickpunkt Bundestag.*[22] Es ist heute eine anerkannte Tatsache, daß ein geordneter parlamentarischer Betrieb ohne die Fraktionen nicht denkbar ist. Aus dem Honoratiorenparlament der Vergangenheit ist das Arbeitsparlament der Gegenwart geworden. Bei namentlichen Abstimmungen halten sich die Abgeordneten regelmäßig zu über 90 Prozent an die Fraktionsvorgabe. Das ist ein Ergebnis der sogenannten Fraktionsdisziplin und zeigt, daß der eigentliche Willensbildungsprozeß sich aus dem Bundestagsplenum in die einzelnen Fraktionen verlagert hat.

Die Debatten im Bundestag dienen der öffentlichkeitswirksamen Selbstdarstellung, nachdem die echten Entscheidungen hinter verschlossenen Türen in der Fraktion getroffen worden sind und sich die einzelnen Fraktionen über ihre Standpunkte bereits in den Bundestagsausschüssen ausgetauscht und meist einen Kompromiß ausgehandelt haben. Die »Durchfraktionierung« des Bundestages wird auch bei der Besetzung der Ausschüsse, des Ältestenrates und des Bundestagspräsidiums deutlich. Denn auch hier werden die Mitglieder von den Fraktionen benannt. Das wichtigste Organ der Fraktionen ist der Fraktionsvorstand oder, präziser, der Geschäftsführende Fraktionsvorstand.

Zu ähnlichen Ergebnissen kommt die Bonner Politologin Sabine Lemke-Müller in ihrer Forschungsarbeit über das Selbstverständnis der Bundestagsabgeordneten.[23] Sie hat vor der Bundestagswahl 1998 die Abgeordneten befragt.

Auf die Frage, welche Fehler man vermeiden müsse, wenn man in Führungspositionen aufsteigen will, lautete die häufigste Antwort (52 Prozent): In erster Linie müsse man Solidarität mit der Fraktion und Loyalität gegenüber ihrer Führung praktizieren. Nur 31 Prozent nannten soziales Fehlverhalten wie Kontaktarmut, unkollegiales Verhalten oder Unfähigkeit zur Kooperation als Karrierehindernis, 11 Prozent Profillosigkeit und 2,5 Prozent Fehlverhalten gegenüber den Medien.

Die meisten Abgeordneten finden Entscheidungen in breitem Konsens wichtig, stellte Frau Lemke-Müller fest, dies stärke die Handlungsfähigkeit des Parlaments. Allerdings wurde auch die kritische Stellungnahme eines CDU-Abgeordneten zitiert: »Wenn ich eine andere Meinung vertrete als die Mehrheit innerhalb der Fraktion, kann es vorkommen, daß ich von wichtigen Informationen ›ausgesperrt‹ werde.«[24] Desgleichen bemängelten die Abgeordneten den Informationsfluß zwischen der damaligen Regierung und den Fraktionen. Information werde als Machtinstrument mißbraucht. »Es wäre nett, wenn wir das, was wir … beschließen sollen, nicht erst aus der Zeitung oder dem Fernsehen erfahren«[25], meinte ein anderer CDU-Abgeordneter.

Wie Frau Lemke-Müllers Befragung des weiteren zeigt, sind viele Abgeordnete der Ansicht, der Bundestag ersticke im Routinebetrieb. Die Plenardebatten werden als zu lang empfunden, die inhaltliche Arbeit in Arbeitsgruppen und Ausschüssen komme zu kurz.[26]

Stühlerücken im SPD-Fraktionvorstand

Natürlich hat es nach dem Machtbeben auch im Fraktionsvorstand der SPD ein großes Stühlerücken gegeben, das teilweise wie ein Schmierentheater in der Öffentlichkeit und mit den Medien inszeniert wurde. Rudolf Scharping ist nun Verteidigungsminister und Dr. Peter Struck Fraktionsvorsitzender. Von den neun stellvertretenden Vorsitzenden hatten nur Rudolf Dreßler, Ingrid Matthäus-Maier und Ulla Schmidt schon im 13. Bundestag diese Ämter inne. Gernot Erler, Iris Gleicke, Sabine Kaspereit, Michael Müller, Ernst Schwanhold und Ludwig Stiegler sind neu in die Funktion des stellvertretenden Vorsitzenden aufgestiegen. Auf den Platz von Peter Struck als Erster Parlamentarischer Geschäftsführer ist Wilhelm Schmidt aufgerückt. Von den vier Parlamentarischen Geschäftsführern haben drei, nämlich Ilse Janz, Susanne Kastner und Dr. Angelica Schwall-Düren diese Funktion neu übernommen. Dr. Uwe Küster war bereits vorher Parlamentarischer Geschäftsführer.

Über Dr. Peter Struck und seine politischen Qualifikationen ist im Herbst 1998 viel geschrieben worden. Der Bundestagsprofi ist schließlich seit 1980 Mitglied dieses Gremiums. Daß er vielleicht einmal andere Perspektiven hatte, läßt sich daraus schließen, daß er sich 1983 entschied, seine Zulassung als Rechtsanwalt beim Amtsgericht Uelzen und Landgericht Lüneburg zu beantragen – die bis heute besteht.

Weniger bekannt ist, daß Peter Struck auch Mitglied des Aufsichtsrats der Rockwool Beteiligungs GmbH in Gladbeck ist. Dieses Unternehmen hält 100 Prozent der Deutschen Rockwool Mineralwoll-GmbH, des führenden deutschen Produzenten von Steinwolle-Dämmstoffen. Weltweit ist die Rockwool-Gruppe die Nummer eins unter den Herstellern von Steinwolleprodukten. Nun wird von Aufsichtsräten erwartet, daß sie zum Wohl des von ihnen beaufsichtigten Unternehmens wirken, das gilt auch in einer GmbH, wo ein solches Gremium nicht zwingend vorgeschrieben ist. Welche Erwartungen könnte nun ein Hersteller von Steinwolle in einen Politiker setzen?

Übermäßiges Interesse scheint die Öffentlichkeit diesem Produkt zur Wärmedämmung und zur technischen Isolierung nun nicht gerade beizumessen. Doch sollte man die Abhängigkeit des Dämmstoffeinsatzes von politischen Entscheidungen nicht unterschätzen. Die Forderung nach einem besseren Schutz der Erdatmosphäre erfordert eine Reduzierung des CO_2-Ausstoßes. Dieser kann auf verhältnismäßig einfache Weise dadurch erreicht werden, daß weniger fossile Brennstoffe zur Beheizung von Gebäuden zum Einsatz kommen. Eine Forderung, die durch gut gedämmte Gebäude erfüllt wird. Und damit ist man bei der Wärmeschutzverordnung angelangt.

Die Verwendung von Dämmstoffen hängt also davon ab, welche Richtwerte in der Wärmeschutzverordnung vorgeschrieben werden. Aber nicht allein davon. Der Einsatz von Dämmstoffen wird auch durch Erwartungen an die Entwicklung der Mineralölpreise beeinflußt. Wenn davon auszugehen ist, daß in ein paar Jahren Heizöl wesentlich teurer wird, sorgt man heute schon für eine bessere Dämmung. Bei niedrigen Heizölpreisen verzichtet man auf Wärmedämmung.

In seiner Pressemitteilung zieht die Deutsche Rockwool Mineralwoll-GmbH für das Jahr 1998 eine positive Bilanz. Dort heißt es wörtlich, »durch die Novellierung der Gefahrstoffverordnung wurde die gesundheitliche Unbedenklichkeit der Rockwool Steinwolle-Dämmstoffe eindeutig festgestellt«. Aus dieser Formulierung darf man schließen, daß vor der Novellierung der Gefahrstoffverordnung die gesundheitliche Unbedenklichkeit nicht eindeutig festgestellt war, und weiter, daß die gesundheitliche Unbedenklichkeit letzten Endes nur eine Frage der Definition ist.

Unter dem Strich sieht man also, daß selbst ein so unscheinbares Produkt wie Steinwolle mit ganz bestimmten politischen Interessen behaftet ist. Es wäre ganz sicher voreilig, Peter Struck deshalb als einen internen Lobbyisten zu bezeichnen. Vielleicht würde man dies bei einer streng wissenschaftlichen Kategorisierung tun, in der Praxis jedoch dürfte das falsch sein. Für die Rockwool-Konzernzentrale in Dänemark ist es zweifellos beruhigend, im Falle aller Fälle einen kompetenten Ansprechpartner in Bonn beziehungsweise Berlin zu kennen, um nicht allein auf die verschachtelten Interessenverbände der Dämmstoffindustrie, die ja die Tagesarbeit übernehmen, zurückgreifen zu müssen.

Der stellvertretende Fraktionsvorsitzende Gernot Erler widmet sich in seiner ehrenamtlichen Arbeit in verschiedenen Vereinen und Gesellschaften hauptsächlich den Beziehungen nach Südosteuropa. Iris Gleicke kümmert sich als stellvertretende Vorsitzende des Thüringischen Landesverbandes des Deutschen Mieterbundes um dessen regionale Interessen. Sabine Kaspereit konzentriert sich ebenso wie Ingrid Matthäus-Maier und Ursula Schmidt ganz auf die Arbeit im Bundestag. Michael Müller beschäftigt sich ehrenamtlich als Bundesvorsitzender der Naturfreunde und Präsidiumsmitglied des Deutschen Naturschutzrings mit Belangen, die selbst bei den Grünen etwas in den Hintergrund getreten sind.

Auch von Rudolf Dreßler, dem stellvertretenden Fraktionsvorsitzenden, und Wilhelm Schmidt, dem Ersten Parlamentarischen Geschäftsführer der SPD-Fraktion, gibt es keine erwähnenswerten offiziellen Nebenaktivitäten zu vermelden. Dreßler ist Arbeitnehmervertreter im Aufsichtsrat der Laubag AG und sitzt im Beirat der Karlsruher Lebensversicherung. Wilhelm Schmidt ist ehrenamtlicher stellvertretender Bundesvorsitzender der Arbeiterwohlfahrt Bundesverband e. V., Bonn. Damit wird wieder deutlich, daß innerhalb der SPD-Fraktion soziale und karitative Aktivitäten einen besonderen Stellenwert haben.

Ludwig Stiegler, seit 1980 Mitglied des Bundestages, ist als Rechtsanwalt zwar Partner der überörtlichen Sozietät

Gaedertz, die Büros in Köln, Berlin, Brüssel, Frankfurt, Leipzig, München, Potsdam, Prag und Wiesbaden unterhält, jedoch hat auch er neben der Mitgliedschaft im Rundfunkrat der Deutschen Welle keine Interessenbindungen und damit einhergehende Verpflichtungen außerhalb seiner Abgeordnetentätigkeit.

Ernst Schwanhold, bis 1998 wirtschaftspolitischer Sprecher der SPD-Fraktion, ist immerhin Mitglied in zwei Aufsichtsräten, einmal bei der BUL Bergbausanierung und Landschaftsgestaltung Sachsen GmbH, Hoyerswerda, und zum anderen der Georgsmarienhütte Holding. Hier tut sich eine interessante Verbindung auf. Während der *Stern* Ernst Schwanhold Schröders Beraterkreis auf der politischen Ebene zurechnet, gehört Jürgen Großmann, der im Jahr 1993 die Georgsmarienhütte GmbH durch ein Management-Buy-Out übernahm, zu den Schröder-Gesprächspartnern aus der Wirtschaft. 1997 gründete Großmann die Georgsmarienhütte Holding GmbH, in die er das Stahlunternehmen einbrachte. Heute ist die Georgsmarienhütte GmbH Deutschlands Nummer eins für Stabstahl, Schmiedehalbzeug und Blankstahl aus Qualitäts- und Edelbaustählen.

Die Fraktionsvorsitzende von Bündnis 90/Die Grünen Kerstin Müller konzentriert sich ganz auf die Politik, während der Fraktionsvorsitzende Rezzo Schlauch nebenher Funktionen als stellvertretendes Mitglied der Synode der evangelischen Kirche in Deutschland wahrnimmt und sich in Berlin als Mitglied des Verwaltungsrates der Filmförderungsanstalt um kulturelle Aspekte kümmert. Als Mitglied des Schiedsgerichts unterstützt er den Verein UnternehmensGrün in Stuttgart.

Für Kristin Heyne, Erste Parlamentarische Geschäftsführerin der Fraktion Bündnis 90/Die Grünen, ging der Regierungswechsel nicht ohne »leichte Umstellungsprobleme«[27] ab. »Jetzt haben wir drei Minister und müssen darauf achten, daß die Fraktion ausreichend zu Wort kommt«, erläuterte sie die manchmal komplizierte Verteilung der Redezeit. Ihre größte Herausforderung sieht sie in der Sicherung der Kanzlermehrheit.

Auch hier manifestiert sich wieder die grundsätzliche Erkenntnis, je größer die tatsächliche Teilhabe eines Politikers an der Machtausübung ist, desto mehr ist er dem Prinzip Gemeinwohl verpflichtet und kann auf den Rückhalt externer Interessengruppen zumindest in institutionalisierter Form verzichten.

Zwischen allen Stühlen

Wenn man es recht betrachtet, stehen die Abgeordneten in einer außerordentlich unangenehmen und unbefriedigenden Arbeitssituation. Abgeordnete sind keine Beamte. Sie haben keine Tätigkeits- und Versorgungsperspektive auf Lebenszeit. Trotzdem sind sie einer Vielzahl von Regeln, Vorschriften und Gesetzen unterworfen, und ihre Arbeit wird von den Medien, aber ebenso von den Parlamentskollegen stets kritisch und mit Argusaugen verfolgt. Sie stehen sozusagen unter öffentlicher Überwachung, ohne wirklich öffentlicher Dienst zu sein. Sie sind keine Selbständigen und sollen doch die Verantwortung für ihre Entscheidungen stets selbst tragen und ihre Unabhängigkeit wahren. Sie sind keine Angestellten ihrer Parteien und sollen sich doch den Weisungen der Fraktion fügen und sich möglichst weit Vorgaben anpassen. Sie sind keine Führungskräfte und sollen sich doch profilieren und herausragen. Sie sind von allem etwas und nichts ganz.

Sie sind korporierte Individualisten und nur zu oft gleichgeschaltete Idealisten, aber weder naiv noch lebensfremd. Sie wissen ziemlich genau, wie die Arbeitsleistung, die sie erbringen, und die Verantwortung, die sie tragen, und das Wissen, über das sie verfügen müssen, in der Wirtschaft bezahlt werden würde. Mark Wössner, der ehemalige Vorstandsvorsitzende der Bertelsmann AG, bezog ein Jahresgehalt von rund 7,5 Millionen D-Mark, Ferdinand Piëch von Volkswagen erhält 4,4 Millionen, Manfred Schneider von Bayer knapp drei Millionen, ebenso Ulrich Hartmann von der Veba AG. Siemens bezahlt seinen Spitzenmann Heinrich von Pierer mit zwei Millionen D-Mark.

Liegen die Leistungen des Bundeskanzlers und der Bundesminister wirklich so deutlich unter denen der Konzernchefs? Wird durch erfolgreiches Führen der »Deutschland AG« für die Nation soviel weniger Gewinn erwirtschaftet? Läßt der Erfolg politischer Arbeit so stark zu wünschen übrig? Und selbst wenn man nicht gerade die Spitzenpositionen miteinander vergleicht, ein Abgeordneter kommt nicht einmal auf ein durchschnittliches Geschäftsführergehalt, er liegt eher auf der Ebene eines Bereichs- beziehungsweise Abteilungsleiters.

»Über fast keinen Beruf gibt es meines Erachtens eine derartige Unkenntnis der Bedingungen und Umstände seiner Arbeit. Man hält nichts von den Abgeordneten, erwartet aber beinahe die Lösung aller Probleme«, zitierte der *Stern* einen Unionsabgeordneten.[28] Das Bild der Abgeordneten in der Öffentlichkeit und ihre Selbsteinschätzung klaffen weit auseinander, fand auch Frau Lemke-Müller bestätigt. Als besonders charakteristische Eigenschaften führten die Parlamentarier ihre Bürgernähe (53 Prozent) und ihre Ehrlichkeit (52 Prozent) auf. Es folgten Fachwissen mit 48 Prozent und Fleiß mit 46 Prozent.[29]

Dagegen schätzen sich nur wenige als konfliktfähig oder durchsetzungstark ein, nämlich 13 beziehungsweise 16 Prozent der männlichen Abgeordneten und 24 beziehungsweise 22 Prozent der weiblichen. Nur 4 Prozent der Abgeordneten gaben an, daß sie gute Beziehungen zu ihrer Partei haben, und nur 2 Prozent gestanden gute Beziehungen zu

Verbänden ein. »Sehnsucht nach Harmonie und Anpassung beherrschen den Bonner Parlamentsalltag«, schloß der *Stern* aus den Ergebnissen der Untersuchung von Frau Lemke-Müller. Das Selbstbild der Abgeordneten weise große Übereinstimmungen mit ihrem Idealbild des »guten« Volksvertreters auf.[30]

Ein anderes Ergebnis der Arbeit von Frau Lemke-Müller ist übrigens: »Die meisten Parlamentarier empfinden es als überaus schwierig, das Privatleben mit den Anforderungen ihres Mandats unter einen Hut zu bringen. Die Hetze von Termin zu Termin läßt kaum Zeit für eingehendere Lektüre, belastet Gesundheit und Familienleben.«[31] Da drängt sich einmal mehr die Frage auf, warum so viele Abgeordnete sich zusätzlich mit mehr oder weniger zahlreichen Nebenposten belasten.

Die Besitzstandswahrer – Subventionen sichern und Risiko vermeiden

Auf allen politischen Ebenen herrscht Einigkeit darüber, daß die öffentlichen Subventionen gesenkt werden müssen, und das nicht erst, seit Bundeswirtschaftsminister Werner Müller die Verbände dazu aufforderte, eine Streichliste zu präsentieren. Doch niemand weiß genau, um welche Summen es überhaupt geht und wohin diese im einzelnen fließen. Schätzungen über das Gesamtvolumen bewegen sich zwischen 125 und 290 Milliarden D-Mark.[32] Finanzielle Zuwendungen aus öffentlichen Mitteln sind eben eine Frage der Definition. Sind staatliche Hilfen an Kirchen oder Kindertagesstätten zum Beispiel Subventionen und ist es auch der Sparerfreibetrag? Kunibert Schmidt vom Verband der Automobilindustrie (VDA) zitierte das *managermagazin*: »Wir bekommen keine Subventionen. Das sind Beihilfen.

An einem Subventionsabbau beteiligen wir uns nur im Rahmen einer EU-weiten Regelung.«[33]

Der Subventionsbericht der Bundesregierung bezifferte das Subventionsvolumen für das Jahr 1997 auf 115 Milliarden D-Mark, das Statistische Bundesamt kam dagegen nur auf 67 Milliarden D-Mark, da nur die direkten Zahlungen einbezogen wurden.[34] Der Industrie- und Handelstag ging von insgesamt 125 Milliarden D-Mark an Subventionen aus, und er forderte die Wirtschaft auf, auf 20 Prozent davon zu verzichten. Das wäre immerhin eine Einsparung von 25 Milliarden D-Mark. Das Institut für Weltwirtschaft (IfW), Kiel, errechnete für 1997 eine Summe von 141,6 Milliarden D-Mark, wenn die Finanzhilfen aus verschiedenen Quellen zusammengezählt werden. Danach zahlten der Bund 58,4 Milliarden D-Mark, die Länder 59,2 Milliarden D-Mark, die Europäische Union 14,3 Milliarden D-Mark, die Bundesanstalt für Arbeit 2,2 Milliarden D-Mark und die Gemeinden 7,5 Milliarden D-Mark.[35]

Werden nicht nur Finanzhilfen, sondern sämtliche Subventionen inklusive Steuervergünstigungen einbezogen, kommt das IfW immerhin schon auf 187,3 Milliarden D-Mark. Wohin gingen diese Gelder? An der Spitze der Empfänger standen nach Ermittlungen des IfW der Verkehrsbereich mit 49,1 Milliarden D-Mark, die Wohnungsvermietung mit 36,4 Milliarden D-Mark und die Landwirtschaft mit 31,0 Milliarden D-Mark. Der Bergbau erhielt 12,4 Milliarden, der Schiffbau 0,6 Milliarden und die Luft- und Raumfahrt 0,3 Milliarden D-Mark. Branchenübergreifende Subventionen für die Regional- und Strukturpolitik beliefen sich auf 17,7 Milliarden D-Mark, für die Beschäftigungspolitik auf 9,6 Milliarden und für die Umweltpolitik auf 1,4 Milliarden D-Mark. Schließlich entfielen 10,0 Milliarden D-Mark auf die Förderung betrieblicher Funktionen, wie zum Beispiel Forschung und Entwicklung, und die restlichen 18,8 Milliarden D-Mark fielen unter Sonstige.

Diese Zahlen machen ganz deutlich, daß nach wie vor die alten Branchen im Vordergrund der Förderung stehen, zukunftsträchtige, innovative Technologien und Existenzgründer hingegen sträflich vernachlässigt werden. Doch gibt es im Subventionsbericht der Bundesregierung 1997 eine lange Liste von recht fragwürdigen Positionen, die wohl nur wenige Bürger kennen. Dazu gehören: Zuschuß für das Branntweinmonopol (Obstbauern), Steuerbefreiung für Viehversicherungen (Viehzüchter), Befreiung der Schaustellerzugmaschinen von der Kfz-Steuer, Biersteuervergünstigung für den Haustrunk von Brauereimitarbeitern (Arbeitnehmer), Hilfen für den Wohnungsbau für Bundesbedienstete (Beamte), Zuschüsse zur Schuldbuchforderung der Ruhrkohle AG, Steuerbefreiung für Tabakwaren, die der Hersteller an seine Arbeitnehmer ohne Entgelt abgibt (Arbeitnehmer), ermäßigter Steuersatz für Leistungen in der Tier- und Pflanzenzucht (Landwirte), Erstaufforstungsprämien für Waldbesitzer, eine Vergütung an Banken für die Verwaltung von Bundesmitteln, Darlehen für die Kutterfischerei oder ein Zuschuß zum Abwrackfonds für die Binnenschiffahrt zur Gewährung von Abwrackprämien.[36]

Um die Besitzstandswahrer mit der eindeutigsten Interessenlage unter den Bundestagsabgeordneten zu identifizieren, braucht man sich bloß den Ausschuß für Ernährung, Landwirtschaft und Forsten und den Ausschuß für Arbeit und Sozialordnung anzuschauen.

Peter Harry Carstensen, der Vorsitzende des Landwirtschaftsausschusses, ist über die Landesliste der CDU Schleswig-Holstein in den Bundestag gekommen. Der gelernte Diplomagraringenieur ist nebenher Mitglied des Aufsichtsrates der CG Nordfleisch AG, Hamburg, Präsident der Deutschen Gesellschaft für Agrar- und Umweltpolitik e. V. (DGAU) und Präsident des Deutschen Fischerei-Verbandes, Hamburg.

Für diesen Verband sind Carstensen sowie der Hauptgeschäftsführer Lothar Fischer als offizielle Vertreter beim Bundestag registriert. Dem Deutschen Fischerei-Verband sind 20 Unterverbände angeschlossen, und er vertritt sowohl die Interessen der Berufs- als auch die der Sportfischerei. Dazu gehören sämtliche arbeitsrechtlichen, steuerrechtlichen und ernährungswirtschaftlichen Fragen sowie alle sonstigen mit der Fischereiwirtschaft zusammenhängenden Probleme wie Gewässerschutz, Umweltschutz und auch gesundheitspolitische Themen. Damit ist Carstensen zugleich einer der vielen Küstenlobbyisten, denen es im erweiterten Rahmen um Themen vom Fremdenverkehr bis zum Schiffbau geht.

Neben Carstensen sitzen auch Wilhelm Dietzel, Landwirtschaftsmeister und seit 1987 Vizepräsident des hessischen Bauernverbandes, und Albert Deß im Ausschuß für Landwirtschaft, Ernährung und Forsten. Deß ist zudem Vorstandsvorsitzender der Bayernland e.G., ehrenamtlicher Vorsitzender des Aufsichtsrates der Milchwerke Regensburg-Amberg e.G., Mitglied des Verwaltungsrates des Absatzförderungsfonds der Deutschen Land- und Ernährungswirtschaft, Bonn, sowie Mitglied des Vorstandes der Fachagentur Nachwachsende Rohstoffe e.V., Gülzow, und erster Vorsitzender des Vereins Nachwachsende Rohstoffe, Neumark in der Oberpfalz.

Nun sind aber keineswegs alle Landwirte im Ausschuß für Ernährung, Landwirtschaft und Forsten versammelt. Die Subventionsbeschaffung funktioniert auch so. Natürlich ist es da ganz nützlich, wenn der Landwirt und Winzer aus Bobenheim am Berg, Norbert Schindler, noch im Finanzausschuß sitzt – soweit es seine Zeit erlaubt. Denn er ist ferner Mitglied des Landwirtschaftlichen Beirates der R + V Lebensversicherung, Wiesbaden, sitzt im Programmbeirat des rheinland-pfälzischen Rundfunks RPR und ist Mitglied des Aufsichtsrates und des Landwirtschaftlichen Beirates der Süddeutschen Zuckerverwertungsgenossenschaft ZVG.

Ein paar Funktionen hat der rührige Schindler noch in der Kreissparkasse Bad Dürkheim, in der Landeszentralbank in Rheinland-Pfalz und in der Landwirtschaftlichen Rentenbank, Frankfurt am Main. Der Landwirtschaftskammer Rheinland-Pfalz sitzt er als Vizepräsident vor. Präsident ist er im Bauern- und Winzerverband Rheinland-Pfalz, Vizepräsident im Deutschen Bauernverband e. V. und auch bei den Hessisch-Pfälzischen Rübenanbauern in Worms stellvertretender Vorsitzender.

Im Ausschuß für Umwelt, Naturschutz und Reaktorsicherheit sitzt Hans Peter Schmitz, Landwirt aus Baesweiler. Auch er glänzt durch zahlreiche Nebenämter. Schmitz ist Mitglied in Gremien von fünf Unternehmen, unter anderem im Aufsichtsrat der RAG Beteiligungs GmbH, Essen, er hat Funktionen in drei Körperschaften beziehungsweise Anstalten des Öffentlichen Rechts und engagiert sich in drei Vereinen, davon zwei mit medizinischer Ausrichtung. Das Spektrum seiner Nebenaktivitäten ist somit für einen Abgeordneten aus der Landwirtschaft eher untypisch.

Reinhard Freiherr von Schorlemer, Land- und Forstwirt auf Rittergut Lonne/Dieppen über Berge ist stellvertretendes Mitglied im Verteidigungsausschuß und im Ausschuß für Ernährung, Landwirtschaft und Forsten sowie Mitglied des Auswärtigen Ausschusses. Als Aufsichtsrat in der Centralen Marketinggesellschaft der Deutschen Agrarwirtschaft mbH unterstützt er den Absatz landwirtschaftlicher Produkte aus deutschen Landen. Bei der R + V-Versicherung arbeitet er im Ausschuß für Vorsorge und Versicherungsfragen der Deutschen Bauern, Gärtner und Winzer an der Klärung der Probleme der von ihm vertretenen Berufsgruppen mit. Daß er auch Vorsitzender des Verwaltungsrates des Absatzförderungsfonds der Deutschen Forst- und Holzwirtschaft ist sowie Vorsitzender der Arbeitsgemeinschaft der Deutschen Waldbesitzerverbände,

Mitglied des Gesamtausschusses der Deutschen Landwirtschaftsgesellschaft und stellvertretender Vorsitzender des Deutschen Forstwirtschaftsrates, schließt die Liste der auf die Land- und Forstwirtschaft bezogenen Aktivitäten keineswegs ab.

Vorsitzender der Arbeitsgruppe Landwirtschaft, Ernährung und Forsten in der CDU/CSU-Fraktion ist Heinrich-Wilhelm Ronsöhr, der natürlich dem entsprechenden Bundestagsausschuß angehört. Auch er hat zahlreiche zusätzliche Aufgaben aus dem Umfeld der Landwirtschaft neben seinem Abgeordnetenmandat übernommen.

Ähnlich geschlossen wie die Landwirte treten nur noch die Gewerkschaftsvertreter im Ausschuß für Arbeit und Sozialordnung auf. Klaus Brandner war vor seiner Wahl in den Bundestag Geschäftsführer der Industriegewerkschaft Metall, Verwaltungsstelle Gütersloh. Kurt Bodewig ist auf Teilzeitbasis Abteilungsleiter Sozialpolitik beim Deutschen Gewerkschaftsbund Landesbezirk Nordrhein-Westfalen in Düsseldorf.

Konrad Gilges bleibt auch während der Mitgliedschaft im Bundestag Vorsitzender des Landkreises Köln, Leverkusen und Erft des Deutschen Gewerkschaftsbundes, Düsseldorf. In seiner Biographie hat er als Beruf Fliesenleger und nicht Gewerkschaftsfunktionär angegeben. Als Fliesenleger hat er nur bis 1970 gearbeitet, und es dauerte noch einmal zehn Jahre, bis er Mitglied des Bundestages wurde. Nebenher hat Gilges weitere neun Pöstchen, die ihn als voll integriert in den Kölner Klüngel ausweisen.

Ute Kumpf gehört zu den Gewerkschaftssekretären, die ihren Beruf nach der Wahl ruhen lassen. Anders Erika Lotz, die weiterhin als Gewerkschaftssekretärin und Mitglied des DGB-Landesvorstandes Landesbezirk Hessen arbeitet. Adolf Ostertag ist teilzeitbeschäftigter pädagogischer Leiter des IG Metall Bildungszentrums Sprockhövel und Mitglied des Aufsichtsrates der Mannesmann Dematic AG. Auch

Franz Thönnes geht einem Teilzeitjob bei der IG Bergbau-Chemie-Energie in der Hauptverwaltung Hannover nach.

Die Vorsitzende des Ausschusses für Arbeit und Sozialordnung, Doris Barnett, war ein Jahr beim DGB und vier Jahre bei der ÖTV als Rechtssekretärin tätig. Peter Dreßen war 14 Jahre DGB-Kreisvorsitzender von Freiburg im Breisgau und ist seit Annahme des Mandats vom DGB ohne Fortzahlung der Bezüge beurlaubt.

Von den 18 SPD-Mitgliedern im Ausschuß für Arbeit und Sozialordnung sind beziehungsweise waren neun zumindest hauptamtliche Gewerkschaftsfunktionäre. Sowohl die Mitglieder des Ausschusses für Ernährung, Landwirtschaft und Forsten als auch die des Ausschusses für Arbeit und Sozialordnung sind in einer recht komfortablen Situation. Denn beide Ausschüsse finden auf der Ministerseite Ansprechpartner mit »Stallgeruch«.

Karl-Heinz Funke ist der erste sozialdemokratische Landwirtschaftsminister seit Bestehen der Bundesrepublik. Da er selbst Landwirt ist – er stammt aus einer alten friesischen Bauernfamilie –, kennt er die Probleme seiner Klientel, und er spricht ihre Sprache. Getreu seinem Wahlspruch »Mit Herz und Verstand für die Bauern im Land« konnte er sich während seiner Zeit als niedersächsischer Landwirtschaftsminister als Gralsritter der bäuerlichen Landwirtschaft, Kämpfer gegen die Massentierhaltung und als ein guter Freund der Verbraucher profilieren.[37]

Natürlich hielt Funke immer einen kurzen Draht zu den Bauernverbänden und deren Interessenvertretern. So war es nach dem Machtbeben 1998 kein Wunder, daß Schröder Funke mit nach Bonn nahm. Denn persönlich und fachlich besser qualifiziert und vorbereitet als Funke war für dieses Amt niemand in der SPD und erst recht nicht bei Bündnis 90/Die Grünen.

Als Bundesminister für Arbeit und Sozialordnung hätte sich gern auch die eine oder andere SPD-Spitzenkraft gesehen. Walter Riester, dem zweiten IG Metall-Vorsitzenden, wird nachgesagt, er habe keine Hausmacht, weder in der IG Metall noch in der SPD. Aber er besitzt Organisationserfahrung und versteht es, sowohl mit einfachen Arbeitnehmern als auch mit Konzernchefs umzugehen. Er gilt als Modernisierer, Quer- und Vordenker, trotzdem ist er kein Überflieger. Umgänglichkeit ist bei ihm mit Pragmatismus gepaart. Dank dieser Vorgabe wird er bei dem Ausschuß, der ihn kontrollieren soll, auf wenig Widerstand stoßen. Und wenn doch, dann ist er der richtige Mann für zukunftsträchtige und tragfähige Lösungen. An Riesters Erfolg wird die ganze Regierung gemessen werden, das wissen auch die Ausschußmitglieder.

Der Parlamentarische Staatssekretär im Bundesministerium für Arbeit und Sozialordnung Gerd Andres, Mitglied des Bundestages seit 1987 und von 1974 bis 1998 Sekretär beim Hauptvorstand der IG Chemie-Papier-Keramik (jetzt IG Bergbau-Chemie-Energie), wird sich sicher nicht mehr gern an eine Reise erinnern, die er gemeinsam mit Ottmar Schreiner, Mitglied des Bundestages seit 1980 und derzeitiger Bundesgeschäftsführer der SPD, Anfang des Jahres 1995 unternommen hat. Auf Einladung der »Informationsgemeinschaft Münz-Spiel« waren Andres und Schreiner in einer etwa 25 Mann starken Reisegruppe, darunter Journalisten, Unternehmer und Abgeordnete von CDU und FDP, nach Las Vegas geflogen, um sich dort über »die Arbeitsbedingungen der Beschäftigten in der Glücksspielindustrie« zu informieren. Andres: »Ich habe viel gelernt.«[38]

Die Lobby der Automatenaufsteller soll in Bonn ohnehin recht erfolgreich gewesen sein, da sie in der reizarmen Umgebung von Bonn für Abwechslung bei den Abgeordneten sorgte. Bereits 1993 wußte *Der Spiegel*[39] zu berichten, daß sich im zweiten Stock des Verbandshauses der Automatenindustrie schon am Nachmittag eine illustre

177

Schar von Politikern zum kostenlosen Spielen versammelte. Ob diese Lust auf Zeitvertreib in Berlin anhalten wird, erscheint allerdings äußerst fraglich.

Die Zukunftsmacher

Im Zusammenhang mit den beiden Ausschüssen, die die technische und wirtschaftliche Zukunft maßgeblich und langfristig bestimmen werden, treffen wir auf zahlreiche Personen, die in diesem Buch bereits erwähnt wurden. Vorsitzender des Ausschusses für Wirtschaft und Technologie ist Matthias Wissmann. Ihm zur Seite stehen die Mitglieder Klaus Wiesehügel, Friedhelm Ost, Dr. Heinz Riesenhuber, Karl-Heinz Scherhag und Paul K. Friedhoff. Dem Ausschuß für Bildung und Forschung sitzt Jürgen W. Möllemann vor.

Läßt man die Namen der Abgeordneten der Ausschüsse Revue passieren, so stößt man durchaus auf einige, denen man größere Aufmerksamkeit widmen sollte. Hans Martin Bury zum Beispiel ist Jahrgang 1966 und seit 1990 Mitglied des Bundestages. Von 1992 bis 1994 war er Sprecher der Gruppe Junger Abgeordneter – »Youngsters« –, seit Dezember ist er1994 Sprecher der SPD-Fraktion für Post und Telekommunikation und seit 1998 Nachfolger von Ernst Schwanhold als Sprecher für Wirtschaft und Technologie. Wer ihn und sein fünfköpfiges Team kennenlernen möchte, braucht nur ins Internet[40] zu schauen.

Im Mai 1999 ist Hans Martin Bury in den Aufsichtsrat der Hunzinger AG eingetreten und hat damit Anschluß an eines der besten Netzwerke für politische Kommunikation, die es in Deutschland gibt. Natürlich ging Bury, der sich vehement dafür einsetzt, daß Bundestagsabgeordnete ihre Nebentätigkeiten und Einkünfte transparent machen sollten, gleich

mit gutem Beispiel voran und hat seine Aufsichtsrats-
tantiemen bei der Hunzinger Information AG ins Internet
gestellt. Er erhält 8000 D-Mark pro Jahr.

Der SPD-Abgeordnete Dr. Uwe Jens bringt für die Arbeit
im Ausschuß für Wirtschaft und Technologie eine ganze
Reihe spezieller Erfahrungen mit. Ist er doch zum einen
Honorarprofessor für Wirtschaftspolitik und Internationale
Wirtschaftsbeziehungen an der Ruhr-Universität, Bochum,
und zum anderen Consultant für Internationale Marktent-
wicklung, Innovationsberatung in Bonn-Bad Godesberg.
Früher war Dr. Jens Assistent von Karl Schiller. Bei United
Parcel Service (UPS), einem der großen Konkurrenten der
Deutschen Post AG, ist er Mitglied des Wissenschaftlichen
Beirates.

Von Interesse dürfte sein, daß Jens ebenfalls Mitglied des
Wissenschaftlichen Beirates der Deutschen Gesellschaft für
Verbandsmanagement (DGVM) in Bonn ist. Über sich selbst
schreibt die DGVM im Internet[41]: »Die Verbände sind in die
Kritik geraten. Die Anforderungen an die Verbandsarbeit
wachsen täglich. Es ist Zeit für ein kontinuierliches Ver-
besserungsmanagement und für einen branchenüber-
greifenden institutionalisierten Erfahrungsaustausch.« Die
Aufgaben und Ziele der DGVM sind die Darstellung des
Nutzens verbandlicher Interessenvertretungen über die
Medien, die Politik und andere Meinungsbildner, Verbesserung der gesetzlichen Rahmenbedingungen für Verbände, Transfer von Managementwissen und schließlich
Erfahrungsaustausch.

Damit wird deutlich, daß die Verbände zu einer eigenständigen Dienstleistungsbranche herangewachsen sind, die
nicht nur selbst Lobby sind, sondern darüber hinaus eine
eigene Megalobby zu brauchen scheinen. Die DGVM-Zeit-
schrift *Verbändereport* behandelt Themen wie »Hat das
Ehrenamt noch Zukunft?« Daneben gibt es online unendlich viele weitere Informationen, wie Verbände eine sub-

stantiellere Wirkung erzielen. Im Prinzip steht der DGVM vor dem Problem, daß sich auch hier Wettbewerber zusammenschließen müssen, um ihre gemeinsamen Interessen zu vertreten. Als Mitglied des Wissenschaftlichen Beirates wird Dr. Uwe Jens einerseits in die Verbände hineinwirken können und andererseits bei seinen Kolleginnen und Kollegen im Bundestag das Verständnis für die Probleme der Verbände fördern.

Dr. Hermann Scheer ist im Ausschuß für Wirtschaft und Technologie zwar nur stellvertretendes Mitglied, genau wie Ernst Schwanhold, der frühere wirtschaftspolitische Sprecher der SPD-Fraktion und jetziges Mitglied des Fraktionsvorstandes. Scheer ist seit 1988 Präsident der Europäischen Sonnenenergie-Vereinigung Eurosolar und damit seit mehr als zehn Jahren vielleicht der wichtigste Befürworter erneuerbarer Energien im Bundestag.

Zielsetzung von Eurosolar ist es, die konventionellen atomaren und fossilen Energiequellen mit Hilfe aller direkten und indirekten solaren Energiequellen, das heißt erneuerbaren Energien, zu ersetzen durch die Nutzung der aktuellen Sonnenstrahlung, der Windkraft, von Biomasse, Wasserkraft und den Meeresenergien. Eurosolar versteht sich als eine von Parteien und politischen Institutionen ebenso wie von Unternehmen und Interessengruppen unabhängige Vereinigung, die von der lokalen bis zur internationalen Ebene für die Veränderung der herkömmlichen politischen Prioritäten und Rahmenbedingungen zugunsten der Solarenergie wirkt.

Zu den Beisitzern des Sektionsvorstandes Deutschland von Eurosolar gehört Michaele Hustedt, Abgeordnete von Bündnis 90/Die Grünen im Bundestag, die als ordentliches Mitglied im Ausschuß für Wirtschaft und Technologie sitzt und energiepolitische Sprecherin ihrer Fraktion ist. Auch wenn Eurosolar noch nicht vor dem großen Durchbruch in der Energiepolitik steht, so zeichnet sich doch ab, daß die

Zahl der Mitglieder unter den Bundestagsabgeordneten steigt.

Der PDS-Abgeordnete Rolf Kutzmutz, ebenfalls Mitglied im Ausschuß für Wirtschaft und Technologie, ist ehrenamtlicher Vorsitzender des Offenen Wirtschaftsverbandes von klein- und mittelständischen Unternehmen, Freiberuflern und Selbständigen in Berlin und Brandenburg e. V. (OWUS). Der PDS-nahe Verband bietet sich als eine Alternative zu den traditionellen Unternehmensverbänden an, die aufgrund ihrer Geschichte ganz anders geprägt und orientiert sind und deshalb nur schwer den Bedürfnissen der Unternehmer in den neuen Bundesländern entsprechen.

In den Augen vieler Ostunternehmer schenken die westlichen Unternehmensverbände ihren Problemen keine Beachtung. Den Bemühungen der PDS um mehr wirtschaftliche Kompetenz widersetzen sich jedoch, so Kutzmutz, einige Genossinnen und Genossen, die meinen, es genüge, wenn man den Reichen das Geld wegnehme und verteile. »Für mich ist nicht jeder Gewinnstrebende gleich ein böser Mensch«, sagt er. »Die OWUS-Mitglieder sind ja oft nur aus Angst vor Arbeitslosigkeit selbständig geworden. Die stehen doch nicht plötzlich auf der anderen Seite.« [42]

Dem Ausschuß für Wirtschaft und Technologie stehen auf der Regierungsseite der Bundesminister für Wirtschaft Werner Müller und der Parlamentarische Staatssekretär Siegmar Mosdorf gegenüber. Mosdorf, Jahrgang 1952, ist seit 1990 Mitglied des Bundestages und war von 1996 bis 1998 Vorsitzender der Enquete-Kommission »Zukunft der Medien in Wirtschaft und Gesellschaft – Deutschlands Weg in die Informationsgesellschaft«. Er gehört übrigens zu den Gründungsmitgliedern von Eurosolar.

Dem politischen Informationsdienst im Internet[43] gilt Mosdorf als einer, der die Multimediapolitik der Bundesregierung maßgeblich gestaltet. Man sieht in ihm weniger einen Politiker aus der baden-württembergischen Provinz als einen smarten Managertyp aus der Führungsetage eines deutschen Industrieunternehmens. Mit dem SPD-Wirtschaftsforum versuchte Mosdorf die SPD in Richtung Wirtschaft zu öffnen: »So wie die Gesellschaft insgesamt funktioniert auch die SPD stärker über offene Netzwerke unabhängiger Persönlichkeiten.«[44]

Mosdorf sei zwar nicht gerade der Liebling des linken Flügels der Fraktion, genieße aber sowohl bei Unternehmen wie bei den Gewerkschaften einen guten Ruf. Da er als Medienpolitiker marktnah denkt, heißt es, daß er vor allem beim Gütersloher Medienkonzern Bertelsmann ein gerngesehener Gast sei. Auch sei Mosdorf ein langjähriger Schröder-Vertrauter.

Zusammen mit dem Grünen-Politiker Hubert Kleinert hat Mosdorf ein Buch über die *Renaissance der Politik*[45] veröffentlicht. *Die Welt* erklärte das Buch prompt zum »Handbuch der Schröder-Moderne« für jeden, der »verstehen will, wie die Leute hinter Schröder denken, auf welche Ideen sich die Wirtschaftspolitik in Deutschland künftig gründen könnte«.[46] Ein Politiker, der so vehement für die neuen Medien eintritt, ist verständlicherweise selbst mit einem exzellenten Auftritt im Internet vertreten.[47] Diese neue Form von Transparenz und direkter Kommunikation wird schon bald eine große Bedeutung in der politischen Willensbildung spielen.

Ein nicht minder vehementer Verfechter der direkten Kommunikation auf elektronischer Basis ist Jörg Tauss, Mitglied des Ausschusses für Bildung, Forschung und Technikfolgenabschätzung und Gewerkschaftssekretär mit ruhendem Arbeitsverhältnis. Auf der CeBit 1999 kündigte der Internetexperte an, daß den neuen Informations- und Kommunikationsmöglichkeiten unter der neuen Regierung eine hohe Bedeutung beigemessen werde. Interessierte finden seine Pressemitteilungen im Internet.[48]

Auch bei Tauss wird deutlich, daß immer mehr Bundestagsabgeordnete versuchen, eine stärkere Transparenz und einen direkteren Zugriff der Wähler auf die Politiker herzustellen. Diese direkten Zugriffsmöglichkeiten werden sich erheblich auf die Lobbyarbeit auswirken, indem sie der Willensäußerung einzelner Bürger ganz neues Gewicht verleihen.

Die öffentliche Liste als Spitze des Eisbergs

Lobbyisten sind immer auf der Seite der Sieger

Die Medien waren sich einig: »Der Regierungswechsel geht tief. Lobbyisten fürchten um ihren Einfluß. Aus einflußreichen Beamten werden Aktenschieber. Alte Informanten taugen nichts mehr. Doch die Umwertung aller Werte findet nicht statt. Gedienert wird weiter.« Das meldete das *Handelsblatt*[1] im Oktober 1998. Und im November zog der *Stern*[2] mit: »Höchste Zeit für neue Freunde. Links schwenkt marsch – die Interessenvertreter aus Verbänden und Industrie bandeln mit Rot-Grün an. Manche vermelden schon Erfolge.«

Das *Handelsblatt* listete penibel auf, daß die Zigarrenindustrie über Gerhard Schröder und seine Vorliebe für kubanische Cohibas höchst erfreut ist, während der dem Rauchen frönende Regierungschef die Mediziner- und Nichtraucherlobby weniger froh stimmt. Daß Gerhard Schröder alte französische Rotweine bevorzugt, schmerzt die deutschen Winzer, für die Helmut Kohls Hang zum deutschen Riesling eine kostenlose Werbung war.

Als langjähriger VW-Aufsichtsrat hat Schröder einen bordeauxroten gepanzerten Audi A8 als Dienstwagen erkoren. Das dürfte Mercedes und BMW jedoch kaum schmerzen, da sich die Entscheidung eines Käufers eines Mercedes der S-Klasse oder eines BMW der 7er Reihe ohnehin nicht am Kanzler orientiert hat.

Das *Handelsblatt* befand, daß die in Bonn tätigen Verbände und Interessengruppen ein völlig neues Kontaktnetz zu knüpfen haben, da man sich doch mehr zur Regierungsseite hin orientiert hat und die Opposition, speziell die Grünen, in den vergangenen 16 Jahren vernachlässigte. Immerhin meldete der Mitarbeiter eines Grünen Bundestagsabgeordneten: »Bei uns laufen auf einmal die Telefone heiß, jetzt bekommen wir auch Einladungen und Wünsche für Gesprächstermine, die wir vorher nie erhalten hätten.«

»Alle Ansprechpartner mit Ausnahme der Arbeitsebene in den Behörden sind bald weg«, zitierte die *Berliner Zeitung*[3] einen Unternehmensvertreter. Bis zur Weihnachtspause bestehe die Hauptarbeit darin, »Lagekarten zu komplettieren und Schlüsselfunktionen zu identifizieren«.

Große Energieversorger fürchten, daß sie bei Rot-Grün keinen Fuß mehr in die Tür bekommen könnten. Das dürfte jedoch vorschnell geurteilt sein. Aber Jammern gehört im Lobbyismus seit dem Regierungswechsel wohl wieder zu den beliebten Mitteln. Viele, die sich noch gestern zum »System Kohl« gehörig fühlten, gelten heute als »verbrannt«. Offensichtlich sind das jene, die eine der wichtigsten Grundregeln mißachtet haben. Sie haben sich zu sehr auf eine bestimmte Politik eingelassen.

Nach Informationen des *Handelsblatts* sollen durch den Regierungswechsel 650 Politische Beamte in Bonn und Berlin potentiell gefährdet sein. Konkret würden sich aber nur rund 200 Staatssekretäre, Ministerialdirektoren und Büroleiter auf eine vorzeitige Pensionierung vorbereiten. Lobbyisten müssen dagegen nicht um ihren Job bangen.

Der *Stern* sprach von 5000 Bonner Lobbyisten, die sich mit den neuen Regierungsparteien anfreunden müßten. Allein im Gesundheitswesen geht es um 500 Milliarden D-Mark, die neu, anders oder zum Teil auch überhaupt nicht verteilt werden, das erklärte jedenfalls der scheidende Gesundheitsminister Horst Seehofer der *Berliner Morgenpost*[4] und fügte hinzu: »Wir stehen einer Übermacht von Lobbyisten gegenüber.«

Gerd Lochner von der Vereinigung Deutscher Elektrizitätswerke (VDEW) wurde von der *Berliner Zeitung* folgendermaßen zitiert: »Es sind doch überall Personen, Menschen, ganz egal, von welcher Partei die Leute sind.« Er kenne CDU-Politiker, die ihn haßten, und Grünen-Politiker, die ihm sympathisch seien. »Wir haben mit der alten Regierung nicht nur glückliche Tage erlebt.« Er habe schon immer Kontakte zu SPD und Grünen gepflegt. Bei den Grünen freilich sei es sinnlos, Überzeugungsarbeit für die Kernkraft zu leisten. Er könne dem Wechsel zu einer Regierung, die aus der Kernenergie aussteigen will, sogar etwas Positives abgewinnen: Ein Energiekonsens unter rot-grüner Regie werde den Energieversorgern zwar Opfer abverlangen, wenigstens garantiere er aber über längere Zeiträume Stabilität und Sicherheit für künftige Investitionen. »Wer hätte uns bei einem Energiekonsens 1995 oder 1997 garantieren können, daß die Atommülltransporte ohne Krawalle vonstatten gehen?«

Vorausschauende Wirtschaftsvertreter hatten sich schon seit Jahren auf einen Regierungswechsel oder zumindest auf eine neue Konstellation in der Regierung vorbereitet. So sagte Martin Matz, Vertreter der Aktionsgemeinschaft Wirtschaftlicher Mittelstand (AWM), der Interessenverband der Architekten, Immobilienmakler und Versicherungsagenturen: »Der Regierungswechsel bedeutet für uns Ärger und Streß. Nicht wegen der beteiligten Parteien, sondern weil wir viele neue Leute in den Ministerien nicht kennen und mühsam neue Kontakte aufbauen müssen. Einige Abgeordnete kenne ich seit vielen Jahren, nur jetzt in vertauschten Rollen. Die Verlierer von heute sind halt die Sieger von morgen.«

Hans-Olaf Henkel vom Bundesverband der Deutschen Industrie hat sich gleich in der Wahlnacht an Gerhard Schröder rangeschmissen: »Ich bin immer auf der Seite der Sieger.« Der *Stern* kommentierte, das sei ironisch gemeint. Aber die Liste der Umschwenker läßt sich beliebig fortsetzen. Der Bonner Repräsentant des schwedisch-deutschen ABB-Konzerns, Heinrich Doppler, hält Joschka Fischer plötzlich für einen wichtigen Entscheidungsträger. Kein Wunder, denn ABB ist auf die Außenwirtschaftsförderung angewiesen, die nach den Vorstellungen der Grünen künftig nicht mehr von einem interministeriellen Ausschuß in Form von Hermes-Bürgschaften abgesichert und unterstützt werden soll, sondern vom Bundestag.

Gerd Sonnleitner, Cheflobbyist der deutschen Bauern, teilte der *Berliner Zeitung* mit, es sei keineswegs so, daß es bei den Grünen keine fähigen Agrarpolitiker gebe. Und Vertreter von Rüstungskonzernen entdecken plötzlich, daß die Grünen »halb so schlimm« sind. »Die haben sich schon so verändert, daß wir mit ihren Positionen leben können.« Es gebe ein enges Korsett, da könne die neue Regierung im Grunde nur Akzente setzen.

Fritz Kühn, der Grünen-Fraktionschef aus Baden-Württemberg, beschwert sich, er werde von zig verschiedenen Verbänden mit Bettel- und Drohbriefen zugeschüttet, die allesamt Subventionen forderten.

Eigentlich wollte Rot-Grün rund siebzig Steuerschlupflöcher stopfen, das aber wußten einige Lobbyisten von Gewerkschaftsseite und der Landwirte zumindest für ihre Klientel schon zu verhindern. Insgesamt erhalten die Grünen von den verschiedenen Lobbyisten gute Noten, denn sie sind weitaus marktwirtschaftlicher orientiert, als viele erwartet hatten. Für Philipp Graf von Walderdorff vom Deutschen Industrie- und Handelstag war das keine Überraschung, denn er pflegt den Kontakt zu den Grünen bereits seit zehn Jahren.

Große Hoffnungen in Rot-Grün setzt Udo Möhrstedt, der Vorstandssprecher des Bundesverbandes Solarenergie. Seine Bitte um Fördermittel stieß bei der Union und FDP auf taube Ohren, berichtete der *Stern*. Das soll laut Koalitionsvertrag jetzt anders werden. Ob das tatsächlich der Fall sein wird, soll sich noch zeigen. Jedenfalls rechnet SPD-Fraktionschef Peter Struck damit, daß die Lobbyisten ihm jetzt die Tür einrennen. Denn auch seine Erfahrung ist:»Alle wollen plötzlich bei den Gewinnern sein.«

Früher war alles anders, aber war es auch besser?

Die Ära Adenauer, die Jahre von 1949 bis Oktober 1963, war auch die große Zeit der Spitzenverbände der deutschen Industrie und der Arbeitgeber. Dem ersten Präsidenten des Bundesverbandes der Deutschen Industrie (BDI), Fritz Berg, stand die Tür zum Büro des Kanzlers weiter offen als den Ministern von Adenauers Kabinett. Nahezu in Vergessenheit geraten ist, daß es der BDI-Präsident fertiggebracht hat, die Aufwertung der Deutschen Mark entgegen den Wünschen Ludwig Erhards zunächst zu verhindern. Als die Aufwertung der D-Mark dann 1961 doch stattfand, sperrte der BDI den Monatswechsel für die Hauptgeschäftsstelle der CDU in Höhe von 100 000 D-Mark.[5]

Ein anderes Vorhaben Ludwig Erhard, durch die Aufhebung der Einfuhrumsatzsteuer und der Exportsubventionen die Einfuhr zu erhöhen und die Ausfuhr zu beschränken, scheiterte am Widerstand des Industrieverbands. Adenauer folgte nicht dem Rat seines Wirtschaftsministers, sondern dem des BDI-Präsidenten.[6] Es ist nicht verwunderlich, daß Ludwig Erhard sich über die rigorose industrielle Interessenpolitik wie folgt äußerte:»Die Wünsche der Interessengruppen sind das Geschwür, das in unserer Gesellschaft schwärt.«

In jenen Tagen wurden die Lobbyisten auch als »Hintertür-Spätlese« bezeichnet, weil sie sich überwiegend aus Frühstücksdirektoren oder ehemaligen ranghohen Offizieren zusammensetzten. Eine systematische Lobbyarbeit wie heute gab es nicht. Klaus Broichhausen beschreibt die

Lobby als eine Riege von Herren, die ihre Eignung durch eine gepflegte äußere Erscheinung, durch ein gewandtes Auftreten, gefällig, geschniegelt und gebügelt, vom Schlage des Monokelträgers nachwiesen. Als besonders berufen zur Interessenvertretung galten damals Adlige. Man versprach sich von ihnen, daß ihr klangvoller Titel auf der Visitenkarte eines Unternehmens, als dessen Statthalter sie fungierten, mehr Eindruck machte als ein Firmenvertreter mit schlichtem bürgerlichem Namen.[7] In der nächsten Phase der Lobbyarbeit öffnete allerdings nicht mehr der Titel, sondern die Kompetenz die Türen.

Bezeichnend für die Adenauer-Ära war, daß es zum einen wenige Verbände gab, die Interessen in der Bundeshauptstadt geltend machten, und zum anderen herrschte noch ein obrigkeitliches Staatsverständnis vor, in dem der Kanzler mehr als nur die Richtlinien der Politik bestimmte. Der BDI kümmerte sich deshalb fast ausschließlich um Spitzenpolitiker. Nicht einmal dem Koalitionspartner der CDU/CSU, der FDP, und erst recht nicht der Opposition, widmete man größere Aufmerksamkeit. Die FDP stand damals eher in dem Ruf, einen schöngeistigen Liberalismus zu pflegen, in dem die Wirtschaft keine herausragende Rolle spielte.

Als Kurt Georg Kiesinger am 1. Dezember 1966 mit seinem aus der Großen Koalition hervorgegangenen Kabinett antrat, brach für die meisten Lobbyisten eine Welt zusammen. Sie standen der neuen Konstellation völlig hilflos gegenüber. Willy Brandt war Außenminister, Karl Schiller stand dem Wirtschaftsministerium vor, Georg Leber war für den Verkehr zuständig, Lauritz Lauritzen für Wohnungswesen und Städtebau, die wirtschaftliche Zusammenarbeit verantwortete Hans-Jürgen Wischnewski und das Gesundheitsministerium Käte Strobel.

Diese SPD-Politiker waren allesamt für die Wirtschaftslobby vorher so gut wie ohne Bedeutung gewesen, und deshalb blieben ihnen jetzt all jene Türen verschlossen, durch die die Gewerkschaften fröhlich hineinspazieren konnten. Plötzlich war es für die Gewerkschafter viel unproblematischer, ihre Interessen zu vertreten, und damit nicht genug, wurden sie jetzt sogar von der Regierung um Rat gefragt.

Einen zweiten schweren Schlag erlitten die Vertreter der Wirtschaftsverbände dann im Oktober 1969, als Willy Brandt Bundeskanzler wurde. Denn wie Klaus Broichhausen[8] schreibt, hatte Willy Brandt generell eine Abneigung, sich mit wirtschaftlichen Fragen zu befassen. Den Repräsentanten der Wirtschaft zeigte er eine mehr als kühle Schulter. In den Verbänden wie auch in den Vorstandsetagen der großen Unternehmen überspielte man die anfängliche Ratlosigkeit, indem man in mühevoller Kleinarbeit die Kontakte zu den SPD-Abgeordneten, zu den neuen Verantwortungsträgern in den Ministerien und zu den höchsten Stellen aufzubauen begann.

Die Freien Demokraten, der kleine Koalitionspartner der SPD, wurden erstmals auch für die Lobbyisten interessant, zumal nachdem der Nachfolger von Karl Schiller, Helmut Schmidt, das Superministerium für Wirtschaft und Finanzen im zweiten Kabinett Brandt wieder aufteilte und den Wirtschaftsbereich an Hans Friderichs von der FDP abgab.

In den Jahren 1966 bis 1972 wurden die Inhalte und Formen der Lobbyarbeit auf seiten der Wirtschaft völlig neu gestaltet und definiert. Die Zeit der Frühstücksdirektoren, Offiziere und der Adelstitelträger war endgültig vorbei. Wie Broichhausen bemerkt, erkannte die Wirtschaft, daß man den »passenden Mann« in das Bonner Büro setzen mußte. Daß damit aber längst nicht alle Mängel im Zusammenspiel von Wirtschaft und Politik beseitigt waren, liegt auf der Hand.

Urs Jaeggi zitiert Thomas Ellwein, der in seinem Buch *Das Regierungssystem der Bundesrepublik Deutschland* unverblümt feststellt, »die finanziellen Zuwendungen an die

Parteien – man schätzt, daß allein die Wirtschaftsvereinigung der Eisen- und Stahlindustrie direkt oder indi-
rekt bis zur Hälfte der CDU-Wahlkampfkosten aufbringt –
sind bekannt«.[9] Das war 1963.

Im Rahmen des Flick-Skandals kam dann zutage, daß der
Großunternehmer in den Jahren 1969 bis 1980 die Parteien
mit Spenden in Höhe von 26 Millionen D-Mark bedacht
hatte. Dabei ging es Flick darum, eine Sondergenehmigung
des Bundeswirtschaftsministeriums zu bekommen, die ihm
rund eine Milliarde Mark Steuern ersparen würde. In die
Parteispendenaffäre um Flick waren viele prominente Politiker verstrickt. Aber einzig und allein dem CDU-Schatz-
meister Walter Leisler-Kiep verdarb es die weitere Karriere.

Das Zusammenspiel des Hauses Flick mit der Politik
reichte bis in die Weimarer Republik zurück. Und während
der Herrschaft der Nationalsozialisten konnte es sich dank
staatlicher Unterstützung zum größten Firmenimperium in
Privathand aufschwingen. Als Friedrich Flick vom Nürn-
berger Kriegsverbrecher-Tribunal zu einer Haftstrafe verurteilt wurde, setzte er den Privatbankier Robert Pferdmenges
und den Vorstand der Deutschen Bank Josef Hermann Abs
als seine Treuhänder ein. Beide gehörten auch zu den engsten Beratern von Konrad Adenauer.

Nach dem Tode von Friedrich Flick übernahm 1972
Friedrich-Karl Flick gemeinsam mit dem Generalbevoll-
mächtigten Eberhard von Brauchitsch die Führung des
Industrieimperiums. In einer Kohl-Biographie[10] heißt es,
von Brauchitsch und Helmut Kohl wären seit 1969 in einer
Jagdhütten-Runde im schwäbischen Oberland zusammen-
gekommen, wobei es sich einige Wirtschaftsführer zur
Aufgabe gemacht hätten, Helmut Kohl an die Spitze der
CDU zu bringen. Reiner Scholz schreibt in seinem Buch
Korruption in Deutschland[11], »Besonders innig war damals
das Verhältnis zwischen von Brauchitsch und der FDP. Man
könnte sagen: Ohne Flick wäre die Partei pleite.«

Im Verlauf der Flick-Affäre kamen unzählige Notizen ans Licht, in denen Eberhard von Brauchitsch Friedrich-Karl Flick vermeldete, wie positiv die verschiedenen Minister mit ihm zusammenarbeiteten. Es dauerte noch bis Ende 1983, bevor die Bonner Staatsanwaltschaft gegen verschiedene Bundesminister Anklage wegen Bestechlichkeit erhob. Ende 1987 waren die Verfahren dann endlich abgeschlossen. Die Politiker Hans Friderichs und Graf Lambsdorff wurden wegen Steuerhinterziehung verurteilt und kamen mit Geldstrafen davon.

Der Flick-Skandal wurde nicht nur in den Tageszeitungen und im *Spiegel* ausführlich dokumentiert, auch zahlreiche Bücher nahmen sich des Themas an, etwa das von Hans Werner Kilz und Joachim Preuß, *Flick – Die gekaufte Republik* (1983), oder Hubert Seipels *Der Mann, der Flick jagte. Die Geschichte des Steuerfahnders Klaus Förster* (1985), und 1986 erschien das Buch vom derzeitigen Justizminister Otto Schily, *Politik in bar. Flick und die Verfassung unserer Republik.*

Alle diese Bücher sind im Buchhandel nicht mehr erhältlich. Es sind Geschichten von gestern, obgleich die beteiligten Personen heute noch politisch aktiv sind. Es fehlt wohl am »Interesse«, diese alten Geschichten wieder aufzuwärmen, denn schließlich waren alle Parteien, die es damals im Bundestag gab, in den Skandal verwickelt. Völlig unbeschwert von der Flick-Affäre sind nur die Grünen und die PDS.

Wer sich alles in Bonn engagiert

Die Idee, ein offizielles Verzeichnis der verschiedenen in Bonn aktiven Interessenvertreter anzulegen, stand in unmittelbarem Zusammenhang mit den Problemen, die der Bundestag mit der internen Lobby im Jahre 1972 hatte, als Abgeordnete der SPD und FDP durch Beraterverträge mit Großunternehmen in Mißkredit geraten waren. Eigentlich sollte die Lobbyliste ebenso diskriminierend wirken wie ursprünglich die Bezeichnung »made in Germany«. Inzwischen hat sich diese Absicht gewandelt. Wer sich als Interessenvertreter qualifizieren will, muß auch in der Lobbyliste stehen.

Damals ging es nicht allein darum, Interessenvertreter eindeutig zu kennzeichnen, sondern sich auch von der politischen Seite her überhaupt einen Überblick zu verschaffen, wer alles in der Bonner Politik aktiv ist. Am 1. November 1972 ist die Liste das erste Mal aufgelegt worden, und schon im März 1973 waren 635 Interessenvertretungen registriert. Das hatte niemand erwartet, und die damalige Vizepräsidentin des Bundestages, Annemarie Renger, beklagte sich, daß sie von der Lobby überrannt werde und nicht mehr den Überblick behalten könne. Wie mag es erst dem heutigen Bundestagspräsidium ergehen, da sich die Zahl der Registrierungen um weitere tausend erhöht hat?

Die »Bekanntmachung der öffentlichen Liste über die Registrierung von Verbänden und deren Vertretern« aus dem Jahre 1998 weist insgesamt 1673 Eintragungen auf. Grundlage hierfür ist immer noch der Beschluß des Deutschen Bundestages vom 21. September 1972. Am 14. März 1973 wurde beschlossen, daß Körperschaften, Stiftungen und Anstalten des Öffentlichen Rechts sowie deren Dachorganisationen nicht eingetragen werden, da sie keine Verbände im Sinne der Anlage 2 der Geschäftsordnung des Deutschen Bundestages sind.

Ebenfalls nicht registriert werden regionale Organisationen, deren Interessen bereits auf überregionaler Ebene vertreten werden, und Einzelfirmen. Da die Interessen einzelner Firmen sich durchaus von denen der Verbände, in denen sie Mitglied sind, unterscheiden, sind aus der Liste kaum die

Qualität und Quantität der Einflußnahme abzulesen, die auf die Bonner Regierungsszene einwirkt. Insofern ist die öffentliche Liste nur die Spitze eines Eisbergs.

Alle Schätzungen ergeben äußerst unpräzise Lobbyistenzahlen. Die oft genannten 300 bis 400 Firmenvertreter wurden mitunter auf rund 5000 hochgejubelt. In den achtziger Jahren sollen 9300 Menschen im Lobbybereich beschäftigt gewesen sein. Einschließlich aller Mitarbeiter, wie Putzfrauen, Sekretärinnen und Fahrer, dürften es wohl fast 15 000 gewesen sein. Das Bundespresseamt hat im November 1998 erklärt, daß in Bonn insgesamt 17 523 Vertreter von Interessenverbänden aktiv sind.

Die Registrierung in der Liste ist an strenge Regeln gebunden. Die Verbände müssen ihre Angaben oder deren Änderungen dem Präsidium des Deutschen Bundestages alljährlich bis zum 30. September mitteilen. Neben Name und Sitz, ihrer ersten Adresse, weiteren Adressen, dem Vorstand und der Geschäftsführung sowie ihrem Interessenbereich haben sie die Zahl der Mitglieder zu nennen, die Anzahl der angeschlossenen Organisationen, die Namen der Verbandsvertreter, die Anschrift am Sitz von Bundestag und Bundesregierung sowie Telefon- und Telefaxnummern.

In der Anlage 2 zur Geschäftsordnung des Deutschen Bundestages heißt es lapidar: »Eine Anhörung ihrer Vertreter [die der Verbände] findet nur statt, wenn sie sich in diese Liste eingetragen haben.« Der zweite Vorteil der Registrierung liegt für die Beteiligten darin, daß sie von der Bundestagsverwaltung einen Hausausweis für den Bundestag bekommen können, der natürlich heiß begehrt ist und ebensowenig zwangsläufig ausgestellt wird, wie ein Anspruch auf Anhörung besteht. Wer im Besitz eines solchen – unbefristeten – Ausweises ist, gehört zur Creme der Lobbyisten, denn er hat Zugang, wo er anderen verwehrt ist.

Die ständig wachsende Zahl der registrierten Verbände verdeutlicht nicht nur die immer stärkere Aufsplitterung und

Differenzierung von Interessen, sie ist auch das Abbild für das steigende Bewußtsein immer breiterer Kreise der Gesellschaft, daß Wahlen nicht das einzige Instrument sind, um Macht und Einfluß im Staate auszuüben. Die öffentliche Liste dokumentiert nicht zuletzt eindrucksvoll den Machtverfall der Parteien und der großen Wirtschaftsverbände.

Der im folgenden noch ausführlich zu Wort kommende Politik- und Gesellschaftswissenschaftler Martin Sebaldt hat sich einer sehr pragmatischen Methode bedient, um die in der öffentlichen Liste registrierten Verbände systematisch erfassen zu können. Sebaldt hat anhand von vier Definitionen unserer heutigen Gesellschaft überprüft, ob sich diesen einzelne Verbände zuordnen lassen – was der Fall war.

Als erstes suchte er alle Verbände heraus, die zur Dienstleistungsgesellschaft gehören, also alles, was mit Handel und Wirtschaft im weitesten Sinne zu tun hat, dann wählte er den Begriff der Risikogesellschaft, unter dem er all jene Verbände auflistete, die mit den Befürchtungen der Bürger umzugehen haben, also Umwelt, Tierschutz und Gesundheit. Mit dem dritten Begriff, Freizeitgesellschaft, ließ sich unter Verbandsgesichtspunkten nicht viel anfangen. Der letzte Gliederungspunkt Sebaldts war die postmaterialistische Gesellschaft, der er alle Verbände mit idealer Zielsetzung, die nichtwirtschaftlicher Natur sind, zuordnete.

Das ist die eine Möglichkeit, sich wissenschaftlich dem Verbandswesen zu nähern und seine gesellschaftliche Relevanz zu erforschen. Wenn man sich jedoch mit der Macht beziehungsweise der Machtzersplitterung der Verbände befassen will, kann man einfach nachsehen, wie viele und welche Verbände sich unter bestimmten Stichworten subsummieren lassen. Unter dem Stichwort »Agrar« finden sich in der 1998er Liste 40 Verbände, darunter so mitgliederstarke wie der Deutsche Bauernverband e. V. mit rund einer Million Mitgliedern und 64 angeschlossenen Organisationen und so scheinbar exotische Verbände wie der Verband Deutscher Agrarjournalisten e. V. – Kommunikation Agrar, der es – sicher auch zum Erstaunen der Leser – auf immerhin 700 Mitglieder bringt und dessen Zweck es ist, die Publizistik der Land- und Ernährungswissenschaften und ihr verwandte Gebiete in der Bundesrepublik Deutschland zu fördern.

Der Bundesverband für ungespritztes Qualitätsgetreide e. V. vertritt sicherlich sehr wichtige Interessen, doch werden sie in weiten Kreisen der organisierten Bauernschaft auf erheblichen Widerstand stoßen. Entsprechend klein ist die Mitgliederzahl dieses Bundesverbandes, sie liegt gerade einmal bei acht.

Hingegen hat der Bundesverband der Obstverschlußbrenner e. V., der fern von Bonn in Freiburg seinen Sitz hat und über die exklusive Mitgliederzahl von nur 30 verfügt, eine für seine Klientel ausreichend starke Wirkung in Bonn. Nur so läßt es sich erklären, daß der agrarpolitische Sprecher der SPD-Bundestagsfraktion Matthias Weisheit und die zuständige Berichterstatterin Heidi Wright sich für den Erhalt des Branntweinmonopols einsetzen.

Dazu heißt es in einer Pressemitteilung der SPD-Bundestagsfraktion: »Das Branntweinmonopol soll auch weiterhin erhalten bleiben. Ohne dessen Übernahme- und Absatzgarantie zu festgesetzten Preisen müßte die überwiegende Zahl der deutschen Brennereien die Alkoholerzeugung einstellen, was gravierende Auswirkungen für die Existenz der angeschlossenen landwirtschaftlichen Betriebe und die Beschäftigten hätte. Die traditionell eng mit den Regionen verbundene und zumeist im ländlichen Raum angesiedelte Brennereiwirtschaft würde es nicht mehr geben. Der Erhalt der ökologisch wertvollen Streuobstwiesen wäre ohne die Obstbrennereien ernsthaft gefährdet.«

An dieser Stelle sei erwähnt, daß unter den 65 Verbänden, die sich für die Volksgesundheit engagieren, auch der Deutsche Guttemplerorden ist, die Deutsche Hauptstelle gegen die Suchtgefahren e. V. und die Hilfe zur Selbsthilfe Suchtkranker und Suchtgefährdeter e. V. Die anderen Gesundheitsverbände dürften ebensowenig glücklich darüber sein, daß über das Branntweinmonopol jährlich Bundesmittel in Höhe von 280 Millionen D-Mark ausgeschüttet werden. Die Verfasser der Pressemitteilung haben es recht meisterlich verstanden, das Thema Alkohol in Beziehung zur traditionellen bäuerlichen Wirtschaft zu setzen, was den Bauernverband und alle anderen Agrarverbände freut, und auch auf den Erhalt der ökologisch wertvollen Streuobstwiesen hingewiesen. Damit können wiederum die 17 Verbände zufrieden sein, die sich dem Naturschutz widmen.

Weiter heißt es in der Erklärung der SPD-Bundestagsfraktion: »Angesichts der Haushaltssituation [die, wie wir alle ja wissen, recht angespannt ist und es auch noch in den nächsten Jahren bleiben wird] und der Notwendigkeit von Einsparungen müssen die Mittel künftig aber zielgerichteter verwendet und stärker für kleinere Brennereien und vor allem diejenigen, die mit bäuerlichen Familienbetrieben verbunden sind, konzentriert werden. Es ist zu hoffen, daß im konstruktiven Dialog der Beteiligten bald ein Gesetzentwurf vorgelegt werden kann, mit dem die bestehenden Regeln so angepaßt werden können, daß sie den heutigen Marktverhältnissen gerecht werden können. Nur so wird es gelingen, das Branntweinmonopol auf Dauer zu sichern.« Dies sei nur ein Beispiel für die komplexe Ausgestaltung und Wahrnehmung von Interessen in Bonn.

Um nicht minder komplexe Interessen dürfte es bei den 36 Verbänden gehen, die unter dem Stichwort »Arzt« zu finden sind. Die meisten Laien würden sich schwertun, den Unterschied auszumachen zwischen dem Berufsverband Deutscher Laborärzte e. V., Sitz Bonn mit einer Geschäftsstelle in Düsseldorf, und dem BNLab Berufsverband Niedergelassener Laborärzte e. V. mit einer Geschäftsstelle in Wörrstadt und nur 75 Mitgliedern. Die Differenz liegt im

Wort »niedergelassen«. Während der Berufsverband Deutscher Laborärzte die beruflichen und – nicht zu vergessen – wirtschaftlichen Interessen aller Laborärzte einschließlich der an Krankenhäusern und Universitätskliniken arbeitenden vertritt, setzt der andere die Interessen der Niedergelassenen dagegen.

Die Ärzte werden sich allesamt bei der Verteilung des immer kleiner werdenden Kuchens nicht gerade grün sein. So haben die Allgemeinmediziner und ihr Verband ganz andere Interessen als die verschiedenen Fachärzte, die ihrerseits in eigenen Verbänden zusammengeschlossen sind. Noch komplizierter wird es, wenn man das Thema Gesundheit nicht auf die der Volksgesundheit verbundenen 65 Verbände beschränkt, sondern auch die Interessen der Arzneimittelhersteller hinzunimmt, die 29 Behindertenverbände zu Worte kommen läßt sowie die acht Verbände der Heilpraktiker einbezieht. Wie intensiv die Verbände auf die Bonner Politiker einwirken, hat weniger mit ihrer Größe zu tun als mit der Qualität ihrer Funktionäre. Auch das ist ein Teil von Martin Sebaldts Forschung.

Um sich von der Atomisierung der verschiedenen Interessen auch und gerade im Wirtschaftssektor eine Vorstellung zu machen, braucht man nur nachzuschlagen, welche Verbände sich dem Bereich Baustoff zuordnen lassen. Es sind 32, darunter der Bundesverband der Deutschen Transportbetonindustrie, der Bundesverband Deutsche Beton- und Fertigteilindustrie, der Bundesverband Leichtbeton-Zuschlagindustrie, der Bundesverband Porenbetonindustrie und die Fachvereinigung der Bims- und Leichtbetonindustrie.

Wer nun glaubt, daß diese Interessen genausogut in einem Verband gebündelt werden könnten, der ist mit dem Denken deutscher Verbandsmanager nur oberflächlich vertraut. Schließlich sind in solchen Verbänden immer Wettbewerber am Markt zusammengeschlossen, die, wenn sie sich schon nicht gegenseitig verdrängen müssen, weil sie es zu einer guten regionalen Aufteilung gebracht haben, doch immerhin versuchen sollten, die Konkurrenz in Schach zu halten.

Daß sich hinter den vordergründigen Verbandsinteressen wieder weitere verbergen, zeigt zum Beispiel der Fachverband EPS-Wärmedämmputz-Industrie. Dieser Fachverband aus Ostfildern mit 14 Mitgliedern hat es sich zur Aufgabe gemacht, die gemeinsamen Belange der Mitglieder gegenüber allen Organen und Behörden in der Bundesrepublik Deutschland sowie gegenüber anderen Organisationen der Wirtschaft zu vertreten. Hinter den Buchstaben EPS verbirgt sich expandierbares Polystyrol, auch besser unter dem geschützten Markennamen Styropor bekannt. Expandierbares Polystyrol ist ein Massenprodukt der chemischen Industrie, die nicht nur mit diesem Produkt große Interessen im Baubereich verfolgt, worüber sich der normale Hausbesitzer gar nicht im klaren sein dürfte. Obwohl expandierbares Polystyrol nicht in eine Wechselwirkung mit der Umwelt tritt und auch nicht mit irgendwelchen Treibhausgasen aufgeschäumt wird, ist es vielen Umweltverbänden ein Dorn im Auge. Hier werden nur wenige fachkundige Politiker den rechten Weg für das Gemeinwohl erkennen können.

Die zahlenmäßig größte Zusammenballung von Verbänden findet sich unter dem Stichwort »Handel«. Stattliche 117 Interessenvertretungen sind es, die teils miteinander, teils im harten Wettbewerb gegeneinander um die Gunst der Verbraucher am Markt und um die der Politiker ringen. Der Bundesverband des Deutschen Lebensmittel-Einzelhandels wird nicht gerade ein Freund des Bundesverbandes Freier Tankstellen und unabhängiger Deutscher Mineralölhändler sein, seitdem diese erfolgreich die Tankstellen zu kleinen Einzelhandelsläden ausbauen.

Der Börsenverein des Deutschen Buchhandels mag die Aktivitäten des Bundesverbandes der Deutschen Versandbuchhändler zumindest für einen Teil seiner Mitglieder mit gemischten Gefühlen betrachten und wird auch mit den Aktivitäten des Verbandes Deutscher Bahnhofsbuchhändler nicht immer einverstanden sein. Andererseits gibt es wieder große Gemeinsamkeiten, so daß von Fall zu Fall wechselnde Koalitionen entstehen.

Macht man sich die Vielzahl unterschiedlichster Interessen einmal bewußt, wird klar, daß die großen Wirtschaftsverbände sich nur auf die große Linie der Interessenvertretung verlegen können. Die Probleme, denen sich zum Beispiel die Mitglieder der Vereinigung des Rohtabak-Import- und Großhandels – dieser Bremer Verband ist immerhin 27 Mitglieder stark – gegenübersehen, dürften Olaf Henkel vom BDI kaum bekannt sein, außerdem fehlt es an der Zeit, sich nachhaltig dafür einzusetzen. Das gleiche mag für die Bundestagsabgeordneten gelten, die sich mit Vorschlägen zur europaweiten Zigarettenwerbung befassen müssen und dabei natürlich auch nicht die Interessen der Importeure und Großhändler von Rohtabak aus dem Auge verlieren sollen. Wirklich interessant ist die Frage, ob sich diese Vielzahl von Interessen auf ein einheitliches Verhaltensmuster der Lobbyszene ausgewirkt hat.

Die Lobbyarbeit wird entmystifiziert

In Deutschland bleibt so gut wie nichts unerforscht. Ein schönes Beispiel dafür ist die Arbeit von Martin Sebaldt[12] über den organisierten Pluralismus mit dem Untertitel *Kräftefeld, Selbstverständnis und politische Arbeit deutscher Interessengruppen.* Dieses Buch, eine nur unwesentlich überarbeitete Version seiner Habilitationsschrift, hat dem Autor im Jahre 1998 sogar den Wissenschaftspreis der Deutschen Vereinigung für Parlamentsfragen e. V. eingebracht.

Seine umfangreiche mehrjährige Fleißarbeit wurde mit

einem Scheck über 20 000 D-Mark belohnt, den Sebaldt von der damals noch amtierenden Bundestagspräsidentin Rita Süßmuth überreicht bekam. In der Regel teilt die Vereinigung für Parlamentsfragen ihr Preisgeld unter verschiedenen Wissenschaftlern auf. Von Sebaldts Arbeit aber war die Jury so überwältigt, daß sie diese mit der vollen Summe würdigen und belohnen wollte.

Der Vorsitzende der Vereinigung für Parlamentsfragen, der CDU-Abgeordnete Joachim Hörster, begründete die Preisverleihung mit der Perfektion, mit der in Sebaldts Arbeit deutlich werde, in welch hohem Maße das Gemeinwohl das Handeln der Politiker bestimme. Der »pure Lobbyismus« habe keine Chancen im Parlament. Ob sich diese Aussage aus der Arbeit von Martin Sebaldt herauslesen läßt, bezweifle ich schon deshalb, weil der Autor den Begriff »Lobby« nicht speziell definiert. Immerhin läßt sein Buch den wissenschaftlich untermauerten Schluß zu, daß die Politiker des Deutschen Bundestages nicht in einseitiger Abhängigkeit von den Interessenverbänden stehen. Sebaldt bezeichnet Lobbying als ein Tauschgeschäft.

Die von ihm interviewten Verbandsfunktionäre bestätigten Sebaldt, daß sie ihre politische Arbeit nicht aus der Position eines unterlegenen Bittstellers heraus betrieben. Als gleichberechtigte Partner bieten sie Informationen und fordern im Gegenzug Informationen. Sie bieten Wahlunterstützung und fordern die Sicherung des Status quo. Sie bieten Loyalität und fordern Sondervergünstigungen. Dieser Handel mit Informationen, politischer Unterstützung und politischer Macht schafft im Alltag stabile und verläßliche Arbeitsbeziehungen. Beide Seiten wissen sehr genau einzuschätzen, was ihr Gegenüber im Rahmen seiner Befugnisse geben und verlangen kann.

Sebaldt kommt zu dem Schluß, daß die Zusammenarbeit zwischen Verbänden und Politikern ein Höchstmaß an Berechenbarkeit garantiert, so daß beide Seiten vor unerwarteten Negativerfahrungen weitgehend verschont bleiben. Die wichtigsten Kontaktpartner für die Verbände sind die Arbeitseinheiten in den Bundesministerien beziehungsweise andere Verbände mit ähnlichen oder identischen Interessenlagen und die Medien.

Parlamentarische Gremien und die Führungsspitzen von Ministerien haben für Verbände eine geringere Bedeutung. Eine sekundäre Rolle spielen auch Parteizentralen, Bundesrat und Bundeskanzleramt. Dabei fand Sebaldt heraus, daß kleine Fachverbände und Vereine die Bundestagsabgeordneten weitaus seltener ansprechen als die Großorganisationen. Dies trifft nach seiner Ansicht speziell auf die Gewerkschaften zu, für die spielt der Kontakt zu den Parlamentariern eine nicht zu unterschätzende Rolle. Die Gewerkschaften unterhalten auch starken Kontakt zu den Parteizentralen. Ich schließe daraus, daß die Gewerkschaften in besonderem Maße dem alten System der institutionalisierten Gewalt zuneigen.

Sebaldt kam auch zu dem Ergebnis, daß die Bundestagsabgeordneten und die Ministerialbeamten über viel zuwenig Zeit verfügen, um sich selbst aktiv mit Verbandsvertretern in Verbindung zu setzen. Deshalb läuft der Kontakt einseitig von dieser Seite, wobei die verschiedenen Verbände um das knappe Gut Aufmerksamkeit bei den politischen Akteuren ringen müssen.

Offizielle Anhörungen von Verbänden in Ministerien und in Bundestagsausschüssen werten erfahrene und langgediente Verbandsvertreter meist als weniger effektiv als die Einflußnahme im Vorfeld und hinter den Kulissen. Die Veranstaltungen selbst sind vorwiegend Selbstinszenierungen für die Öffentlichkeit.

Auch Sebaldt kam zu der Erkenntnis, daß verbandsnahe oder verbandsangehörige Parlamentarier als »innere Lobby« nur von sehr begrenztem Wert sind. Viele Abgeordnete mit solchen Verbindungen würden es von vornherein vermeiden, in ihrer Fraktion für die Interessen ihrer Organisation zu werben, um nicht als Lobbyisten stigmatisiert zu werden. Einschlägige Erfahrungen haben die Verbandsfunktionäre gelehrt, daß unverblümte Interessenvertretung durch Abgeordnete oft das Gegenteil bewirkt.

Anders verhält es sich bei sozial- oder kulturpolitischen Verbänden, deren Vorstelligwerden weniger als Lobbying angesehen wird. Es ist zweifellos ein bemerkenswerter Aspekt, daß die Vertretung bestimmter Interessen als berechtigt angesehen wird und die anderer nicht. Wahrscheinlich wird auch dem Eintreten für die Landwirte und die Bergleute mehr Fug und Recht eingeräumt als dem Eintreten für die Pharmaindustrie.

In seinem Ausblick weist Sebaldt darauf hin, daß die in der Lobbyliste registrierten Verbände nur die Spitze des Eisbergs der organisierten Interessen sind, zumal er sich ausschließlich mit Interessengruppen, nämlich dem organisierten Pluralismus, beschäftigte. Inwieweit einzelne Personen mit ihrem Machtapparat, wie zum Beispiel in der Vergangenheit Flick, Einfluß auf den Bundestag und die Bundesministerien ausüben, hat Sebaldt nicht untersucht. Man muß davon ausgehen, daß in Deutschland insgesamt rund 200 000 Interessenorganisationen mit den unterschiedlichsten Zielen existieren, die alle mehr oder weniger hartnäckig danach streben, sich durchzusetzen.

Aber nicht allein Unternehmen wollen ihre Interessen durchsetzen. Im Rahmen der Europäisierung und Globalisierung suchen auch ausländische Gruppierungen von Investoren und Unternehmen die Rahmenbedingungen zu ihren Gunsten zu verändern, stellen internationale Institutionen selbst oder als trojanisches Pferd Forderungen und trachten ausländische wirtschaftliche oder politische Gruppierungen deutsche Politiker für ihre Zwecke zu instrumentalisieren. Auch das muß bei der Frage »Wem gehört der Bundestag?« berücksichtigt werden.

Bereits rund 40 Prozent der deutschen Gesetze werden durch die Europäische Union beeinflußt. Wie hoch ist der Anteil des internationalen Einflusses an deutschen Rüstungsentscheidungen? Wie hoch ist der internationale Einfluß auf deutsche Exportsubventionen? Stellt man diese Fragen, wird die Beurteilung der tatsächlichen Machtsituationen völlig unübersichtlich, wenn man sich nicht darauf einläßt, die Machtstrukturen als ein Netzwerk zu verstehen, das ständig neu gewebt wird und in dem Veränderungen die Regel sind.

Der Lobbybegriff führt in die Irre – die Struktur der Interessenvertretungen

Der Begriff »Lobby« wird ebenso unreflektiert und pauschal benutzt wie die Begriffe »Wirtschaft« oder »Politiker«, nur ist er meist abwertend gemeint. Dabei hilft es wenig, auf den Ursprung des Begriffs zu verweisen. Die Lobby ist die Wandelhalle in englischen und amerikanischen Parlamentsgebäuden, wo sich die Abgeordneten und die Interessenvertreter begegneten, um Informationen zu beschaffen oder Einfluß zu nehmen. Wer sich dort aufhielt und kein Abgeordneter war, gehörte zur Lobby. Das ist an sich nichts Anrüchiges. Daß Lobbyist in Deutschland und auch in Frankreich und der Schweiz immer noch eine zweifelhafte Berufsbezeichnung ist, die kein Insider verwendet, mag an dem Verhalten der »schwarzen Schafe« gelegen haben, deren Zahl wohl so groß war, daß sie das Ansehen aller beschädigten.

Bei »den Politikern« dürften die Gemeinsamkeiten der politisch Tätigen stets geringer gewesen sein als die unterschiedlichen politischen Auffassungen und Handlungsweisen, trotzdem wirft man sie begrifflich in einen Topf.

»Die Wirtschaft« steht häufig synonym für Unternehmen oder gar Unternehmer. Dabei gehören zur Wirtschaft alle Beteiligten, also nicht nur die Besitzer von Kapital und Produktionsmitteln und die Industrie als Hersteller von Waren und ihre Arbeitnehmer, sondern auch der Handel, dessen Arbeitnehmer, die Verbraucher und so weiter. Wer differenziert denkt, berücksichtigt das, bevor er einen plakativen Begriff verwendet.

Auch der Begriff »Lobby« ist bei näherem Hinsehen äußerst komplex und bedarf einer genaueren Analyse, nur ist das ensprechende Hintergrundwissen weitaus weniger verbreitet. Zunächst sollte bei den Interessenvertretungen der Unternehmerschaft sehr sorgfältig die politische Lobby von der sogenannten Beschaffungslobby unterschieden werden. Die politische Lobby zielt auf die Beeinflussung der politischen Willensbildung und sucht auf politische Entscheidungen einzuwirken. Hierbei wird wieder zwischen der »internen« oder »parlamentarischen« Lobby, nämlich den ausgewiesenen Interessenvertretern innerhalb des Bundestages, und der »externen Lobby« unterschieden.

Inzwischen ist es in deutschen Medien üblich geworden, jeden Interessenvertreter selbst im weiteren Umfeld der Politik als Lobbyisten zu bezeichnen. So werden die Gewerkschaften ebenso selbstverständlich dazu gezählt wie die Elterninitiative eines Kindergartens oder die Vertreter einer Laienspielgruppe, die von ihrer Gemeindeverwaltung einen Übungsraum fordern. Hier wird der Lobbybegriff jedoch nur auf hauptamtliche und professionelle Interessenwahrnehmung angewandt.

Die externe politische Lobby der Unternehmen wird im überwiegenden Maße von Verbänden und Vereinen repräsentiert, die auch unter Begriffen wie Arbeitsgemeinschaften etcetera firmieren, sowie durch freie Beratungsbüros, die sowohl als Unternehmensberatungen oder als Public Relations-Agenturen organisiert sind, aber auch von

Einzelberatern und – im geringen Maße – von Großkonzernen und ihren Verbindungsbüros.

Ganz anders ist es mit der Beschaffungslobby. Hier
unterscheidet man eine kaufmännisch-technische Lobby,
der es hauptsächlich um Staatsaufträge geht oder um die
staatliche Unterstützung von Auslandsgeschäften, und eine
Subventionsbeschaffungslobby. Diese Gruppe wird auf 300
bis 400 Firmenvertreter und Industrieberater geschätzt. Sie
agieren keineswegs, wie mancher vermutet, im geheimen,
was man schon daran erkennt, daß die im Raum Bonn
ansässigen Firmenvertretungen und Industrieberater in der
Lobbyliste des Griephan-Verlages zusammengefaßt sind.
Diese Lobbyliste ist nicht mit der vom Bundestagspräsidium herausgegebenen öffentlichen Liste über die Registrierung von Verbänden und deren Vertretern zu ver-
wechseln.

Während sich die kaufmännisch-technische Lobby intensiv darum bemüht, mit den verschiedenen Ministerien und
Bundesbehörden, speziell mit der Bundeswehr, ins Geschäft
zu kommen, haben sich die Subventionsbeschaffer darauf
spezialisiert, als sogenannte Innovations- und Technologie-
berater Fördermittel für Unternehmen, aber auch für Insti-
tute und andere Einrichtungen zu identifizieren und
zugänglich zu machen.

Das wiederum darf nicht mit dem Subventionslobbyismus
der Bauern oder des Bergbaus verwechselt werden. Das
Anliegen dieser beiden Bereiche ist es, gesetzliche Vorgaben
für die Verteilung von Subventionen zu beeinflussen oder gar
zu formulieren, während die Subventionsbeschaffer in längst
bestehende Töpfe greifen wollen, was aber ohne das entsprechende Know-how nicht so einfach ist.

Diesen Know-how-Bedarf hat der Bonner Journalist und
Unternehmensberater Hans-Joachim Griephan bereits im
Jahre 1964 erkannt. Seither liefert er eine Fülle von Infor-
mationen, die sich die einzelnen Verbände und Unterneh-

mensvertreter früher mühselig selbst zusammentragen mußten. Insofern galt Griephan zunächst als Spielverderber, denn seine Initiative machte dieses Know-how für jeden zugänglich und ließ den Informationsvorsprung mancher Lobbyisten dahinschmelzen.

Grundlage der Informationsdienstleistungen sind zwei Newsletter, der *Griephan Brief: Wehrdienst* und der *Griephan Brief: Informationen aus Politik und Wirtschaft.* Der *Griephan Brief: Wehrdienst* liefert Informationen über Ausrüstungsbedarf der Bundeswehr mit Analysen zur deutschen und europäischen Industrie sowie Personalien und Berichte aus den Bundestagsausschüssen. Dabei richtet sich dieser *Brief* keineswegs nur an Unternehmen, sondern auch an die Abgeordneten. Der große Wert der Informationen von Griephan besteht darin, daß sie klar und deutlich auf den Punkt kommen.

Im Wehrdienst hieß es zu Beginn des Jahres 1999 zum Beispiel: »Anhand der Besetzungsliste der Kommission ›Zukunft der Bundeswehr‹ dürfte schnell klar werden, ob sich der Aufwand lohnt oder man der Kommission tunlichst mit Nichtbeachtung begegnet.« An anderer Stelle meldete er: »… eingespart werden kann allerdings mittelfristig bei einigen Großvorhaben: an erster Stelle steht der Unterstützungshubschrauber TIGER«. Und weiter: »den Mitgliedern des Bundestags-Verteidigungsausschusses sei angeraten, das Bewaffnungskonzept für den TIGER noch einmal gründlich unter die Lupe zu nehmen. Eine Abkehr von der deutschen Panzerabwehr zur französischen Unterstützungsvariante könnte Einsparungen in einer Größenordnung von etwa zehn Mio DM pro Exemplar mit sich bringen. Einmal ausführlich erklären lassen sollten sich die parlamentarischen Rüster von der Amtsseite und Eurocopter, warum der TIGER in Australien ohne das Mastvisier und ohne PARS – statt dessen mit einer 30 mm Kanone und der bereits eingeführten Panzerabwehrkanone HOT 3 angeboten werden kann... Warum geht dies nicht auch in Deutschland? Fazit: Beim TIGER ist eine Menge Luft. Ferner schadet es politisch nicht, wenn man auf die französische Linie eines wirklichen Unterstützungshubschraubers einschwenkt.«

In diesem Zusammenhang möchte ich nebenbei darauf hinweisen, daß die neue CSU-Bundestagsabgeordnete Ilse Aigner als staatlich geprüfte Elektrotechnikerin seit 1990 in der Hubschrauberentwicklung und Systemelektrik bei Eurocopter Deutschland beschäftigt war. Vielleicht wird sie ihren Parlamentskollegen die von Griephan empfohlene Aufklärung geben. Denn bei Griephans Informationen geht es um komplexe technische Details, von denen ein Normalbürger und auch ein Durchschnittsabgeordneter kaum Ahnung haben dürfte, die sich aber in ihrer Gesamtheit zu großen Belastungen des Haushaltes ausweiten können.

Ein schonungsloses Urteil fällte Griephan über das Koblenzer Bundesamt für Wehrtechnik und Beschaffung (BWB), das er als »Trutzburg gegen jede Veränderung« bezeichnete.

Der *Griephan Brief: Informationen aus Politik und Wirtschaft* unterrichtet über fast alles, was man über Investitionsabsichten der öffentlichen Hand, Fördermittel, Privatisierungen und Personalien wissen muß, wenn man in Bonn mitreden will. Zum Beispiel machte er schon wenige Tage nach der Wahl im Jahr 1998 auf das Gutachten der SPD-nahen Friedrich-Ebert-Stiftung zur zukünftigen Struktur von Bundesregierung und Bundesverwaltung aufmerksam. Die Bundesverwaltungen leiden nämlich wie andere Großorganisationen auch an Überkomplizierung sowie an Übersteuerung. Zur Entlastung der Bundesverwaltungen schlägt die Friedrich-Ebert-Stiftung vor, Staatsaufgaben auf private Träger und nichtministerielle Aufgaben auf den nachgeordneten Bereich und auf die Delegation der Ressourcen- und Ergebnisverantwortung innerhalb der Ministerien zu verlagern.

Im Kommentar von Griephan dazu hieß es, »man darf gespannt sein, ob die neue Regierung unter Gerhard Schröder die Kraft aufbringen wird, die Anzahl der Bundesministerien sowie die Anzahl der Parlamentarischen Staatssekretäre drastisch zu verringern. Einer effizienten Regierungsarbeit in Berlin täte dies keineswegs Abbruch.« Diese Bemerkung zielt natürlich ganz klar auf die bewahrenden Kräfte innerhalb der SPD-Fraktion und des Gewerkschaftsblocks. Der Opposition gibt Griephan den Rat, sich einer Verschlankung des Regierungsapparates in Berlin nicht zu verschließen, »denn schließlich wird sie eines Tages mit eben diesem Apparat regieren müssen«.

Die aktuellen Informationen und Kommentare sind der eine Teil der Informationsdienstleistungen des Verlages. Nicht minder interessant und hilfreich ist der andere, der *Griephan-Service.* Dort erhält der Leser detaillierte Organisationsübersichten von Ministerien, Behörden, Ämtern, Landesregierungen sowie ausgewählten Institutionen mit den Namen und Zuständigkeiten und Durchwahl-Telefonnummern der leitenden Beamten zur schnellen Orientierung im Behördendschungel und zur gezielten Kontaktaufnahme mit den entsprechenden Entscheidungsträgern.

Über 90 Organigramme sämtlicher Bundesministerien und ihrer nachgeordneten Behörden sind im Angebot. In einer Sonderdruckreihe mit dem Namen *Bonn-Kontakt* finden sich auch Organisationen, die sonst in keinem Haushaltsplan auftauchen und trotzdem, wie es bei Griephan heißt, »ein Muß für jeden Lobbyisten und Akquisiteur« sind. So unter anderem der Bundestags-Haushaltsausschuß (Mitglieder mit Adresse/Telefon, Wer macht was?), der Bundestags-Verteidigungsausschuß und die Wehrtechnischen Dienststellen der Bundeswehr. Daneben sind natürlich noch Auskünfte über andere Ausschüsse, wie den Forschungsausschuß, Verkehrsausschuß, und eine Liste der Militärattachés zu haben.

Mit der Sonderdruckreihe 4 *Wehrdienst Special* geht es dann richtig ans Eingemachte. Dort gibt es Informationspakete zum Thema »HighTech-Elektronik, Informations- und Kommunikationstechnologie als Schrittmacher der wehrtechnischen Entwicklung« oder »Revolution in Military Affairs – Auswirkungen auf die deutsche Sicherheitspolitik«, »Die amerikanische Rüstungsindustrie Partner und Konkurrent Europas« für alle die, die mehr Informationen über ihre Wettbewerber brauchen. Ein etwas älteres Heft trägt den Titel »1996 Bewährung in Bosnien und ein vertanes Jahr für die Rüstung«. Bald wird man sicherlich eine Analyse über den Kosovo-Konflikt und dessen Auswirkungen auf Waffensysteme und Organisationsstrukturen nachliefern. Wer sich einen weiteren Überblick verschaffen möchte, dem sei die Internetadresse[13] empfohlen.

Im Jahr 1982 formulierte Klaus Broichhausen[14] 20 Spielregeln für Lobbyisten, die bis heute nichts von ihrer Aktualität eingebüßt haben.

Spielregel Nummer 1: Geben und nehmen.
Was ein Lobbyist zu bieten hat, ist in erster Linie Wissen und nicht Geld. Die Redensart »Wissen ist Macht« hat im Lobbyismus der Gegenwart ihre volle Bedeutung erlangt. Wenn man um einen Gefallen bittet oder eine Forderung stellt, begibt man sich in eine Schuld, die man bei passender Gelegenheit ausgleichen muß. Und in immer selteneren Fällen ist Bargeld statt Wissen die adäquate Münze.

Spielregel Nummer 2: Informationslücken füllen.
Auch hier geht es um Wissen, allerdings um spezifische Informationsdefizite, die, wenn sie ausgeglichen sind, eine Veränderung der Situation bewirken können. Voraussetzung ist jedoch, daß Wissen zur richtigen Zeit am richtigen Ort angeboten wird. Viel zu oft passiert dies zu spät.

Spielregel Nummer 3: Informationsvorsprung schaffen.
In erster Linie soll nicht den »Geschäftspartnern« des Lobbyisten im Bundestag oder in den Bundesministerien ein Vorsprung verschafft werden, sondern dem eigenen Verband, dem eigenen Unternehmen oder seinen Auftraggebern. Nur muß es sich um wirklich neues Wissen handeln, das nicht schon auf dem Informationsmarkt, und sei es nur in »vertraulichen Diensten«, vorhanden ist. Die Lobbytätigkeit der Informationsbeschaffung wird von externen Betrachtern häufig stark unterschätzt. Auch wissen viele Unternehmen im Gegensatz zu den professionelleren Verbänden den Wert von Informationen nicht zu schätzen.

Spielregel Nummer 4: Informationswege verkürzen.
Selbst wenn die Macht in Bonn als Netzwerk organisiert ist, heißt das noch lange nicht, daß Informationen den kürzesten Weg nehmen, viel häufiger ist der lange Dienstweg. Hier kann sich ein geschickter Lobbyist und Netzwerker betätigen, indem er selbst den Informationstransport übernimmt und damit dem Beteiligten einen Vorsprung von Stunden und oft sogar Tagen und Wochen verschafft. Die Mühlen der Institutionen mahlen nach wie vor langsam.

Spielregel Nummer 5: Immer präsent sein.
Präsenz bedeutete früher vornehmlich Erreichbarkeit. Wer sich in den siebziger Jahren in seinen Dienstwagen ein Funktelefon einbauen ließ, das immerhin den Gegenwert von vier VW-Käfern darstellte, konnte sich mit dieser Investition einen erheblichen Wettbewerbsvorteil verschaffen. Das ist im Zeitalter der Handys nicht mehr möglich.

Heute bedeutet Präsenz in erster Linie intelligente Begleitung aller laufenden Vorgänge. Es genügt nicht, nur erreichbar zu sein, man muß auch Bescheid wissen, und das wird im Rahmen immer komplexerer Abläufe und zunehmend schnellerer Entscheidungen immer schwieriger. Gelöst wird

dieses Problem dadurch, daß man wiederum über ein Netzwerk ausreichend kompetenter Berater verfügt, die einem die
nötige Präsenz verschaffen.

Spielregel Nummer 6: Könner fangen früher an.
Auch im Lobbyismus gilt, »the early bird catches the
worm«. Das ist kein Plädoyer für frühes Aufstehen, sondern
es geht um die Rechtzeitigkeit. Wenn Entwürfe und Vor-
lagen erst einmal in den Gremien des Bundestages gelandet
sind, ist es für Korrekturen meist zu spät. Und dieses Früh-
warnsystem, dieses Gras-wachsen-hören, gehört zu den
besonderen Fähigkeiten, die einen Lobbyisten und erst recht
einen erfolgreichen auszeichnen.

Spielregel Nummer 7: Perfekt und umsichtig.
Perfekt heißt fehlerfrei – und nicht fast fehlerfrei. Wer sich
im Lobbyismus um Perfektion bemüht, muß die Scheu-
klappen ablegen und über sein Arbeitsfeld hinausschauen,
umsichtig wie beim Schachspiel immer mehrere Züge im
voraus denken. Darüber hinaus ist zu bedenken, wie andere
die eigenen Aktionen bewerten und wie sie sich auf die
Gesamtheit auswirken.

Ein abschreckendes Beispiel für wenig perfektes und
engstirniges Agieren ist die Abschätzung der Folgekosten
bei der Stillegung von Kernkraftwerken. Hier haben alle
Beteiligten ohne das notwendige Fachwissen mit ihnen
opportun erscheinenden Zahlen operiert. Das Ergebnis war,
daß sowohl die Vertreter der Energiewirtschaft als auch der
damalige Finanzminister Oskar Lafontaine zum Schluß als
unfähig dastanden.

Spielregel Nummer 8: Mit Maßen fordern.
Es hat wenig Zweck, Maximalforderungen zu stellen, wenn
damit zu rechnen ist, daß sie ohnehin nicht erfüllt werden.
Es ist keineswegs so, daß wie mit dem Rasenmäher die

Forderungen auf ein gleichmäßiges Maß gestutzt werden. Ein Lobbyist, der seine Forderungen mit dem Gemeinwohl verbindet und sie fundiert und anhand von Fakten belegt, hat allemal die besten Chancen, sich durchzusetzen.

Spielregel Nummer 9: Vertrauen gewinnen.
»Vertrauen ist der Anfang von allem«, hieß es einmal in der Werbung der Deutschen Bank. Wahrscheinlich war das Vertrauen das größte Defizit in der Bilanz dieses Geldinstitutes. Vertrauen braucht man, damit man angehört wird, aber ebenso, damit einem etwas erzählt wird. Es hat wenig Zweck, um eines kurzen Erfolges willen einen Partner in der politischen Szene bloßzustellen, ihn zu hintergehen oder gegen einen anderen auszuspielen. Solche unehrlichen und unloyalen Verhaltensweisen werden weder vergeben noch vergessen, sondern bei jeder passenden Gelegenheit als Warnung weitergegeben.

Spielregel Nummer 10: Glaubwürdigkeit.
Konrad Adenauer hat einmal sinngemäß zu einem Journalisten gesagt: Von dem, was ich Ihnen jetzt erzähle, ist die Hälfte gelogen. Dann verdienen Sie am Dementi noch ein zweites Mal. Diese Aussage zeigt ganz deutlich, Konrad Adenauer war kein Lobbyist, sondern ein Politiker mit Humor. Auch wenn Politiker, den wechselnden Mehrheiten folgend, ihre Meinung revidieren und ab dem Moment, in dem sie die Oppositionsbank mit dem Ministersessel vertauscht haben, genau die Ansichten vertreten, die sie zuvor vehement bekämpften, so gilt diese Unstetigkeit nicht als ein gängiges Verhaltensmuster für Lobbyisten.

Es mag sein, daß in der Öffentlichkeit von exponierten Sprechern großer Verbände Forderungen gestellt und Tatsachen behauptet werden, die weit über einen realistischen Rahmen hinausgehen. Das geschieht aber nur, weil diese Personen, wie zum Beispiel Hans-Olaf Henkel vom BDI, selbst ein Teil des politischen Showgeschäftes geworden sind. Der normale Lobbyist kann sich so etwas nicht leisten. Für ihn ist Glaubwürdigkeit oberstes Gebot. Er sollte lieber schweigen, bevor er seinen Partnern falsche Informationen gibt.

Spielregel Nummer 11: Nicht mauscheln und mauern.
Gemeinhin wird angenommen, daß Mauscheln und Mauern eine bevorzugte Eigenschaft des Lobbyismus sei. Das ist es keineswegs. Man kann seine Beziehungen spielen lassen und alte Gefälligkeitsschulden einfordern, aber beide Partner müssen sich stets darüber im klaren sein, was sie geben, was sie nehmen und was dieser Dienst wert ist. Dadurch sind auch für die Zukunft die Positionen klar. Wer einseitige politische Interessen bedient, wird, wie nach dem Regierungswechsel im Herbst 1998, ein böses Erwachen erleben. Wer gegen die SPD gemauert hat, als sie noch in der Opposition war, wird mit ihr jetzt keine Geschäfte machen können.

Viel zu oft wird der heftige Schlagabtausch mit starken Worten im Parlament, wenn er denn überhaupt heftig ist, als die Art angesehen, in der Politiker grundsätzlich miteinander umgehen. Das ist jedoch falsch. Wortgefechte sind ein Teil der Show und der Selbstdarstellung, die für die Mediengesellschaft und für die Interessengruppen, die derjenige vertritt, ganz einfach notwendig sind. Sie haben nichts mit dem tatsächlichen Umgang miteinander zu tun.

Spielregel Nummer 12: Klarheit und Offenheit.
Diese Regel findet ihren Niederschlag zum Beispiel bei den in der Lobbyliste eingetragenen Verbänden. Man erwartet, daß sie klar sagen, welche Interessen sie für wen vertreten. Die teilweise verquasten, von Werbern gestrickten Formulierungen in den Selbstdarstellungsbroschüren haben im politischen Alltag nichts zu suchen – und werden von den Beteiligten auch nicht ernst genommen.

Spielregel Nummer 13: Selbstsicherheit
und Selbstbewußtsein.
Die Forderung nach Persönlichkeit ist nicht unbedingt eine Frage des Alters. Aber Selbstsicherheit darf nicht mit großspurigem Auftreten und Selbstbewußtsein nicht mit Überheblichkeit gleichgesetzt werden. Auf den souveränen Umgang mit seinen Partnern in allen Situationen kommt es an. Das heißt, ein Lobbyist muß seine Grenzen kennen, aber auch anderen Grenzen setzen können. Und das nicht nur gegenüber den politischen Ansprechpartnern, sondern sehr viel häufiger noch gegenüber dem eigenen Verband oder dem eigenen Unternehmen. Es hat wenig Zweck, einen Lobbyisten nach Bonn beziehungsweise nach Berlin zu schicken, wenn man ihn nicht mit den entsprechenden Kompetenzen ausstattet oder ihn gar zur Selbstprofilierung bei nächstbester Gelegenheit wieder demontiert.

Spielregel Nummer 14: Sachverstand über alles.
Hier ist neben Wissen auch die Fähigkeit, es richtig präsentieren zu können, angesprochen. Statistiken haben nur dann einen Sinn, wenn man die Geschichten hinter den Zahlen kennt. Zum Sachverstand gehört auch, die richtige Terminologie zu kennen und zu nutzen.

Spielregel Nummer 15: Prägnant und präzise.
Ob mündlich oder schriftlich, was ein Interessenvertreter vorträgt, muß prägnant und präzise formuliert sein. Zur Präzision gehört der richtige Zeitpunkt. Lobbyismus lebt von Just-in-time, nicht zu früh und nicht zu spät. Prägnant bedeutet, daß die Kernforderungen nicht in einer Nebelwolke untergehen, die das eigentliche Anliegen verhüllen sollen.

Spielregel Nummer 16: Parteipolitische Neutralität.
Gegen diese Spielregel wurde in der Vergangenheit oft verstoßen, besonders von seiten der Gewerkschaften, die ja zu

den großen Interessenvertretungen gehören und keine Sonderstellung haben, auch wenn sie sich dies manchmal wünschen. Es kann nicht das Ziel des Lobbyismus sein, einer bestimmten Seite Munition zu liefern, die diese gegen die gegnerische Partei abfeuern kann. Bestimmte Fakten sollten alle Seiten kennen, auch wenn sie nicht zu ihren Zielen passen.

Spielregel Nummer 17: Öffentlich überzeugen.
Diese Spielregel weist den Medien eine besondere Rolle zu. Denn über sie kann man die öffentliche Meinung und damit die Mehrheit erreichen. Das bedeutet noch lange nicht, daß sie auch überzeugt wird, aber wenn die Medien nicht zu überzeugen sind und bestimmte Informationen gar nicht erst weiterreichen, ist das Anliegen gescheitert. Wenn die Medien mitziehen, kommt es immer noch sehr darauf an, in welcher Form bestimmte Informationen weitergegeben werden, welchen Platz man ihnen einräumt und wie man sie kommentiert. An dieser Stelle ist nicht mehr der Lobbyist gefragt, sondern der versierte PR-Mann.

Spielregel Nummer 18: Die richtigen Leute zusammenbringen.
Die richtigen Leute zusammenzubringen bedeutet nicht nur, im Zweifelsfall Spezialisten aus dem Unternehmen oder dem Verband auf einer Veranstaltung aufzufahren, sondern auch darauf zu achten, daß die verschiedenen Gesprächspartner in adäquater Weise miteinander kommunizieren können. Was nützt ein Spezialist, der sich einem Politiker nicht verständlich machen kann, und was nützt ein Vorstandsvorsitzender, der glaubt, er habe mit einer Parteispende den Gesprächspartner ohnehin in der Tasche. Die richtigen Leute zusammenzubringen, erfordert sehr viel Fingerspitzengefühl und Menschenkenntnis. Man muß auf die Persönlichkeiten – gerade bei Gesprächen in kleinerer

Runde – sehr genau eingehen, denn jede Form von Kommunikation hat neben einem Inhalts-, auch einen Beziehungsaspekt. Und dieser Beziehungsaspekt ist im Lobbyismus weitaus gewichtiger als im normalen Leben.

Spielregel Nummer 19: Unauffällig arbeiten.
Speziell die großen Verbände und die großen Unternehmen präsentieren sich in der Öffentlichkeit auf breiter Basis, doch handelt es sich dabei stets um ein Ablenkungsmanöver oder allenfalls um eine ergänzende Strategie, die die eigentliche Lobbyarbeit decken soll. Denn die findet nicht in der Öffentlichkeit statt. Wer mit seinen Erfolgen prahlt, wer stets darauf hinweist, daß er einen guten Draht zum Kanzler oder zumindest zum Kanzleramt hat und meint, seine Gesprächspartner über die Schwächen von Politikern aufklären zu müssen, ist garantiert kein guter Lobbyist. Natürlich soll ein Lobbyist selbstbewußt und souverän sein, doch wenn es um seine Arbeit geht, hat er sich zurückzunehmen und muß das Verbuchen der Erfolge anderen überlassen.

Spielregel Nummer 20: Sparsam mit Gefälligkeiten.
Der Hinweis, »Kleine Geschenke erhalten die Freundschaft«, bewahrheitet sich auch bei der Lobbytätigkeit. Zwar kann die Spende für eine Partei eigentlich nie groß genug sein – Heinz Herbert Karry, bis zu seiner Ermordung Schatzmeister der FDP, hatte den flotten Spruch drauf, bei einer Spende muß man immer noch eine Null anhängen –, doch ist immer darauf zu achten, wie solche Geschenke positioniert werden, um nicht gleich in den Verdacht à la Flick zu geraten. Falsch geplante Reisen, Mittagessen in den falschen Restaurants und in den falschen Dimensionen, all das kann zu einer unpassenden Gelegenheit einem Politiker das Genick brechen, wenn man ihm übel will. Große Geschenke und große Gefallen schaffen Abhängigkeiten, aber keine Freunde.

Das Verhältnis zwischen Wirtschaftsverbänden und Mitgliedsfirmen ist zerrüttet

Schon 1997 stellte die Zeitschrift *impulse*[15] im Rahmen einer mit dem Meinungsforschungsinstitut Forsa durchgeführten Umfrage fest, daß gerade einmal 9 Prozent der Unternehmer mit ihren Verbänden rundum zufrieden sind. Die Mehrzahl erwarte von ihren Interessenvertretern mehr Beratung, bessere politische Lobbyarbeit und mehr Kundenorientierung, wobei als Kunde die Mitgliedsunternehmen zu betrachten sind. Immerhin kostete die Arbeit der Verbände die Unternehmen rund 3,5 Milliarden D-Mark Beiträge pro Jahr.

Nur 12 Prozent der Firmen beurteilten das Kosten/Nutzenverhältnis mit gut, bei den Arbeitgeberverbänden waren es sogar nur 4 Prozent. *Impulse* zitierte Axel G. Koetz, Geschäftsführender Partner der Kienbaum Unternehmensberatung, mit den Worten: »In vielen Verbänden haben die Funktionäre die Probleme der Mitglieder aus den Augen verloren und produzieren unnütze Scheinergebnisse.« In vielen Fällen seien die Mitglieder »nur noch deshalb dabei, weil sie vergessen haben, auszutreten«.

Die immer stärker wachsende Zahl von Wirtschaftsorganisationen stört die Unternehmer ebenso wie das ineffiziente Verbandsmanagement. Der ständig zunehmenden Arbeitsteilung und Spezialisierung in der Wirtschaft entspricht das dichte Geflecht kleiner und kleinster Verbände. Allein der Bundesverband der Deutschen Industrie und die Bundesvereinigung der Deutschen Arbeitgeberverbände haben insgesamt über 1000 Unterverbände. Das Handwerk ist in 56 Kammern, 366 Kreishandwerkerschaften, 69 Zentralfach- und Bundesinnungsverbänden, 591 Landesfach- und Landesinnungsverbänden sowie rund 7000 Innungen organisiert.

Die Folge liegt klar auf der Hand. Der Bundestag und die Bundesministerien werden mit immer spezielleren Forderungen konfrontiert, die ein immer größeres Fachwissen erfordern. Gleichzeitig steigt die Zahl der Ansprechpartner für die Ministerien und das Parlament, was mit einer größeren Unübersichtlichkeit einhergeht.

Das genaue Gegenteil zu den atomisierten Interessen in der Wirtschaft bildet die Organisation einer der stärksten Verbrauchergruppen Deutschlands überhaupt, die der Autofahrer. Wer über die Lobby schimpft, sollte sich fragen, ob er nicht selbst einer der 13,4 Millionen Mitglieder des ADAC ist, der in Bonn und zukünftig in Berlin sehr effektiv die Interessen seiner Mitglieder vertritt.

Die Zeiten flotter Parolen wie »Freie Fahrt für freie Bürger« sind inzwischen vorbei. Sie werden gar nicht mehr benötigt, stehen aber als Drohpotential weiter im Hintergrund. Wenn der ADAC wollte, könnte er über seine Mitgliederzeitschrift, aber auch über seine exzellenten Presseverbindungen, Wahlen mehr als nur beeinflussen.

Der Diplomvolkswirt Michael Bauer sieht als Hauptansprechpartner den Beamtenapparat des Bundesverkehrsministeriums, der den Expertenrat des ADAC durchaus zu schätzen weiß. Die Losung des ADAC-Präsidenten Otto Flimm lautet: »Lobby mit Augenmaß«. Schließlich stellen die Autofahrer der Politik jährlich 80 Millionen D-Mark über Steuern und Abgaben zur Verfügung, wovon aber nur 30 Millionen in den Straßenbau fließen. Die »Verpflichtung der Politik zum Straßenbau« ist deshalb eines der zentralen Themen des ADAC.

Gemessen an der Mitgliederzahl des ADAC nimmt sich die der Arbeiterwohlfahrt mit immerhin 620 000 Mitgliedern bescheiden aus. Und doch dürfte sie neben den Gewerkschaften den stärksten Einfluß auf die SPD-Parlamentarier haben. Ein SPD-Politiker wird sich einer Mitgliedschaft in der Arbeiterwohlfahrt nicht entziehen wollen und allenfalls nur mit sehr guten Argumenten und gleichwertigen anderen Aktivitäten entziehen können.

Die Arbeiterwohlfahrt unterhält in allen Bundesländern insgesamt 9740 Einrichtungen und Dienste mit insgesamt 260 000 Betten/Plätzen. Diese gliedern sich in 1558 Heime inklusiv Wohngemeinschaften, 3561 Tagesstätten, wovon knapp die Hälfte für Kinder und Jugendliche unterhalten wird und etwas weniger als die Hälfte für alte Menschen. Ausländern, Arbeitslosen, Familien, Schwangeren, Alten, Behinderten und Jugendlichen stehen 1400 Auskunfts- und Beratungsstellen zur Seite. Von den 1558 Heimen der Arbeiterwohlfahrt sind 740 Altenheime, Altenpflegeheime und Altenwohnheime, wo sich, wie böse Zungen behaupten, die treueste SPD-Wählerschaft befindet, ebenso wie in den 1503 Altenclubs und Seniorengruppen, die im Rahmen der Arbeiterwohlfahrt organisiert werden.

Hier wird eines der Hauptprobleme der Wirtschaftsverbände deutlich: »Konzerne dürfen nicht zur Wahl gehen.« Deshalb müssen sie ihre Wünsche und Forderungen auf andere Weise mehrheitsfähig machen. Nur mit der und nicht gegen die Mehrheit im Bundestag lassen sich Unternehmensinteressen aktiv durchsetzen. Allenfalls bei der Verhinderung neuer Regeln oder abseits des öffentlichen Interesses oder bei sehr komplexen nicht medienwirksamen Themen ist noch eine dezente Einflußnahme möglich.

Das Effizienzdilemma der Verbände

Je differenzierter und professioneller Verbandsinteressen vertreten werden, desto mehr verlieren die einzelnen Maßnahmen an Wirkung. Sie neutralisieren sich gegenseitig. Daß sich die Interessen und die Interessenvertreter immer weiter differenzieren, wird sich in einer auf Pluralismus, Selbstverwirklichung und effektive Kommunikation ausgelegten Gesellschaft kaum verhindern lassen. Gleichgesinnte lassen sich per Mausklick im Internet finden und organisieren.

Geradezu absurd ist es in diesem Zusammenhang, daß Bundesbürger, aber auch Unternehmen als Mitglieder von Verbänden darin wetteifern gegensätzliche und sogar einander ausschließende Forderungen gleichzeitig zu stellen. Sie fordern mehr staatliche Mittel und weniger staatliche Einmischung. Sie fordern Gesetze, die jeden Einzelfall individuell berücksichtigen und verlangen im gleichen Atemzug einfachere und übersichtlichere Gesetze. Sie fordern vom Staat Schutz ihrer Interessen und möchten gleichzeitig verhindern, daß er eingreift.

Worauf dieser Forderungskatalog hinausläuft, ist leicht zu erkennen. Er lautet: »Mehr von demselben«. Zur Entbürokratisierung wird mehr Bürokratie geschaffen, und um der Zersplitterung der Interessen in unzählige Kleinstverbände entgegenzuwirken, werden neue, übergeordnete Verbände ins Leben gerufen werden.

Da egoistische Interessen in unserer Gesellschaft immer weniger akzeptiert werden, geht die Tendenz dahin, jegliches Interesse mit dem Interesse des »Gemeinwohls« zu verbinden. Der so interpretierte Begriff des Gemeinwohls wird wiederum zu einer Nivellierung der Einzelinteressen führen. Letzten Endes läuft die Arbeit der Verbände, wenn sie denn alle nur noch dem Gemeinwohl verpflichtet sind, auf das Sankt Florians-Prinzip (»Heiliger Sankt Florian, verschon mein Haus, zünd andere an«) hinaus.

Wie sehr dieses Prinzip heute schon greift, sieht man in der Debatte um die 630 Mark-Jobs oder noch deutlicher, in der immerwährenden gesundheitspolitischen Diskussion. Seit Jahren wandert dort der Schwarze Peter zu hoher Kosten von den Hausärzten zu Fachärzten, von der Ärzteschaft zu den Krankenhäusern. Krankenhäuser und Ärzte wiederum bezichtigen die Arzneimittelehersteller als Kostentreiber, während die Krankenkassen sowohl die Ärzte als auch die

Krankenhäuser und die Pharmaindustrie als Schuldige ausmachen.

Das Gesundheitsministerium bemüht sich um eine umfassende Regelung, und alle Beteiligten versuchen in wechselnden Koalitionen die Regelungen des Gesundheitsministeriums zu unterlaufen und erneute Veränderungen herbeizuführen. Jeder will sparen, nur nicht im eigenen Bereich. Es gibt genügend Ärzte, die sich ein staatliches Gesundheitswesen wünschen, das ihnen ein gesichertes Einkommen mit ebenso geregelten Arbeitszeiten wie allen anderen Arbeitnehmer garantiert. Aber die Zahl derer, die diese Interessen vertreten, ist zur Zeit zu klein.

Ein Bereich, der dieses Thema ebenfalls gut illustriert, wurde schon erwähnt: die Subventionen. Alle sind sich darüber einig, daß sie gekürzt werden müssen, daß sie zur Zeit den Falschen zufließen, und die Subventionenbezieher sind sich einig, daß stets die anderen verzichten sollen.

Ein grüner Verband mit viel Biß

Keine oder nur wenig Aufmerksamkeit fand bisher in der Lobbyistenszene und ebenso in der breiten Öffentlichkeit UnternehmensGrün e. V., Verband zur Förderung umweltgerechten Wirtschaftens. Mit der Namensgebung scheint er sich in eine Ecke manövriert zu haben, in der man alternative Naturkostläden und Landkommunen vermutet. Es wäre aber ein großer Fehler, ihn zu unterschätzen, denn seit die Grünen auf Bundesebene mitregieren, ist der Einfluß von UnternehmensGrün ganz erheblich gewachsen. Und sein Bekanntheitsgrad wird sich schon bald seiner neuen politischen Bedeutung anpassen.

Daß zwischen den Grünen und den Verbandsfunktionären der großen und einflußreichen Industrieverbände nicht gerade ein inniges Verhältnis besteht, ist kein Geheimnis. Aber gerade auch die kleinen und mittleren Unternehmen fühlen sich von diesen Verbänden kaum repräsentiert. Es gibt in der Verbandslandschaft also ein deutliches Vakuum, das gefüllt werden kann. Vor allem weil immer mehr Unternehmen und besonders solche, die inhabergeführt sind, feststellen, daß Ökologie und wirtschaftlicher Erfolg sich nicht ausschließen, sondern sich in vielen Fällen sogar bedingen.

Wie die *Kölnische Rundschau*[16] meldete, hatten 17 Mitglieder der Bundestagsfraktion von Bündnis 90/Die Grünen in der Fraktionssitzung am Vortag ihr Konzept »Initiative für Investitionen, Arbeit und Umwelt« vorgelegt. Darin hieß es unter anderem: »Wichtig für die Grünen ist, daß die kleinen und mittleren Unternehmen die Hauptgewinner der Reform sind, weil sie die meisten neuen Arbeitsplätze schaffen …« Damit ist die direkte Linie von UnternehmensGrün zum zentralen Thema der Regierung Schröder, die Beseitigung der Arbeitslosigkeit, hergestellt. Wer ist nun UnternehmensGrün?

Der Verband kommt in seinen Selbstdarstellungen ziemlich schnell und unverblümt zur Sache: »Unternehmens-Grün will ein Lobbyverband sein für alle UnternehmerInnen, die erkannt haben, daß nur eine Ökologisierung der Wirtschaft unseren Wirtschaftsstandort langfristig sichern kann!« Bisher hat der Verband über 260 Mitglieder, Landesgruppen in neun Bundesländern sowie einige Regionalgruppen. Der Sitz des Verbandes ist nicht Bonn oder Berlin, sondern Stuttgart. Enge Verbindungen zum Vorsitzenden der Bundestagsfraktion von Bündnis 90/Die Grünen, Rezzo Schlauch, sind da selbstverständlich und werden genutzt, besonders da er auch Mitglied von Unternehmens-Grün ist.

Gegründet wurde UnternehmensGrün im Juli 1992 von 15 baden-württembergischen UnternehmerInnen. Mitglied bei UnternehmensGrün können UnternehmerInnen, Selbständige oder leitend in der Wirtschaft Tätige werden. Daß hier sachkundige Unternehmer am Werk sind und keine Spinner, zeigt schon folgende Formulierung: »Unsere Mitglieder müssen keinen ökologischen Musterbetrieb vorweisen. Sie alle haben sich dem Marktmechanismus zu stellen und müssen Kompromisse eingehen – aber sie setzen sich dafür ein, daß ökologisches Wirtschaften in Zukunft leichter möglich wird.« Das will man erreichen »durch Öffentlichkeitsarbeit, in Gesprächen mit politischen Entscheidungsträgern, mit Ministerien, Parteien, Verbänden und durch Veranstaltungen«. Als »umweltorientierte Standesorganisation« und Lobbyist will man nicht nur seine Positionen bekanntmachen und Stellung nehmen, sondern »Druck ausüben«.

Unternehmerisches Denken zeigt sich auch darin, daß der Verband finanziell und politisch unabhängig und an keine Partei gebunden ist. Dabei versteht man sich als notwendige Ergänzung zu B. A. U. M. und umwelt future, die ihre Aufgabe vor allem in der betrieblichen Einzelberatung sehen.

Während sich andere Unternehmer gern hinter ihrem Verband verstecken, auch wenn dieser nichts für sie tut und die Verbandsoberen gerade kleinerer Verbände in würdevoller Leere erstarrt sind, erklären zahlreiche Mitglieder von UnternehmensGrün jedem, der es wissen will, weshalb sie dabei sind.

So sagt Johannes Angele von Angele Maschinenbau Schmiedefeuer, Rauchgasreinigung Ochsenhausen: »Schon immer hat mich gestört, daß von Unternehmerseite massive Forderungen zur Lockerung der Umweltauflagen kamen, daß sie mit hohem Finanzeinsatz Lobbyarbeit betreiben, um Abgeordnete und Behörden zu beeinflussen. Ich kann nicht akzeptieren, daß Unternehmer weiterhin ans grenzenlose Wachstum glauben und letztlich nur kurzfristige Perspektiven entwickeln, nach dem Motto: Nach uns die Sintflut. Bei den meisten Unternehmern steht die Gewinnmaximierung im Vordergrund, und ich vermisse soziales Verantwortungsgefühl. Als ich über die Lokalpresse von der Gründung eines ökologisch orientierten Unternehmerverbandes erfuhr, der sich politisch einmischen und der eine andere Lobbyarbeit machen wollte, war ich sofort entschlossen, da mitzumachen ...«

»Bei UnternehmensGrün hat mich von Anfang an fasziniert, daß dort ökologische Lobbyarbeit geleistet wird und nicht nur kurzsichtige Interessenklüngelei«, bekennt Stephan Baldin, tex-point Martini-Sommer GmbH & Co. Peter Haverkamp, AURO Naturfarben, Braunschweig, betont: »Die Veränderung der Rahmenbedingungen für ein konsequent ökologisches und damit zukunftsorientiertes Wirtschaften muß vorangetrieben werden und kann nur Erfolg haben, wenn sich Firmen mit ähnlichen Zielen zusammenschließen, um gemeinsam öffentlich und durch Lobbyarbeit die Ziele ihrer Arbeit darzustellen und ihre Umsetzung einzufordern.«

Edith Memmel, Obermeisterin Keramik-Werkstatt Burgstall Mitwitz (Bayern) und Rügen, sagt: »Die in Initiativen und rasch wachsender grüner Partei Aktiven hatten für wirtschaftliche Fragen keinen Blick. Und die Berufsverbände waren damals wie heute für ökologische Fragen und für eine Umgestaltung von Wirtschaft und Gesellschaft nicht gerade aufgeschlossen. Die Gründung von UnternehmensGrün habe ich da als eine große Chance gesehen ... Und der weit und breit einzige Verband, der auch politische unbequeme Konzepte und Debatten laut und deutlich anstößt, weitertreibt und dabei kein Tabu und keine Berührungsangst kennt.«

»Die Probleme des täglichen Überlebenskampfes, wie er in vielen kleinen und mittleren Unternehmen inzwischen Alltag ist, nicht mehr alleine der Wirtschaftspolitik und den etablierten Verbänden zu überlassen, dafür steht Unterneh-

mensGrün«, erklärt Frieder Rock, Berlin, Unternehmensberatung für Organisationsentwicklung und Projektmanagement.

Georg Salvamoser, Solar-Energie-Systeme GmbH, Solar-
Fabrik GmbH, Freiburg, ist der Ansicht:»Wer mittel- und
langfristig die notwendigen ökologischen Belange in unser
wirtschaftliches Handeln einbinden will, muß dies laut und
deutlich reklamieren und öffentlich Flagge zeigen. Deshalb
ist die Interessenvertretung UnternehmensGrün ein Muß für
mich, da ein einzelner Unternehmer gegen die etablierten
Lobbyorganisationen keine Chance hat.«

Und Dr. Christoph Steinhardt, RST Stahlbau GmbH &
Co. KG Niederlauer, hebt hervor:»Wir haben mit UnternehmensGrün auch ein Sprachrohr und Diskussionsforum
der vielbeschworenen ›mittelständischen Unternehmer‹, die
in den etablierten Verbänden und Kammern viel zuwenig
Gewicht haben, obwohl sie die Mehrzahl der Ausbildungs-
und Arbeitsplätze in Deutschland stellen und Gewinnne
nicht ins steuergünstige Ausland transferieren. UnternehmensGrün ist ein Lichtblick in der Verbands- und Politik-
szene, weil dort Visionen für den nicht mehr aufschiebbaren
Umbau unserer Gesellschaft entworfen werden.«

Die Szene wandelt sich – Von der Bonner zur Berliner Republik

Der Umzug als Symbol

Mehr als acht Jahre nach dem Beschluß des Bundestages am 20. Juni 1991, seinen Sitz von Bonn nach Berlin zu verlegen, hat er nach der Sommerpause am 6. September 1999 seine volle parlamentarische Arbeit in Berlin aufgenommen. Bei der Entscheidung, Bonn oder Berlin, ging es natürlich nicht nur um den symbolischen Wert, den eine Hauptstadt, die zugleich Regierungssitz ist, verkörpert. Es ging, wie seinerzeit bei der Entscheidung zwischen Bonn oder Frankfurt als provisorische Hauptstadt der jungen Bundesrepublik, auch um handfeste ökonomische Interessen.

Allerdings wurden sie nicht so ausgetragen wie im ersten Deutschen Bundestag, als Abgeordnete der Bayernpartei in den Ruf kamen, bestochen worden zu sein, damit sie für Bonn stimmten. Auch der erste Untersuchungsausschuß in der Geschichte des Deutschen Bundestages konnte nicht ermitteln, ob nun wirklich Summen zwischen 20 000 D-Mark für Entscheidungsträger und 1000 D-Mark für einfache Abgeordnete gezahlt worden sind.

Von Anfang an sahen die Planungen in Berlin vor, Parlament und Regierung hauptsächlich im Bereich des Spreebogens und der Spreeinsel unterzubringen. Bereits Anfang des Jahres 1999 und im Frühjahr waren Teile der Verwaltung des Bundestages, die die Voraussetzungen für das Arbeiten in der neuen Bundeshauptstadt schaffen sollten, nach Berlin umgezogen. In der Sommerpause im Juli und August fanden in einem großen Kraftakt die Umzüge der Abgeordneten und der Fraktionen sowie der Verwaltungsangehörigen in ihre

Zwischenunterkünfte statt. Im Herbst 2000 sollen die Parlamentarier dann in die Neubauten Paul-Löbe-Haus, vormals Alsenblock, und Jakob-Kaiser-Haus, vormals Dorotheenblöcke, einziehen. Ein knappes Jahr später folgen die Bundestagsbibliothek, das Parlamentsarchiv und die Reste der Bundesverwaltung in das dann fertiggestellte Marie-Elisabeth-Lüders-Haus, vormals Luisenblock.

Der Beschluß, das Reichstagsgebäude als Sitz des Bundestages zu wählen, war vorwiegend eine politische Entscheidung. In der Fachwelt herrschte weitgehend Übereinstimmung, daß »unter Würdigung seiner historischen wie auch künftigen Bedeutung als ›Herz der Republik‹ eine Einfachsanierung des Gebäudes nicht vertretbar sei«. Schließlich beauftragte man den englischen Architekten Norman Foster, das Gebäude für 600 Millionen D-Mark vollkommen umzubauen.

Das Paul-Löbe-Haus und das Marie-Elisabeth-Lüders-Haus, künftiges Domizil für Abgeordnete und Verwaltungsmitarbeiter, schließen nördlich an das Reichstagsgebäude an. Die beide Ufer der Spree säumenden Gebäudeblocks werden über den Fluß hinweg miteinander verbunden. Den Plan für den sechsgeschossigen Neubau erstellte der Münchner Architekt Stephan Braunfels. Das 200 Meter lange Gebäude ist offen und transparent strukturiert, die Räume gruppieren sich kammerartig um offene, begrünte Höfe. Insgesamt stehen rund 42 000 Quadratmeter Hauptnutzfläche und über 1200 Räume für Abgeordnete und Ausschüsse, Archive und den Besucherdienst zur Verfügung. Auch werden hier die zentrale Parlamentsbibliothek sowie ein Restaurant untergebracht.

Ein zusätzlicher Neubau entsteht in den Dorotheenblöcken direkt östlich des Reichstagsgebäudes. In Anlehnung an die historische Dorotheenstadt, die sich durch eine lebendige, kleinteilige Struktur auszeichnete, sollen die Architekten den Bauten für den Deutschen Bundestag durch unterschiedliche

»Handschriften« Vielfalt verleihen. In den Dorotheenblök-
ken sind rund 53 000 Quadratmeter Hauptnutzfläche und
rund 2000 Räume überwiegend für Fraktionen, Abgeordnete
und die Bundestagsverwaltung vorgesehen. Das unter Denk-
malschutz stehende Reichstagspräsidentenpalais, das der
Deutschen Parlamentarischen Gesellschaft und dem Bundestag für Repräsentationszwecke zu Verfügung stehen wird,
sowie die Altbauten »Kammer der Technik« und »Haus
Sommer« sollen ebenfalls in die Bebauung einbezogen werden. Man setzt bewußt auf eine Mischung aus alter Bau-
substanz und transparenter, aufgelockerter Architektur. Um
die Urbanität zu fördern, sollen in den Gebäuden an der Wil-
helmstraße Cafés, Buch- und Feinkostläden für städtisches
Leben sorgen. Die Ebertstraße wird vor dem Reichstagsgebäude verkehrsberuhigt. »Zum Platz erweitert, lädt sie künftig Abgeordnete wie Bürger zur Begegnung ein«, läßt die
Bundestagsverwaltung verlauten.

Westlich vom Reichstag, am anderen Teil des nördlichen
Spreebogens, entsteht das neue Bundeskanzleramt, jenseits
des Ufers befindet sich der Kanzlergarten. Der Architekt
»Axel Schultes träumt von einer Architektur, die den Raum
durch Licht beseelt. Er denkt und spricht in Bildern ... Er
träumt von einem Licht, das harte Schatten bricht, durch
Ritzen und Löcher schießt, Linien und Punkte auf Böden
und Wände zeichnet. Von einem tagsüber scharfen Licht,
das am Abend weich wird, dahinfließt, die Volumina
schmeichelnd umhüllt«, schreibt das *FAZ-Magazin*.[1] »Schönes in der schönen Arbeit der Architektur ist nur zu leisten
in der präzisen Abgrenzung von Raum durch die Schwere
des Materials und beseelt durch das Licht«, wird Schultes
zitiert.[2]

Sein expressiver Entwurf verschmelze in einer durchaus
pathetischen Collage Modernität und Monumentalität. »Die
breiten Treppen [der Foyers und Hallen] sind fraglos
opernreif, der kurze Ehrenhof ist schlichtes Barock ...

Zwischen zwei Verwaltungsflügeln, die um überglaste Klimagärten herum organisiert sind, erhebt sich ein sechsunddreißig Meter hoher Leitungsblock. Die scharfen Kanten dieses offenen Kubus rahmen einen geschmeidigen Kern, den Schultes im Spiel geometrischer Körper gestaltet hat. Zentriert um eine kreisrunde Treppenskulptur liegen Kanzlerbüro, Kabinettssaal, Lagezentrum und internationale Konferenzräume, deren Fenster, Terrassen und Emporen zur Kuppel des Reichstagsgebäudes hinübergrüßen werden... Schultes hat der Politik eine pathetische Kulisse geschaffen.«[3]

Die Beschreibung der Architektur Axel Schultes stimmt trefflich mit den Absichten, die sich an die Berliner Republik knüpfen, überein: Modernität und Monumentalität. Mit dieser Hauptstadt sind die Deutschen endlich wieder wer. Bonn steht für eine jetzt abgeschlossene Epoche des geteilten Nachkriegsdeutschlands, die ebenso zur Geschichte gehört wie das Dritte Reich, die Weimarer Republik und das Kaiserreich. Keine dieser Epochen wird in Berlin, anders als es je in Bonn möglich gewesen wäre, ausgespart oder vergessen. Die DDR ist gleichermaßen präsent wie der Kaiser. Monumentalität gehört offensichtlich zum deutschen Naturell, und Modernität ist ein Lebensgefühl, das das Retrodesign eines VW-Käfers als Reminiszenz an die Aufbaujahre ebenso einschließt wie die Solarzellen auf den Dächern der Regierungsgebäude.

Auch die Berliner Republik beginnt als Provisorium

Wie damals beim Start in Bonn sind die Abgeordneten des Bundestags mit ihren Mitarbeitern, die Fraktionen und Ausschüsse sowie die Bundestagsverwaltung vorläufig in Provisorien untergebracht. Sie arbeiten in 16 verschiedenen Gebäuden, wovon fünf angemietet und elf renovierte »Altliegenschaften« sind. Während die SPD-Abgeordneten in einem aufwendig sanierten Haus Unter den Linden residieren und die der CDU/CSU in einen Neubau in der Friedrichstraße, haben die PDS-Parlamentarier das Gebäude des ehemaligen DDR-Innenministeriums bezogen.

Wenn Parlament und Regierung umziehen, dann müssen die Lobbyisten ihnen wohl oder übel folgen. Tausende Lobbyisten sind inzwischen in die neue Hauptstadt gekommen, die genaue Zahl läßt sich nur schwer schätzen. Tatsache ist, in Berlin sind mehr deutsche Verbände versammelt als je zuvor an einem Ort. Denn die Verbandsvertreter kamen nicht nur aus Bonn, sie verlegten ihren Arbeitsplatz auch von Köln, Frankfurt oder Hamburg nach Berlin. Desgleichen ist der Deutsche Gewerkschaftsbund von Düsseldorf nach Berlin gezogen.

Der Verband Deutscher Makler ist bereits seit April 1997 in Berlin ansässig. Als erster Spitzenverband der deutschen Wirtschaft zog im Februar 1998 der Gesamtverband der Versicherungswirtschaft in die Berliner Friedrichstraße. Im selben Jahr folgten ihm der Hauptverband der Deutschen Bauindustrie (Haus der Bauindustrie, Kurfürstenstraße) und der Zentralverband des Deutschen Baugewerbes (Kronenstraße) sowie der Deutsche Städte- und Gemeindebund (Marienstraße).

Ende März ließ sich als zweiter Spitzenverband der Bundesverband deutscher Banken mit 130 Mitarbeitern im alten Börsenviertel in der Burgstraße nieder. Der Sparkassen- und Giroverband und der Zentralverband des Handwerks residieren in der Nähe des Gendarmenmarkts. Der Deutsche Industrie- und Handelstag (DIHT), die Bundesvereinigung der Deutschen Arbeitgeberverbände (BDA) und der Bundesverband der Deutschen Industrie (BDI) zogen im Herbst 1999 gemeinsam in das neu errichtete Haus der Wirtschaft am Mühlendamm, Ecke Breite Straße. Während BDI und BDA schon in Köln unter einem Dach, aber räumlich und organisatorisch völlig getrennt, arbeiteten, kommt der DIHT aus Bonn. Die drei Spitzenverbände wollen nun technische Einrichtungen gemeinsam nutzen, aber auch inhaltlich zusammenarbeiten, zum Beispiel in gemeinsamen Abteilungen für Steuern oder volkswirtschaftliche Fragen.

Im Haus des Handels, Am Weidendamm, Ecke Planckstraße, das erst Mitte bis Ende des Jahres 2000 fertig werden soll, werden der Hauptverband des Deutschen Einzelhandels (HDE), der Bundesverband Groß- und Außenhandel (BGA), der Hotel- und Gaststättenverband (Dehoga), der Deutsche Bäderverband, Bundesverband der Tourismuswirtschaft, der Rat des deutschen Handels, der Bundesverband der Automatenunternehmen, der Deutsche Reisebüro-Verband sowie der Bundesverband Deutscher Holzhandel ihre neue Adresse haben.[4]

Während die DGB-Zentrale in das Gebäude in der Wallstraße umgezogen ist, wo vor 1933 der Allgemeine Deutsche Gewerkschaftsbund (ADGB) seinen Sitz hatte, blieb die IG Metall in Frankfurt am Main.

Neu nach Berlin kamen Unternehmen entweder mit Niederlassungen, oder sie verlegten ihren Firmensitz. Daimler-Benz errichtete am Potsdamer Platz auf einem 68 000 Quadratmeter großen Areal eine eigene Stadt, wohin die Daimler-Benz InterServices (debis) ihre Zentrale verlegte, direkt daneben baute Sony seine neue Europazentrale, ein Komplex aus sieben Türmen. Asea Brown Boveri (ABB) ließ sich an der Stresemannstraße, Ecke Köthener Straße nieder, ihre fünf Bürohäuser stehen alle auf Brückenbauteilen, damit die S-Bahn darunter durchfahren kann. Auch die KPMG Unternehmensberatung und das Dienstleistungsunternehmen Dussmann haben sich für Berlin als neuen Unternehmenssitz entschieden.

Im Internationalen Handelszentrum (IHZ) hat sich der RWE-Konzern eine 1000 Quadratmeter große Repräsentanz eingerichtet. Das Ruhrgas-Verbindungsbüro befindet sich in der Friedrichstraße, nebenan die Siemens-Repräsentanz. Nicht weit entfernt sind die Büros von ABB, VW und BMW. Die Deutsche Telekom hat in einem ehemaligen Telegrafenamt in der Jägerstraße ihr Domizil aufgeschlagen.

Die Deutsche Bank kehrte in ihr früheres Gebäude Unter den Linden 13–15 zurück, das sie von der Treuhandanstalt zurückgekauft hatte. In unmittelbarer Nachbarschaft residieren verschiedene andere Banken, so die niederländische Amro-Bank, die Schweizer Bankgesellschaft und die Deutsche Verkehrsbank. Die Dresdner Bank hat einen fünfstökkigen Neubau direkt am Brandenburger Tor errichtet.[5]

Geschätzt wird, daß inzwischen 300 Medienvertreter und 15 000 Diplomaten[6] nach Berlin gezogen sind. Fast alle großen Zeitungen und Rundfunksender beschäftigen in Berlin deutlich mehr Personal als bisher in Bonn.

Ob Parteien, Verbände oder Unternehmen, alle wollen im unmittelbaren Umfeld der Ministerien und des Bundestages residieren. Deshalb drängt sich in Berlin-Mitte alles auf einem Areal von etwa vier Quadratkilometern zusammen. Alle Wege sind zu Fuß zu erledigen, das vereinfacht die Kommunikation untereinander.[7] Man setzt auf ungezwungene Gespräche bei Empfängen oder beim Mittagessen. Und es hat sich in Berlin-Mitte eine ganze Reihe neuer Restaurants und Cafés niedergelassen. Beliebt ist zum Beispiel das Restaurant Borchardt in der Französischen Straße. Zum abendlichen Bier trifft man sich gern in der Ständigen Vertretung (Stäv), die ein ehemals Bonner Kneipier aufgemacht hat.

Das Nobelhotel Adlon am Pariser Platz ist rechtzeitig vor dem großen Wechsel nach Berlin neu aufgebaut worden. Von der Präsidentensuite im Westflügel hat der Gast einen eindrucksvollen Blick auf das Brandenburger Tor und den Pariser Platz, Triumph- und Trauerstätte der deutschen Geschichte. Den muß er sich 5200 D-Mark pro Nacht kosten lassen. Zu Gast waren hier bereits Helmut Kohl und Hosni

Mubarak, aber auch Robert De Niro und Claudia Schiffer. Im Hilton genießen die Bewohner der Luxussuiten einen großartigen Ausblick auf den Gendarmenmarkt und den Deutschen Dom.

Zur Kontaktpflege der Lobbyisten haben sich schon früh zwei exklusive Zirkel gebildet, beim »Montagskreis« treffen sich die Lobbyisten deutscher und ausländischer Firmen, beim »Dienstagskreis« Vertreter von deutschen Firmen und Verbänden.[8]

Von der Bonner Provinz zur Weltstadt

Der Umzug von Bonn nach Berlin bringt für alle Beteiligten, ob Politiker, Beamter oder Lobbyist eine radikale Umstellung. »Die Neu-Berliner werden sich daran gewöhnen müssen, daß sie nicht mehr der Nabel der Welt sind. In Berlin sind sie nur eine Minderheit«, sagte Manuela Damianakis gegenüber dem *managermagazin*[9]. Bonn stand für Regierung und Politik. Politiker und Beamte sowie Verbandsangestellte prägten den ganzen Ort. Das Leben spielte sich auf einer Linie von zwei Kilometern entlang der Adenauer-Allee/Friedrich Ebert-Allee ab, in einigem Abstand südlich der Bonner Innenstadt. Und am Wochenende, wenn die Abgeordneten und Politiker sich an ihrem Heimatsitz aufhielten, war ganz Bonn tot.

Verbände residierten in hochherrschaftlichen Altbauten inmitten weitläufiger Grünanlagen, und privat wohnte man in Altbauvillen mit großem Garten oder in standesgemäßen Bungalows. In Berlin liegen die Büros in klotzigen Neubauten – oder aufwendig renovierten Altbauten – mitten im Zentrum an vielbefahrenen Straßen ohne Begrünung, mehr oder weniger direkt neben häßlichen Plattenbauten.

Obwohl sie ihren Arbeitsplatz zum großen Teil im ehemaligen Ostteil der Stadt haben, schreckten fast alle Neu-

Berliner davor zurück, auch privat in den Osten zu ziehen oder gar in das zentral gelegene, direkt an Berlin-Mitte angrenzende Kreuzberg. Sie bevorzugten umgrünte Stadtteile im Westen, wie Steglitz oder Zehlendorf, und Dahlem im Süden der Stadt. Da die Berliner Grundstückspreise aber wesentlich höher als die in Bonn sind, mußten sich viele Beamte oder Verbandsangestellte mit einer Eigentumswohnung oder gar mit einer Mietwohnung begnügen statt des Eigenheimes in Bonn.[10]

Neu ist auch, daß selbst Abteilungsleiter vom Dienstwagen oder eigenen Auto auf U- oder S-Bahn umsteigen müssen, um ins Büro zu fahren.[11] Der Grund liegt auf der Hand: Die Parkplätze in Berlin-Mitte sind knapp, und selbst den Spitzenverbänden steht in ihren Neubauten wesentlich weniger Parkraum zur Verfügung als früher in Bonn oder Köln. Vielen fällt die Umstellung schwer, nicht zuletzt wegen des schlechten Rufs der neuen Hauptstadt, sie fürchten sich davor, S-Bahn zu fahren oder abends auf die Straße zu gehen.

Bonn war eine biedere Beamten-Provinzstadt, Berlin ist dagegen eine Weltstadt, die mehr zu bieten hat als Regierung, Politiker und ihre Lobbyisten. *Der Spiegel* hat den Gegensatz gut auf den Punkt gebracht: »Bonns Wahrzeichen ist der Waschbetonkübel mit Stiefmütterchen, Berlins hingegen der Kran, das Bauloch, die über Nacht gebaute Umleitung. Berlin ist 1914, 1933, 1945, 1989 – Bonn ist 08/15.«[12] Der hauptstädtische Mikrokosmos unterscheide sich so sehr von der rheinischen Heimeligkeit, daß sich manche an der neuen Wirkungsstätte wie Außerirdische fühlten.

Gerade im neuen Regierungsviertel mischen sich verschiedene Szenen. In der Nähe des Arbeitsministeriums liegt eine Schwulenbar, aus dem Bildungsministerium kann man auf die Straßenhuren der Oranienburger Straße schauen, und die jährliche Love-Parade findet nicht weit vom neuen Kanzleramt statt. »Ausländer oder Homosexuelle, die in Bonn eher zur Folklore gehörten, sind in der Hauptstadt Machtfaktoren, weil sie zu Hunderttausenden ihre Rechte einfordern«[13], schrieb der *Spiegel.*

In Berlin pulsiert ein anderes Leben als in der rheinischen Provinz. Berlin steht für Kunst, Kultur und Mode und zieht Kreative förmlich an. Die Stadt verfügt über mehr als 200 Galerien und 47 Theater, und über 100 Bibliotheken bieten Wissen an.[14] Berlin ist multikulturell und flexibel.

»Bonn war das mögliche Minimun an Hauptstadtfunktion«, die selbstzufriedene Isolation vom Volk, zitierte der *Spiegel* Johannes Gross.[15] Bonn, wo bis heute eine Normalität vorgegaukelt werde, die es im Rest der Republik kaum mehr gibt, habe beste Chancen, alsbald als Synonym für ein gartenzwergartiges Paradies zu dienen.

»Die Berliner Republik wird statt einer kritischen eine definitorische Haltung einnehmen müssen«, sagt Soziologe Heinz Bude vom Hamburger Institut für Sozialforschung, der ein Forschungsobjekt »Gründung durch Umzug« leitete.[16] Erst müsse einmal allgemein verbindlich festgelegt werden, was künftig soziale Gerechtigkeit heißt, was individuelle Freiheit meint und wie der Staat unter dem Primat der Ökonomie dem Bürger ins Dasein als unternehmerisches Individuum verhilft. Im Idealfall werde der Umzug auch ein paar fundamentale Debatten anstoßen, zum Beispiel über die Identität der Deutschen, das Verhältnis zu Osteuropa oder den Umgang mit der Vergangenheit.

»Denn ohne Fluchtwege wird Berlin die Verstetigung des Erinnerns bedeuten. Wie mag es sich anfühlen, wenn Hans Eichel die Staatsfinanzen aus Görings einstigem Reichsluftfahrtministerium dirigiert, Rudolf Scharping die Bundeswehr aus dem Reichsmarineamt und Fischer seine Diplomaten aus Hitlers Reichsbank? In einer historischen Architektur, die zur Großmäuligkeit verleitet, wird das dauernde Dementi der eigenen Wichtigkeit nötiger sein als je zuvor. Die äußere Bonner Bescheidenheit wird in Berlin zur inneren Haltung umgezwungen.«[17]

Bude erwartet vermehrtes Denken in Optionen und Experimentieren unter bewußter Inkaufnahme gelegentlichen Scheiterns. Die Konfrontationslinien würden künftig nicht mehr zwischen rechts und links, sondern zwischen Modellkonformisten und Experimentalisten verlaufen. Statt des »schicksalsfreien Wohlstands« der Bonner Epoche werde »unberechenbares Schicksal« über die Deutschen hereinbrechen. Die neue Berliner Republik werde eine »Reminiszenz an die zwanziger Jahre, wahrscheinlich härter als früher, aber auch spannender«[18].

»Bonn gilt als Synonym für Realitätsferne, Berlin als Chiffre für Rückkehr in die gesellschaftliche Wirklichkeit«, hat die von Bude durchgeführte Befragung zu veränderten Einstellungen der Bürger ergeben.[19] Die Koalitionsvereinbarungen über doppelte Staatsbürgerschaft, die Gleichstellung homosexueller Lebensgemeinschaften oder der Einstieg in eine moderne Energiewirtschaft bewiesen, daß die Regierungspartner den Weg zurück zum Bürger schon eingeschlagen hätten.

Richard von Weizsäcker sieht den wesentlichen Unterschied zwischen Bonn und Berlin im Einwirken auf das Bewußtsein der Menschen. »Eine relativ kleine, homogene, zum Leben außerordentlich angenehme Stadt wie Bonn vermittelt ein anderes Bild als eine große Metropole, die uns mit ihren offenen Grenzen lehrt, wie verschiedene Menschen aus vielen Nationen zusammenleben können. Das werden wir in Europa ohnehin lernen müssen«, sagte er in einem Interview im *FAZ-Magazin.*[20] »Mit dem Namen ›Berliner Republik‹ sollte kein denkender und fühlender Mensch einen Wechsel der politischen Aufgaben und der Verantwortung von uns Deutschen verbinden.«

Burkhard Hirsch, der nach 21 Jahren Mitgliedschaft im Bundestag für die 14. Periode nicht mehr kandidiert hatte, ist der Ansicht, daß sich die neue Umgebung auch auf politische Entscheidungen auswirken wird: »Das Leben in der Großstadt in Konfrontation mit ihren sozialen Problemen ist doch völlig anders als das Leben hier in Bonn, wo wir relativ isoliert sind, auch von der Bonner Bevölkerung.«[21]

Neue Herausforderungen

Der Umzug nach Berlin ist nicht nur ein Symbol für die Atomisierung der Interessen bei gleichzeitiger neuer Aufteilung der Funktionen, er ist zugleich ein Symbol für die von der Globalisierung der Wirtschaft und der weiteren Europäisierung der Politik hervorgerufene wachsende Komplexität. Mit dem Umzug nach Berlin gerät das klare Bonner Gefüge der Lobbyszene mit ihren Hierarchien, ungeschriebenen Regeln und für Außenstehende kaum erkennbaren Statussymbolen in ein völlig neues Wettbewerbsumfeld. Die Berliner Republik wird eindeutig transparenter, aber wegen der wachsenden Komplexität gleichzeitig wesentlich unüberschaubarer werden.

War Bonn bisher in erster Linie ein politischer und zum Teil auch wirtschaftspolitischer Standort, so wird Berlin beides sehr viel stärker miteinander verknüpfen, und auch in den Medien wird es zu einer weiteren Durchdringung der Bereiche Wirtschaft und Politik kommen. Eine immer schnellere und ausdifferenziertere Berichterstattung wird sowohl an die Politiker, die Ministerialbürokratie als auch an die Verbände und die präsenten Unternehmen ganz neue Anforderungen stellen, die man vor fünf Jahren noch gar nicht gekannt hat.

Die Kommunikationsfähigkeit wird ebenso wachsen müssen wie die Reaktionsfähigkeit. Da man künftig immer mehr Fakten sofort präsent haben und medienadäquat kommunizieren muß, wird man unter dem Zugzwang stehen, ständig darüber informiert zu sein, was praktisch zeitgleich bei den politischen oder wirtschaftlichen Mitbeziehungsweise Gegenspielern geschieht, gedacht, verhandelt und getan wird.

Diese Leistungen auf einem professionellen Level, der sich durch eine Eigendynamik ständig weiterentwickelt, erbringen zu können, wird die immer differenziertere Forderungen vortragenden Interessenvertreter vor wachsende Schwierigkeiten stellen. Als Ausweg bieten sich sowohl externe Berater als auch externe Dienstleister an.

Wissen ist Macht – die Berater

Es ist kein Geheimnis, daß Parteien, Politiker mit Ambitionen, Bundestagsabgeordnete und erst recht der Bundeskanzler und seine Minister ganze Stäbe von Beratern beschäftigen. Das gilt natürlich auch für all jene Politiker, die zur Zeit in der Opposition sind. Die Berater lassen sich grob in drei Kategorien einteilen: zum einen jene, die intern tätig sind als Angestellte der Parteien und ihrer Stiftungen, als Beamte oder Angestellte der Ministerien oder des Bundestages. Zum anderen mehr oder weniger prominente persönliche Berater, die entweder kostenlos aus Freundschaft, in Erwartung zukünftiger Gefälligkeiten beziehungsweise im Rahmen der Pflege ihres eigenen Netzwerkes tätig sind, und schließlich jene Externen, die unabhängig sind und auf Honorarbasis arbeiten.

Während die erste Gruppe mehrheitlich namentlich kaum bekannt und nicht von öffentlichem Interesse ist, weil sie scheinbar nur nachgeordnete Dienstleistungen wie das Sammeln und Auswerten von Informationen erbringt oder vermeintlich administrative Arbeiten verrichtet, tauchen die Berater der zweiten Kategorie schon fast mit schöner

Regelmäßigkeit in den Medien auf. Über die dritte Kategorie bewahrt man zumindest in Deutschland fast striktes Stillschweigen.

Im *Stern*[22] wurde das Netzwerk von Bundeskanzler Gerhard Schröder präsentiert, das ihm Ideen liefert, für ihn Probleme analysiert und Entscheidungen vorbereitet. Zum engeren Zirkel zählen Sigrid Krampitz, Büroleiterin, Frank-Walter Steinmeier, Staatssekretär und Leiter der Staatskanzlei in Niedersachsen, Alfred Tacke, Staatssekretär im Wirtschaftsministerium von Niedersachsen und Doris Scheibe, Chefsekretärin. Die vom *Stern* so genannte Niedersachsen-Riege bestand schon aus zehn Personen, es sind Peter Müller-Gundermann (Präsidialabteilung und Leiter der Politischen Abteilung in der Staatskanzlei), Christel Möller (Referentin Staatskanzlei, Projektgruppe), Heinz Thörmer (Referent Staatskanzlei, Projektgruppe), Bernd Ellerbrock (Abteilungsleiter Finanzministerium), Brigitte Zypries (Staatssekretärin Sozialministerium), Helmut Holl (Staatssekretär der niedersächsischen Landesvertretung Bonn), Uwe-Karsten Heye (Staatssekretär, Regierungssprecher), Willi Waike (Finanzminister, Niedersachsen), Renate Jürgens-Pieper (Staatssekretärin Kultusministerium) und Dietmar Schulz (Staatssekretär Umweltministerium).

Als Gesprächspartner aus der Wirtschaft nannte der *Stern* Ulrich Hartmann (Vorstandsvorsitzender Veba AG), Ron Sommer (Vorstandchef Deutsche Telekom AG), Hubertus Schmoldt (Vorsitzender IG Bergbau-Chemie-Energie), Ferdinand Piëch (Vorstandsvorsitzender Volkswagen AG), Jürgen Grossmann (Unternehmer), Roland Berger (Unternehmensberater) sowie Manfred Bodin (Vorstandsvorsitzender der Norddeutschen Landesbank).

Gesprächspartner aus der Politik sind Bodo Hombach (Wahlkampfberater, SPD-Landtagsabgeordneter in Nordrhein-Westfalen, Geschäftsführer der Preussag Handel GmbH), Wolfgang Clement (NRW-Wirtschaftsminister), Gert

Andres (SPD-Bundestagsabgeordneter, Gewerkschafter), Dieter Spöri (Ex-Landeswirtschaftsminister, Unternehmensberater), Hermann Rappe (SPD-Bundestagsabgeordneter, Gewerkschafter), Siegmar Mosdorf (SPD-Bundestagsabgeordneter, Enquete-Kommission Neue Medien), Ernst Schwanhold (Wirtschaftssprecher der SPD-Bundestagsfraktion), Peter Struck (Parlamentarischer Geschäftsführer der SPD-Bundestagsfraktion) und Jürgen Trittin (Parteisprecher von Bündnis 90/Die Grünen). Das i-Tüpfelchen bildet Manfred Bissinger, der Chefredakteur von *Die Woche*, als Medienberater.

Wer natürlich von besonderem Interesse ist, sind diejenigen, die sich ihren guten Rat ebenso gut honorieren lassen und gern im Hintergrund bleiben. Einer dieser Spezialisten ist Klaus Januschewski.

Ein Schwergewicht aus Franken

Klaus Januschewski nennt das, was er tut, schlicht und einfach Beziehungsmanagement. Das ist richtig, aber untertrieben. Er bewegt weit mehr, als er zugeben mag, denn er genießt Vertrauen. Januschewski ist integer, er ist ehrlich, denkt schnell und spricht vorsichtig. Er gewinnt Vertrauen, weil er sich als Person einsetzt und weil er seinen Verstand gebraucht. Klugheit ist in der Kommunikationsbranche, die nach wie vor von den gierigen Geldabgreifern dominiert wird, immer noch eine Seltenheit. Das liegt hauptsächlich an der Dummheit der Auftraggeber, die sich selbst für gerissen und besonders gewitzt halten und deshalb auf jede noch so plumpe, aufgeblähte Angeberei hereinfallen.

Januschewskis Kunden sind handverlesen. Seine Visitenkarte als Geschäftsführender Gesellschafter der jc & c, januschewski colleginnen & collegen unternehmensberatungsgesellschaft mbh, Düsseldorf, mag manchen zunächst in die Irre führen. Das plakative Herausstellen des Teamgeistes ist wahrscheinlich eine verzeihliche Jugendsünde, die heute keine Bedeutung mehr hat. Eine Umfirmierung ist nicht notwendig. Wie bei allen Beratern, die diese Bezeichnung zu Recht tragen, basiert das Geschäft von Januschewski auf Empfehlungen. Vertrauen ist sein größtes Kapital. Und das hat er sich in vielen Jahren erworben.

Seit 1983 berät und trainiert der gebürtige Franke einzelne Persönlichkeiten, darunter Politiker mit bundespolitischer Verantwortung und Vorstände von Unternehmen, deren Aktivitäten in der Öffentlichkeit stets mit einem gewissen Mißtrauen beobachtet werden, sowie Mitarbeiter und Stäbe in Unternehmen und Institutionen. Einer der Schwerpunkte ist die Industriepolitik.

Er arbeitet also für beide Seiten, Unternehmen und Politiker sowie staatliche Institutionen. Es ist für ihn ein Überlebensprinzip, daß er seine Auftraggeber nicht im unklaren darüber läßt, für wen er was tut. Es ist nicht der Nimbus einer grauen Eminenz, die ihn umhüllt, dafür wäre er mit seiner stattlichen Präsenz auch nicht geeignet, er ist der kenntnisreiche Pragmatiker, der ebenso gut und intensiv zuhören wie erklären kann. Zwischen 1993 und 1997 war er Mitglied des Präsidiums der Deutschen Public Relations Gesellschaft, und seit 1994 ist er Lehrbeauftragter an der Otto-Friedrich-Universität, Bamberg. Dabei sind seine durch Erfahrung geprägten Ansichten über das Zusammenspiel von Wirtschaft und Politik alles andere als akademisch und keinem politischen Lager zuzuordnen.

In einem mehrstündigen Interview faßte er seine Erfahrungen und Ansichten zusammen:

Januschewski wundert sich heute noch darüber, wie oberflächlich der direkte Kontakt zwischen Wirtschaft und Politik abläuft.

»Die Politiker sind nicht in der Lage, Sachprobleme zu

erkennen und zu durchleuchten, sie lassen sich das von Leuten zutragen, denen sie vertrauen.«

Wenn man beide Seiten zusammenbringt, herrscht beidseitig großes Erstaunen. Die wenigsten Politiker haben nach seinem Dafürhalten eine Vorstellung davon, wie der betriebliche Alltag in einem Unternehmen aussieht, welche Probleme gelöst werden müssen und wie Rentabilität hergestellt wird. Welche Konsequenzen zum Beispiel steuerpolitische Entscheidungen in der Praxis haben, erfuhren manche Politiker erst im nachhinein in Gesprächen am Rande, nachdem sie ihre offizielle Meinung kundgetan und mit aufgeblasenen Pauschalargumenten begründet und verteidigt hatten.

Sachprobleme sind im politischen Alltag mit seinen eigenen Regeln oft gar nicht zu erkennen. Selbst Wahlprogramme werden von einigen wenigen Verantwortlichen stillschweigend, ohne Parteitagsbeschluß und Mediengetöse, umgeschrieben, wenn sie von einem Vertrauten darauf hingewiesen werden, daß sich die geplanten Veränderungen und gestellten Forderungen als unhaltbar erweisen.

Die Sitzungen des von Rudolf Scharping in seiner Zeit als Parteivorsitzender ins Leben gerufenen Wirtschaftsbeirats, in dem auch Klaus Januschewski gewissermaßen als Außenseiter seinen Platz hatte, erschienen ihm immer als »Gespensterveranstaltungen«. Ein Dialog im Sinne von Austausch kam nicht zustande. Eine Diskussion, die einen oder gar beide Standpunkte verändert hätte, ebenfalls nicht. Das lag zum einen daran, daß die Vertreter einiger etablierter Unternehmen schlicht unvorbereitet waren, die Sachzusammenhänge nicht erkennen konnten oder schlicht die Chance verspielten, sachlichen Einfluß zu nehmen (die SPD war damals ja auch noch weit von der Regierungsverantwortung entfernt). Zum anderen hatte Rudolf Scharping wohl schon damals kaum eine Chance, an Oskar Lafontaine vorbei einen echten Dialog mit der Wirtschaft zu führen.

Politik und Wirtschaft betrachten sich immer häufiger als

zwei unterschiedliche Ebenen der Gesellschaft, die im Prinzip nicht oder nicht mehr aufeinander angewiesen sind und deshalb auseinanderdriften. Das gegenseitige Interesse ist geringer geworden. Die Globalisierung der Märkte und der Produktionsstandorte lassen Deutschland scheinbar unwichtiger werden. Nicht was in Bonn und zukünftig in Berlin entschieden wird, ist von zentraler Bedeutung, sondern die Arbeit in Brüssel. Das ohnehin geringe gegenseitige Interesse läßt dadurch noch mehr nach.

Erheblich zugenommen hat in den vergangenen Jahren die Bedeutung der Medien in der politischen Kommunikation und in der innerparteilichen Arbeit. »Manche reden überhaupt nicht mehr miteinander, sondern teilen sich ihre Ansichten per Interviews mit.« Die Medien haben allerdings zusätzlich dadurch an Bedeutung gewonnen, daß sie das Basismaterial für die politische Marktforschung liefern, die immer wichtiger wird, je weiter sich die Parteien von der Form der Mitglieder- hin zur Präsidialpartei entwickeln. Für manche Politiker rangieren die Medien noch vor den Wählern. Ihnen kommt es in erster Linie darauf an, drin zu sein, zweitens groß drin zu sein, drittens positiv drin zu sein, danach erst stellt sich die Frage »womit?«.

Klaus Januschewski identifiziert heute zwei ganz unterschiedliche Ebenen der politischen Einflußnahme:
- den sogenannte offiziellen Lobbyismus der Verbände und Vereinigungen, der seine Wirkung in hohem Maße eingebüßt hat und nur dann effektiv seine Interessen vertreten kann, wenn es ihm gelingt, auch die Medien zu mobilisieren,
- und die persönlichen Beziehungen, die in hohem Maße wirksam sind, auf Vertrauen basieren und nicht auf prestigeträchtigen Titeln und Funktionen.

»Wenn Verbände Interessen durchsetzen, sind es meist die, die keine große Rolle spielen.«

Der organisierte Lobbyismus ist allzu oft in Ritualen

erstarrt und bewegt nicht mehr viel. Deshalb lassen viele Unternehmen ihre Verbände links liegen. Mitgliedsunternehmen haben in Verbänden, die sich überwiegend mit internen Themen befassen und sich bevorzugt der eigenen Struktur widmen, eine schwache Position. Große Verbände der Lebensmittelindustrie verhindern geradezu eine schlagkräftige Lobbyarbeit, indem sie sich zur Wahrung eigener Pfründe zum Beispiel gegen einen gemeinsamen Verband der deutschen Lebensmittelindustrie sperren, der die Interessen der meisten Mitgliedsunternehmen besser vertreten könnte.

Politik funktioniert heute ganz anders, als es sich die Väter des Grundgesetzes noch vorstellen konnten. Nicht mehr der einzelne Abgeordnete schafft die Grundlagen der von ihm vertretenen politischen Positionen, sondern der immer größer werdende Apparat. Hinter einem Abgeordneten stehen etwa zehn Mitarbeiter, von der Sekretärin über studentische Hilfskräfte bis zum Referenten. Anfragen sind ein wichtiges Instrument, um als Politiker auch aus der Opposition heraus politische Akzente zu setzen. Wie viele Abgeordnete aber unterschreiben ihre Anfragen blind, weil sie sich auf die Personen verlassen können und müssen, die sie formuliert haben?

Je mehr Ämter ein Bundestagsabgeordneter bekleidet, je bedeutender seine Position ist und je mehr Aufgaben er sich widmet oder widmen muß, desto größer wird die Zahl seiner Mitarbeiter, die recherchieren, vorbereiten und Inhaltliches mit den Mitarbeitern anderer Abgeordneter abstimmen. Im Grunde entscheidet oft dieser Mitarbeiterstab, was auf die Tagesordnung kommt. Er ist in der Lage, auf persönlicher, relativ informeller Ebene durch die Vor- und Aufbereitung von Themen einen massiven Einfluß auf den Verlauf der politischen Diskussionen zu nehmen. Nicht umsonst rekrutieren Unternehmen, aber auch manche Unternehmensberater, neue Mitarbeiter für den Bereich Political Affairs aus diesem Pool der praktisch Namenlosen.

Für Januschewski ist es deshalb eine interessante Frage, wie die Mitarbeiterstäbe der einzelnen Abgeordneten, der Fraktionen und der Parteien zustande kommen. Wer heute in der Politik Karriere machen möchte, sucht sich zunächst eine Stiftung für politische Bildung, am besten von der Partei, die demnächst an die Macht kommen wird. Er studiert bei einem renommierten Professor für politische Wissenschaften, der seiner politischen Richtung entspricht. Die Stiftung ermöglicht dem engagierten Studenten Praktika, beauftragt ihn mit kleineren Studien und nimmt ihn allmählich in das bestehende Netzwerk auf.

In Wahlkampfzeiten greift man auf die Studenten zurück, die man kennt, und bietet ihnen einen Job als Wahlkampfassistent. Und wer sich im Wahlkampf engagiert und an Studien mitgearbeitet hat, darf darauf hoffen, über die eingefahrenen Wege immer größere Aufgaben mit mehr Verantwortung zu übernehmen, bis zunächst ein befristeter Arbeitsplatz in einer Stabsstelle oder als Referent winkt. Eines Tages wird diese Person dann Büroleiter oder sogar Abgeordneter.

Gegen diese Form der Karriere als Berufspolitiker hat Januschewski nichts einzuwenden, er sieht aber die Gefahr eines ständig reduzierten Dialogs zwischen Politik und Wirtschaft. Die Folge können erhebliche Fehleinschätzungen sein, wie sie zum Beispiel dem Finanzministerium beim Steuergesetz unterlaufen sind. Das Gesetz war bereits entschieden, da warnte die Energiewirtschaft: »Wenn ihr das nicht sofort ändert, dann reden wir nicht mehr mit euch«, und schon hat der Minister das Gesetz geändert. Warum hat man nicht vorher miteinander gesprochen? Gute Mitarbeiter auf der politischen Seite sind allein aufgrund ihres Werdeganges einseitig und damit falsch qualifiziert. Denn sie holen sich ihre Informationen genau über dieses Netzwerk, in dem sie groß geworden sind.

Zur Wirtschaft haben die Politiker der Grünen ein weitaus

unproblematischeres Verhältnis als die der SPD. Dies liegt nach Ansicht von Klaus Januschewski daran, daß viel mehr Grüne in der Wirtschaft Verantwortung tragen, als gemeinhin angenommen wird, und daß bei den Grünen viele Politiker über eine bessere Bildung verfügen als in der SPD. Zudem gibt es wenig Sozialdemokraten, die in der Wirtschaft sind. Selbst die prominenten SPD-Politiker verfügen nicht alle über Kontakte zu Führungskräften aus der Wirtschaft.

Das Machtbewußtsein im Sinne einer realistischen Einschätzung der eigenen Möglichkeiten, Veränderungen herbeizuführen, ist bei Führungskräften der Wirtschaft besser ausgeprägt als bei manchen sozialdemokratischen Politikern. Das hat natürlich auch Folgen für den Umgang miteinander.

Das Verhältnis zwischen Wirtschaft und Politik ist in den neuen Bundesländern ganz anders als in den alten, meint Klaus Januschewski. »Alle glauben, der Sozialismus wäre tot. Es war sein letzter großer Sieg, daß er die Mauer aufgemacht hat«, denn die alten Strukturen sind auch heute, zehn Jahre danach, noch vorhanden. In der DDR war man es gewohnt, daß Wirtschaft und Politik Hand in Hand eng zusammenarbeiteten. Daran hat sich nichts geändert. Sowohl die PDS-Mitglieder als auch die der früheren Blockparteien sehen darin kein Problem. Nur die SPD ist in diesem System der neuen Bundesländer nicht verankert, weil sie 1946 mit der KPD in der SED zusammengeschlossen worden war und somit keine eigene Identität entwickeln konnte.

Kompetenz und Augenmaß

Selbst im Zeitalter der Gleichberechtigung hat es eine Frau schwerer als ein Mann, in der Wirtschaft und in der Politik Akzeptanz zu gewinnen. Elisabeth Kohl hat dies nie beklagt.

Sie ist Geschäftsführende Gesellschafterin der Kohl PR & Partner Unternehmensberatung für Kommunikation GmbH in Bonn. Nach dem Examen arbeitete sie zunächst als Wissenschaftliche Assistentin einer Bundestagsabgeordneten, bevor sie das Ressort Gesundheits- und Sozialpolitik in der Redaktion einer ärztlichen Standeszeitschrift übernahm. 1980 entschied sie sich für die Pressearbeit und gründete 1984 ihr heutiges Unternehmen, das 1995 im Namen noch einen Feinschliff erhielt. Seit 1992 gehört Kohl PR & Partner zur Gesellschaft Public Relations Agenturen (GPRA).

Aber Kohl PR & Partner ist weitaus mehr als ein Kommunikationsdienstleister. Unter dem Begriff Public Affairs verbirgt sich ein beachtliches Know-how, das von der politischen Analyse bis in die parlamentarische Arbeit hineinreicht. Elisabeth Kohl hält es für zweckmäßig, darauf hinzuweisen, daß sie mit dem früheren Bundeskanzler Dr. Helmut Kohl weder verwandt noch verschwägert ist. Sie geht nicht davon aus, daß ihr die Namensgleichheit jemals etwas genützt hat, aber geschadet hat sie wohl auch nicht.

Public Affairs bedeutet für Elisabeth Kohl, daß sie für ihre Kunden die gesellschaftlichen und politischen Rahmenbedingungen für deren unternehmerisches Handeln identifiziert und bewertet. Sie sagt schlicht: »Wir managen Themen«. Dabei weiß sie exakt, welche Information die Politik braucht und welche die Wirtschaft. Lobbyismus zur Auftragsbeschaffung oder zur Subventionsbeschaffung betrachtet sie nicht als ihr Aufgabengebiet. Auch die Beratung einzelner Politiker gehört nicht zu ihrem Aufgabenspektrum.

Gute Lobbyarbeit muß in die Gesamtkommunikation integriert sein, und die Erfahrung hat sie gelehrt, darauf zu achten, daß die Pressearbeit nicht das kaputtmacht, was im Rahmen der Public Affairs aufgebaut wird. Zu laute Kommunikation kann auch Schaden anrichten. Eines der größten Probleme besteht darin, daß manche Unternehmen Informationen immer noch gern geheimhalten aus Furcht, sie könnten auf geheimen Wegen zur Konkurrenz wandern oder auch gegen das Unternehmen Verwendung finden. Hier gehört es zur wesentlichen Arbeit der Agentur, Vertrauen zu schaffen und zu beweisen, daß man Vertrauen verdient.

Elisabeth Kohl ist immer wieder erstaunt, wie wenig Unternehmensvertreter im Grunde über die politische Arbeit wissen. Manche betrachten gesellschaftliche Kontakte als das Wichtigste. Das ist falsch. Andere meinen, es sei das beste, soweit wie möglich oben in der Hierarchie anzusetzen. Auch sie irren. Gar nicht so selten muß ein Berater für Public Affairs beim Auftraggeber mehr Überzeugungsarbeit nach innen leisten als gegenüber der politischen Seite. Das ist besonders in solchen Fällen geboten, wo der Auftraggeber vor lauter Betriebsblindheit die Grenzen des Machbaren nicht erkennt.

Eine wesentliche Aufgabe im Bereich der Public Affairs besteht darin, Informationen zu sammeln, ohne den Auftraggeber zu outen. Viele Unternehmen sind einfach verbandsmüde und wollen ihre Interessenvertretung auch im politischen Raum professionalisieren. Große Konzerne beschäftigen dafür eigene Stäbe und Abteilungen, es gibt aber zahlreiche Unternehmen, die entweder mit ihren Verbänden nicht zufrieden sind oder ganz außen vor stehen und deshalb Public Affairs in Anspruch nehmen.

Diskretion ist für Elisabeth Kohl Ehrensache. Gleichwohl kann sie aus ihrer Praxis Beispiele nennen, bei denen Public Affairs eine entscheidende Rolle gespielt haben. Lebensmittelzusatzstoffe stehen zum Beispiel häufig im Zentrum der Gesundheitsdiskussion. Dabei gehören sie zu den Substanzen, die besonders sorgfältig untersucht und nur bei erwiesener Unbedenklichkeit zugelassen werden. Das populäre Bewertungsschema »Natur ist gut, Chemie ist schlecht«, wird natürlich auch bei Debatten um lebensmittelrechtliche Fragen eingesetzt. Im Rahmen wissenschaftlicher Foren für

Gesundheitspolitiker und Beamte, Ernährungswissenschaftler und Berater, Fachjournalisten und Experten in Verbänden und Unternehmen läßt sich die notwendige Überzeugungsarbeit systematisieren und kanalisieren. Allerdings genügt es nicht, solche Überzeugungsarbeit nur von Fall zu Fall durchzuführen. Kontinuität ist hier die beste Prävention gegen zukünftige Probleme.

In einem anderen Fall aus ihrer Praxis sah sich eine Gruppe von Unternehmen durch eine scheinbar marginale Änderung in einer EU-Verordnung mit dem Risiko konfrontiert, künftig ihre bis dato wohlgehüteten Produktrezepturen offenlegen zu müssen. Das hätte nicht nur den besonderen Nimbus der Markenprodukte zerstört, sondern auch die Herstellung von Produktplagiaten erleichtert und Preiskämpfe gefördert. In Zusammenarbeit mit Partnern in Brüssel setzte Elisabeth Kohl ein diskretes Dialogprogramm in Gang, wobei durch sorgfältig vorbereitete Gespräche mit Fachbeamten und Politikern auf europäischer und nationaler Ebene eine Lösung gefunden werden konnte. Durch eine zusätzliche Klausel zum Schutz geistigen Eigentums in der entsprechenden Verordnung konnte die Offenlegungspflicht in diesem speziellen Fall umgangen werden.

Ein letztes Beispiel: Ein internationaler Konzern ist überzeugt, daß einige Gesetzesinitiativen auf europäischer und nationaler Ebene seine Handlungsspielräume unzulässig einschränken. Aufgrund strategisch-taktischer Erwägungen will das Unternehmen jedoch nicht allein und »ungeschützt« ins Räderwerk der Legislative und Exekutive eingreifen. Kohl PR & Partner entwerfen deshalb ein Modell, wie branchenübergreifende strategische Allianzen zu knüpfen sind. Als Kern sieht es die Gründung eines Instituts vor, das problematische Regulierungen, auch solche, die den Auftraggeber nicht betreffen, aus unterschiedlichen Perspektiven wissenschaftlich begutachtet. Dieses Konzept wurde in Fachgesprächen mit hochrangigen Politikern und Repräsen-

tanten renommierter Unternehmen und Verbände auf Trag-
fähigkeit und Akzeptanz überprüft. Im Ergebnis wurde es
begrüßt.

Diese so vorsichtig formulierten Beispiele mögen dem
Leser zeigen, wie schwierig es ist, nicht nur Einfluß nehmen
zu wollen, sondern auch Einfluß nehmen zu können, ohne
gerade das Gegenteil zu provozieren. Natürlich gibt es auch
Beratungsunternehmen, die statt der leisen Töne lieber einmal kräftig auf die Pauke hauen.

Ein professionelles Netzwerk für Public Affairs

Schon 1979 erkannte Moritz Hunzinger, daß die Bedeutung
der zielgerichteten Verknüpfung von Informationen und
Entscheidungsträgern aus Politik und Wirtschaft weiter
wachsen würde und gründete in Frankfurt die Moritz Hun-
ziger Public Relations GmbH. 1996 erwarb er das infas-
Institut für angewandte Sozialwissenschaften in Bonn-Bad
Godesberg. 1998 ging Moritz Hunzinger mit seiner in die
Hunzinger Information AG umgewandelten Agentur an den
Neuen Markt der Frankfurter Börse. Inzwischen hat sich das
Unternehmen mit seinen Untergesellschaften zu einem
kleinen Konzern ausgewachsen.

Die Hunzinger Information AG ist zu 100 Prozent an der
Moritz Hunzinger Public Relations GmbH beteiligt. Diese
hält wieder etwas mehr als 50 Prozent an der MIT Event
und Incentive Management GmbH und 98 Prozent am Verlag der Universitätsbuchhandlung Blazek und Bergmann.
An der E & P Einkaufs- und Produktionsgesellschaft ist die
Aktiengesellschaft zu 100 Prozent beteiligt und hält weitere
75 Prozent an der Haslauer Wirtschaftsredaktion GmbH,
einer renommierten Wirtschafts-PR-Agentur, die Know-
how im Bereich des Going Publics besitzt. Weiter ist die AG
zu 85 Prozent an infas beteiligt, zu 100 Prozent an der GFI

Gesellschaft für Informationswirtschaft und der Hunzinger Industriewerte GmbH sowie zu 75 Prozent an der Hunziger Service GmbH. Insgesamt beschäftigt die AG rund 80 Mitarbeiter mit überwiegend akademischem Abschluß. Das Durchschnittsalter der Mitarbeiter beträgt nach eigenen Angaben 38 Jahre.

Moritz Hunziger hat es früh verstanden, prominente Namen an die Agentur zu binden. So vertritt Lothar de Maizière, der erste frei gewählte Ministerpräsident der DDR und Bundesminister a. D. Hunzinger in Berlin seit 1993. Das Unternehmen hat seinen Hauptsitz in Frankfurt und unterhält Niederlassungen in Bonn-Bad Godesberg, Berlin, Nürnberg, Eschborn und Brüssel. In London, New York und Wien ist es durch Repräsentanten vertreten. Einer von ihnen ist der frühere österreichische Vizekanzler und Wirtschaftsminister Dr. Norbert Steger.

Fünfzig Prozent der Aktien der Hunzinger Information AG hält der Unternehmensgründer Moritz Hunzinger selbt, 30 sind Streubesitz, und mit jeweils 10 Prozent sind ein Gemeinschaftsunternehmen der BGAG Beteiligungsgesellschaft der Gewerkschaften AG und des Deutschen Beamtenbundes (DBB) sowie die Gold-Zack AG beteiligt. Hier zeigt sich die große Netzwerkfähigkeit von Moritz Hunzinger. Sowohl die DGB-Gewerkschaften als auch der Deutsche Beamtenbund sind am Erfolg seiner Informations- und Kommunikationsarbeit beteiligt. Es dürfte Beamten, zumindestens solchen, die im Beamtenbund organisiert sind, und Gewerkschaftssekretären sowie deren Mitgliedern und erst recht den Gewerkschaftsmitgliedern der SPD-Fraktion schwerfallen, sich aktiv oder passiv gegen die Interessen und das Wohl eines Unternehmens zu stellen, an dem sie selbst beteiligt sind.

Den Vorsitz im Aufsichtsrat der Aktiengesellschaft führt Dietrich Walther, der Vorstandsvorsitzende der Gold-Zack AG. Die Gold-Zack AG ist ein Emissionsberatungshaus und wurde von Walther 1996 von der Schickedanz-Gruppe übernommen, wo es einen ganz anderen Unternehmenszweck hatte. Ehrenvorsitzender des Aufsichtsrates der Hunzinger Information AG ist seit 1997 der Präsident des Bundesamtes für Verfassungsschutz a. D. Dr. Richard Meier, stellvertretender Vorsitzender ist General a. D. Diplomvolkswirt Dr. Günter Kießling, zuletzt Viersternegeneral und Stellvertreter des Obersten Alliierten Befehlshabers in Europa. Weitere Mitglieder im Aufsichtsrat sind Michael P. Sarp, Direktionspräsident und Vorsitzender der Geschäftsleitung der IWC International Watch Co. AG im Schweizer Schaffhausen, die zum Mannesmann-Konzern gehört.

Mitte Mai 1999 kamen mit Carl Hermann Schleifer, Erhard Geyer und Hans Martin Bury drei neue Mitglieder zum Aufsichtsrat der Hunzinger Information AG hinzu. Staatssekretär a. D. Dr. Carl Hermann Schleifer war bis 1988 Staatssekretär im Kieler Finanzministerium, von 1990 bis 1997 bei der AXA Colonia Konzern AG Mitglied des Vorstandes und der Holding sowie Vorstandsvorsitzender der Colonia Krankenversicherung AG, der Colonia Lebensversicherung AG, der Nordstern Lebensversicherung-AG sowie der Colonia Nordstern Lebensversicherungs-Management AG. 1997 wechselte er auf eigenen Wunsch zur Unternehmensgruppe Damp als Geschäftsführender Mitgesellschafter und Vorsitzender der Geschäftsführung. 1998 wurde dies Unternehmen in die Rechtsform einer Aktiengesellschaft umgewandelt.

Ebenfalls neu im Aufsichtsrat ist Präsident Erhard Geyer, Bundesvorsitzender des Deutschen Beamtenbundes und Vorsitzender des Aufsichtsrates der BHW Holding AG. Er war von 1987 bis 1995 Bundesvorsitzender der Deutschen Steuer-Gewerkschaft. Seit 1987 ist er Mitglied des Vorstandes des Deutschen Beamtenbundes und seit 1995 dessen Vorsitzender. Damit repräsentiert er 1,1 Millionen Mitglieder. Der dritte neue Aufsichtsrat ist Hans Martin Bury,

Mitglied des Bundestages und Sprecher der SPD-Fraktion für Wirtschaft und Technologie. Von 1994 bis 1998 war er Sprecher der SPD-Fraktion für Post und Telekommunikation. Man kann sich unschwer ausmalen, welche Multiplikationseffekte von diesem Aufsichtsrat ausgehen. Über das Emissionsberatungshaus Gold-Zack finden sich gute Kontakte zu aufstrebenden Unternehmen, über den Verfassungsschutz lassen sich wertvolle alte Kontakte pflegen, ebenso wie Kontakte zum Verteidigungsministerium für jede Art von Lobbytätigkeit von Vorteil sein können. Know-how aus großen Konzernen wie der Mannesmann AG und Beziehungen zur Schweizer Wirtschaft sind ebensowenig zu verachten wie ein guter Draht zum Versicherungs- und Finanzdienstleistungsbereich. Daß der Kontakt zur Ministerialbürokratie über die Schiene der Beamten besonders zügig läuft, dürfte niemanden verwundern, ebensowenig, daß eine Beziehung zur SPD-Fraktion in wirtschaftlichen Themen für ein Informationsunternehmen stets von Vorteil ist.

Im Bereich Public Affairs, also der Kommunikation und Interessenvertretung von Unternehmen gegenüber Entscheidungsträgern, Meinungsführern und Weichenstellern in Politik, Verwaltung, Medien und Verbänden, führt die Hunzinger Information AG fünf grundlegende Instrumente auf, die sie ihren Kunden bietet. Mit dem sogenannten Agenda Setting werden zunächst Inhalte entwickelt, die als Denkanstöße zu ökonomischen, technologischen oder gesellschaftlichen Problemstellungen auf der politischen Tagesordnung plaziert werden, um die Sichtweise eines Unternehmens zu bestimmten Themen darzustellen.

Hunzinger nimmt für sich in Anspruch, den »Parlamentarischen Abend« entwickelt und als Institution fest etabliert zu haben. Inzwischen ist der Begriff wohl Allgemeingut geworden. Das Ziel solcher Veranstaltungen ist, Abgeordneten aller Parteien und den Spitzen der Ministerialbürokratie Unternehmen und ihre Ziele ausführlich darzustellen.

In der Veranstaltungsform des sogenannten Politischen Salons kommt es eher zu informellen und vertraulichen Begegnungen zwischen Wirtschaft und Politik. Hochkarätige Repräsentanten beider Seiten haben dabei die Möglichkeit, ausgewählte Themen zu diskutieren. So war zum Beispiel Bundesverteidigungsminister Rudolf Scharping Ehrengast des 128. Politischen Salons, als er noch Oppositionsführer im Deutschen Bundestag war. Weitere Ehrengäste in den vergangenen Jahren und Monaten waren der ehemalige Vizekanzler und Bundesaußenminister Hans-Dietrich Genscher, Kohls Kanzleramtschef Friedrich Bohl, der Staatsminister und stellvertretende Ministerpräsident Rupert von Plottnitz vom Hessischen Ministerium der Justiz, aber auch der frühere Bundesaußenminister und Vizekanzler a. D. Klaus Kinkel oder der Bundesaußenminister und Stellvertreter des Bundeskanzlers Joschka Fischer. Bei diesem 131. Politischen Salon waren mit dabei: Dr. Heinrich Binder, Vorstandsvorsitzender der Philipp Holzmann AG, Hendrik Borggreve, Vorstandssprecher der Salomon Smith Barney AG, Peter G. Heinz, Vorstandssprecher der ARAB Bank AG, Dr. med. Wolfgang Preusler, Vorstandsvorsitzender der Herzzentrum Frankfurt AG und der Vorstandssprecher der plenum AG, Hartmut Skubch.

Ein weiteres Instrument ist das sogenannte Monitoring und Research: relevante Entwicklungen der Meinungs- und Willensbildungsprozesse werden beobachtet, erfaßt und analysiert und daraus Handlungsvorschläge für die Kunden von Hunzinger entwickelt. Unter dem Stichwort Knowhow-Transfer bietet das Unternehmen der Politik oder den Ministerien gezielte Übermittlung von Sachverstand und Argumentationshilfen aus dem Bereich der Wirtschaft, um Entscheidungen stichhaltig zu beeinflussen. Dazu werden unter anderem Dossiers und Expertisen ausgearbeitet und nutzungsgerecht aufbereitet.

Ab Mitte des Jahres 1999 wird Hunzinger mit drei neuen Internet-Produkten am Markt präsent sein. Das ist einmal eine Video-Online-Pressekonferenz, bei der sich Journalisten virtuell beteiligen können. Im interaktiven Video-Online-Chatforum nehmen Topmanager und Spitzenpolitiker Stellung zu aktuellen Themen und treten mit Internetnutzern in den Dialog, ähnlich wie es die Firma politikdigital in Hamburg schon seit geraumer Zeit macht. Mit dem Instrument »PR Consulting on demand« können sich Firmen in Fragen der Öffentlichkeitsarbeit online betreuen lassen.

Zu den größten Auftraggebern der Hunzinger Information AG gehören ADIG Allgemeine Deutsche Investment Gesellschaft mbH, AGIV AG, AXA Colonia AG, Carl Zeiss AG, DaimlerChrysler Aerospace Airbus GmbH, SGL Carbon AG, Deutsche Bahn AG, Gerry Weber International AG, Heidelberger Druckmaschinen AG, Bausparkasse Schwäbisch Hall AG und Paribas. Neue Projektaufträge erteilten unter anderem die American Express Bank GmbH, die Microsoft GmbH und die Wintershall AG, die Gigabell AG, Knorr Capital Partner AG, Maxdata Computer GmbH, Prodacta AG. Insgesamt werden rund 200 Kunden betreut.

Anmerkungen

Das gekaufte Parlament?

1 *Wirtschaftswoche* 45/1998
2 *Die Welt* vom 19. August 1995
3 *Wirtschaftswoche* 52/1998
4 *Der Spiegel* 6/1996
5 Klöckner, Bernd W./Möller, Carsten: *Der alltägliche Betrug: Wie Strukturvertriebe, Versicherungen und Finanzdienstleister Ihnen Ihr Geld abknöpfen, und was Sie gegen unseriöse Allfinanzanbieter tun können,* Landsberg am Lech 1997, S. 72.
6 *Internetseite* http://stud-www.uni-marburg.de/~Neumanna/politik/bundestag.html
7 *Wirtschaftswoche* 36/28. 8. 1997, S. 81.
8 *Der Spiegel* 11/1999
9 *Der Spiegel* 6/1996
10 Dahm, Wolfgang: *Beraten und verkauft,* Gabler Verlag, Wiesbaden 1996
11 *Internetseite* http://verbraucherschutz.wtal.de/a-dvag03.htm ist das Urteil des OLG Frankfurt, Az.: 6 U 237/96, in allen wichtigen Passagen vom Verbraucherschutz-Magazin abgelegt worden.
12 *Internetseite* http://home.t-online.de/home/augsburger-boersenstammtisch/allfinanz1.html
13 Vgl. Anm. 5
14 *Wirtschaftswoche* 36/28. 8. 1997, S. 52.
15 *Internetseite* http://people.frankfurt.netsurf.de/Wolfgang.Kynast/geld/gerdvag.htm
16 vgl. Liedtke, Rüdiger: *Wem gehört die Republik? Die Konzerne und ihre Verflechtungen,* Frankfurt am Main 1998.
17 Pressemitteilung der Wingas vom 23. 6. 1998
18 Schily, Otto: *Politik in bar. Flick und die Verfassung unserer Republik,* München 1986, zit. n. Scholz, Reiner: *Korruption in Deutschland,* Reinbek 1995, S. 142
19 Bräuninger, Friedrich/Hasenbeck, Manfred: *Die Abzocker. Selbstbedienung in Wirtschaft und Politik,* Düsseldorf 1994, S. 60
20 *Focus* 16/1999
21 vgl. *Neue Zürcher Zeitung* vom 22. 5. 99

22 Bräuninger, Friedrich/Hasenbeck, Manfred: a.a.O., S. 44
23 vgl. Caytas, Ivo G./Mahari, Julian I.: *Im Banne des Investment Banking,* Stuttgart 1988
24 *Der Spiegel* 15/1999
25 Päch, Susanne: *Die D2-Story: Mobilkommunikation; Aufbruch in den Wettbewerb,* Düsseldorf 1994, S. 20
26 ebenda
27 *Der Spiegel* 15/1999
28 Päch, Susanne: a.a.O., S. 150
29 *managermagazin* 10/1998, S. 102
30 *Stern* 38/1998
31 *Stern* 9/1997
32 ebenda
33 ebenda
34 ebenda
35 von Arnim, Hans Herbert: *Diener vieler Herren – Die Doppel- und Dreifachversorgung von Politikern,* München 1998, S. 183
36 ebenda
37 *Bizz* 5/99, S. 152
38 *Der Spiegel* 11/1999
39 *Frankfurter Allgemeine Zeitung* vom 10.3.1999
40 *Der Spiegel* 11/1999
41 *Internetseite* http://www.bundderversicherten.de/Tips/Druecker. htm
42 *Stern* 10/98
43 Müller, Christa und Lafontaine, Oskar: *Keine Angst vor der Globalisierung,* Bonn 1998
44 *Frankfurter Rundschau* vom 14.1.1997, S. 11
45 *Bizz* 5/1999
46 *Stern* 14/1998
47 ebenda S. 23
48 *managermagazin* 7/98, S. 202
49 ebenda, S. 204
50 ebenda
51 ebenda
52 *Stern* 23/1998
53 *Focus* 21/1999, S. 14
54 *MAX* 6/99, S. 116

Die Deutschen und die Macht

1 *Stern* 19/1999
2 Volker Herres: *Gerhard Schröder. Der Weg nach oben,* München 1998
3 Alvin Toffler: *Machtbeben. Wissen, Wohlstand und Macht im 21. Jahrhundert,* Düsseldorf 1990
4 Urs Jaeggi: *Kapital und Arbeit in der Bundesrepublik,* Frankfurt am Main 1973
5 Alvin Toffler: a. a. O., S. 312
6 Urs Jaeggi: a. a. O., S. 156
7 ebenda, S. 156
8 Hans Apel: *Der deutsche Parlamentarismus,* Reinbek, 1968
9 Urs Jaeggi: a. a. O., S. 157
10 ebenda, S. 182
11 ebenda, S. 177
12 ebenda, S. 177 f.
13 ebenda, S. 178

Machtbeben in Bonn – die neue Rollenverteilung im Bundestag

1 *Frankfurter Allgemeine Zeitung* vom 29. 9. 1998
2 *Stern* 39/98
3 *Der Spiegel* 43/1993
4 *Frankfurter Rundschau* vom 24. 1. 1997
5 *Stern* 48/98
6 *Stern* 48/98
7 *Die Zeit* 37/1998
8 *Internetseite* http://www.bundestag.de
9 Patzelt, Werner J.: in Hauser, Erich: *Der Abzockerstaat: Wie Politiker und Bürokraten uns in die Tasche greifen,* Düsseldorf 1996, S. 37 ff.
10 *Wirtschaftswoche* 14/1999
11 *Stern* 52/1998
12 Arnim, Hans Herbert von: *Diener vieler Herren – Die Doppel- und Dreifachversorgung von Politikern,* München, 1998
13 Patzelt, Werner J.: a. a. O., S. 38 ff.
14 Holzapfel, Klaus (Hrsg.): *Kürschners Volkshandbuch Deutscher Bundestag 14. Wahlperiode,* Rheinbreitbach 1999
15 *Internetseite* http://www.tauss.de/aktualisiert am 15. März 1998
16 Arnim, Hans Herbert von: a. a. O., S. 44
17 *Blickpunkt Bundestag* 5/1998, *Internetseite* http://bundestag.de/ aktuell/bp9805
18 *Focus* 12/1999
19 *Die Zeit* 42/1998
20 *Bizz* 5/1999

21 *managermagazin* 1/1999
22 *Blickpunkt Bundestag* 4/1999 *Internetseite* http://bundestag.de/aktuell/bp9804
23 *Stern* 38/1998
24 ebenda, S. 173
25 ebenda
26 ebenda
27 *Blickpunkt Bundestag* 4/1999
28 *Stern* 38/1998, S. 172
29 ebenda
30 ebenda
31 ebenda, S. 173
32 *managermagazin* 5/1999, S. 9
33 ebenda, S. 11
34 *Wirtschaftswoche* 22/1999, S. 21
35 *managermagazin* 5/1999, S. 8
36 ebenda
37 Wiedemeyer, Wolfgang (Hrsg.): *Wer uns regiert. Porträts und Biografien der Regierungsmitglieder,* St. Augustin 1998
38 *TAZ* vom 11.3.1995
39 *Der Spiegel* 43/1993
40 *Internetadresse* http://www.bury.de.
41 *Internetseite* http://www.verbaende.com
42 *TAZ* Berlin vom 17.10.1997
43 *politik-digital* http://www.politik-digital.de
44 http://www.politik-digital.de/koepfe/47
45 Mosdorf, Siegmar/Kleinert, Hubert: *Renaissance der Politik,* München 1998
46 ebenda
47 *Internetadresse* http://www.siegmar-mosdorf.es-internet.de
48 *Internetadresse* http://www.tauss.de

Die öffentliche Liste als Spitze des Eisbergs

1 *Handelsblatt* vom 12.10.1998
2 *Stern* vom 12.11.1998
3 *Berliner Zeitung* vom 2.10.1998
4 *Berliner Morgenpost* vom 17.4.1998
5 Jaeggi, Urs: *Kapital und Arbeit in der Bundesrepublik,* Frankfurt am Main 1973, S. 116
6 Broichhausen, Klaus: *Knigge und Kniffe für die Lobby in Bonn,* München 1982, S. 203
7 ebenda, S. 73
8 Broichhausen, Klaus: a.a.O., S. 14
9 Ellwein, Thomas: *Das Regierungssystem der Bundesrepublik*

Deutschland, Köln 1963, zit. n. Jaeggi, Urs: *Kapital und Arbeit in der Bundesrepublik,* Frankfurt/M., S. 170

10 Schuler, Conrad: *Black out. Die Affären des Helmut Kohl,* Köln 1986, zit. in Scholz, Reiner, s. Anm. 11, S. 132
11 Scholz, Reiner: *Korruption in Deutschland,* Reinbek 1995
12 Sebaldt, Martin: *Organisierter Pluralismus. Kräftefeld, Selbstverständnis und politische Arbeit deutscher Interessengruppen,* Opladen 1997
13 *Internetadresse* http://www.griephan.de
14 Broichhausen, Klaus: a. a. O., S. 18
15 *impulse* 3/1997
16 *Kölnische Rundschau* vom 24. 3. 1999

Die Szene wandelt sich – von der Bonner zur Berliner Republik

1 *FAZ-Magazin* vom 29. 4. 1999
2 ebenda
3 ebenda
4 vgl. *managermagazin,* Februar 1999
5 vgl. *Die Welt* vom 18. 12. 1996
6 ebenda
7 vgl. *managermagazin,* Februar 1999
8 vgl. *Berliner Morgenpost* vom 14. 2. 1999
9 vgl. *managermagazin,* Februar 1999
10 ebenda
11 ebenda
12 *Der Spiegel* 44/1998
13 ebenda
14 *Wirtschaftswoche* 16/1999
15 *Der Spiegel* 44/1998
16 ebenda
17 ebenda
18 ebenda
19 ebenda
20 *FAZ-Magazin* vom 29. 4. 1999
21 *Stern* 39/1998
22 *Stern* 11/1998

Bibliographie

Ackermann, Eduard: *Politiker. Vom richtigen und vom falschen Handeln*, Bergisch Gladbach 1998.

Amtliches Handbuch des deutschen Bundestages, 14. Wahlperiode, Bonn 1999.

Arnim, Hans Herbert von: *Staat ohne Diener. Was schert die Politiker das Wohl des Volkes?* München 1995.

ders.: *Diener vieler Herren. Die Doppel- und Dreifachversorgung von Politikern*, München 1998.

Baring, Arnulf: *Scheitert Deutschland? Abschied von unseren Wunschwelten*, Stuttgart 1997.

Beck, Ulrich: *Gegengift. Die organisierte Unverantwortlichkeit*, Frankfurt 1988.

Bekanntmachung der öffentlichen Liste über die Registrierung von Verbänden und deren Vertretern, Bonn 1998.

Bräuninger, Friedrich/Hasenbeck, Manfred: *Die Abzocker. Selbstbedienung in Politik und Wirtschaft*, Düsseldorf 1994.

Broichhausen, Klaus: *Knigge und Kniffe für die Lobby in Bonn*, München 1982.

Commerzbank AG: *Wer gehört zu wem*, Frankfurt am Main 1997.

Eglau, Hans Otto: *Erste Garnitur. Die Mächtigen der deutschen Wirtschaft*, Düsseldorf 1980.

Hauser, Bodo H./Kienzle, Ulrich: *Schwarz Rot Geld. Der offizielle deutsche Marktführer*, Hamburg 1997.

Hauser, Erich/Hotze, Harald: *Der Abzocker-Staat. Wie Politiker und Bürokraten uns in die Tasche greifen*, Düsseldorf 1996

Herles, Wolfgang: *Die Machtspieler. Hinter den Kulissen großer Konzerne*, Düsseldorf 1998.

Herres, Volker/Waller, Klaus: *Der Weg nach oben. Gerhard Schröder – eine politische Biographie*, Düsseldorf 1998.

Holzamer, Hans-Herbert (Hrsg.): *Wirtschaftsstandort Deutschland. Mythen, Fakten, Analysen*, München 1996.

Holzapfel, Klaus-J. (Hrsg.): *Kürschners Volkshandbuch Deutscher Bundestag 13. Wahlperiode*, Rheinbreitbach 1997.

Holzapfel, Klaus-J. (Hrsg.): *Kürschners Volkshandbuch Deutscher Bundestag 14. Wahlperiode*, Rheinbreitbach 1999.

Jaeggi, Urs: *Macht und Herrschaft in der Bundesrepublik*, Frankfurt am Main 1972.

ders.: *Kapital und Arbeit in der Bundesrepublik*, Frankfurt am Main 1974.

Kets de Vries, Manfred F. R.: *Führer, Narren und Hochstapler. Essays über die Psychologie der Führung*, Stuttgart 1998.

Klöckner, Bernd W./Möller, Carsten: *Der alltägliche Betrug. Wie Strukturvertriebe, Versicherungen und Finanzdienstleister Ihnen Ihr Geld abknöpfen, und was Sie gegen unseriöse Allfinanzanbieter tun können*, Landsberg am Lech 1997.

König, Johann-Günther: *Alle Macht den Konzernen. Das neue Europa im Griff der Lobbyisten*, Reinbek 1999.

Liedtke, Rüdiger: *Wem gehört die Republik? Die Konzerne und ihre Verflechtungen '99*, Frankfurt am Main 1998.

Möhring-Hesse, Matthias u. a. (Hrsg.): *Wohlstand trotz alledem. Alternativen zur Standortpolitik*, München 1997.

Päch, Susanne: *Die D2-Story. Mobilkommunikation. Aufbruch in den Wettbewerb*, Düsseldorf 1994.

Pörtner, Rudolf (Hrsg.): *Kinderjahre der Bundesrepublik. Von der Trümmerzeit zum Wirtschaftswunder*, München 1992.

Reich, Robert B.: *Die neue Weltwirtschaft. Das Ende der nationalen Ökonomie*, Frankfurt am Main, 1997.

Richter, Horst-Eberhard: *Die hohe Kunst der Korruption. Erkenntnisse eines Politik-Beraters*, Hamburg 1990.

Rose, Mathew D.: *Berlin. Hauptstadt von Filz und Korruption*, München 1998.

Roth, Jürgen: *Der Sumpf. Korruption in Deutschland*, München 1997.

Sarcinelli, Ulrich (Hrsg.): *Politikvermittlung und Demokratie in der Mediengesellschaft*, Opladen/Wiesbaden 1998.

Schell, Manfred (Hrsg.): *Die Kanzlermacher*, Mainz 1986.

Schick, Rupert/Zeh, Wolfgang: *So arbeitet der Deutsche Bundestag*, Rheinbreitbach 1999.

Scholz, Reiner: *Korruption in Deutschland. Die schmutzigen Finger der öffentlichen Hand*, Reinbek 1995.

Schütt-Wetschky, Eberhard: *Interessenverbände und Staat*, Darmstadt 1997.

Sebaldt, Martin: *Organisierter Pluralismus. Kräftefeld, Selbstverständnis und politische Arbeit deutscher Interessengruppen*, Opladen 1997.

Simoneit, Ferdinand (Hrsg.): *49 Köpfe der deutschen Wirtschaft. Macher & Motive*, Stuttgart 1995.

268

Strauch, Manfred: *Lobbying. Wirtschaft und Politik im Wechselspiel*, Frankfurt am Main 1993.

Toffler, Alvin: *Machtbeben. Wissen, Wohlstand und Macht im 21. Jahrhundert*, Düsseldorf 1990.

Triesch, Günter/Ockenfels, Wolfgang: *Interessenverbände in Deutschland. Ihr Einfluß in Politik, Wirtschaft und Gesellschaft*, München 1995.

Wiedemeyer, Wolfgang (Hrsg.): *Wer uns regiert. Porträts und Biografien der Regierungsmitglieder*, St. Augustin 1998.

PIPER

Andreas von Bülow
Im Namen des Staates

CIA, BND und die kriminellen Machenschaften der Geheimdienste.
624 Seiten. Geb.

Die westlichen Geheimdienste haben in den vergangenen Jahren
kräftig mitgemischt beim Drogenhandel, im Terrorismus und der
organisierten Kriminalität – genau jenen Auswüchsen, die sie
eigentlich bekämpfen sollten. Das behauptet Andreas von Bülow,
ehemaliger Bundesminister, Verteidigungsstaatssekretär und
Bundestagsabgeordneter.

Die Idee zu diesem Buch entstand im Deutschen Bundestag, genau
gesagt im Untersuchungsausschuß zur KoKo-Affäre: Sobald die
Rede auf westliche Geheimdienste in ihrer Rolle in dem schmutzigen Spiel um Waffen, Geld und Drogen kam, wurde gnadenlos
abgeblockt. Die Bösen saßen nur im Osten – BND, CIA und Mossad
waren sauber. Dies machte den Abgeordneten von Bülow mißtrau-
isch, und er begann auf eigene Faust zu recherchieren. Das Ergebnis
war alarmierend:»Herausgekommen ist ein erschreckendes Ge-
mälde der systematischen operativen Verschränkung geheimdienstli-
cher, also staatlicher Operationen mit der organisierten Kriminalität,
dem Drogenhandel und dem Terrorismus.« (v. Bülow)